浙江省普通本科高校"十四五"重点立项建设教材

Course Design and Practice of
MENTAL HEALTH
EDUCATION
for Primary and Middle School Students

中小学心理健康教育课程
设 计 与 实 践

陈海德 ◎主编

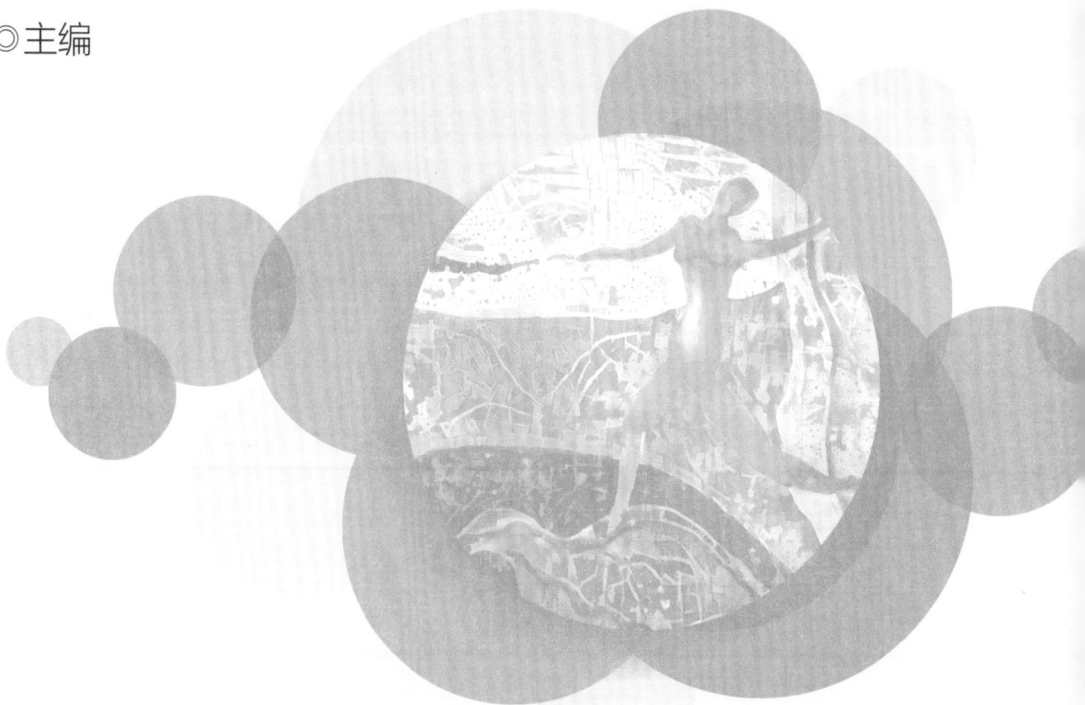

ZHEJIANG UNIVERSITY PRESS
浙江大学出版社
·杭州·

图书在版编目（CIP）数据

中小学心理健康教育课程设计与实践/陈海德主编.
杭州：浙江大学出版社，2024.10（2025.11重印）. --
ISBN 978-7-308-25237-9

Ⅰ. G444

中国国家版本馆CIP数据核字第20243PB383号

中小学心理健康教育课程设计与实践

ZHONG-XIAOXUE XINLI JIANKANG JIAOYU KECHENG SHEJI YU SHIJIAN

陈海德　主编

责任编辑　陈丽勋

责任校对　朱　辉

封面设计　春天书装

出版发行　浙江大学出版社
　　　　　（杭州市天目山路148号　　邮政编码　310007）
　　　　　（网址：http://www.zjupress.com）

排　　版　杭州林智广告有限公司

印　　刷　嘉兴华源印刷厂

开　　本　787mm×1092mm　1/16

印　　张　19.5

字　　数　380千

版 印 次　2024年10月第1版　2025年11月第2次印刷

书　　号　ISBN 978-7-308-25237-9

定　　价　59.00元

浙江大学出版社市场运营中心联系方式：0571 - 88925591；http://zjdxcbs.tmall.com

党的二十大报告强调要推进"健康中国"建设，并明确提出要重视心理健康和精神卫生。在中小学开展心理健康教育有着重要意义。心理健康教育是学生素质发展的内在需要，是教师专业成长的重要途径，是学校提升教育教学质量的基本环节，是教育落实立德树人根本任务的重要体现。开设心理健康教育课程是中小学开展心理健康教育的基本途径，也是促成全校心理健康教育氛围形成进而实现学校全员心理辅导的关键举措。

提高心理学专业人才的培养质量，是中小学高质量开展心理健康教育的基本保障。我国至今已经拥有遍布全国各省区市的300多家心理学教学和研究机构，它们持续地为我国中小学培养和输送心理学专业人才。心理健康教育课程的设计和教学能力是心理学专业人才的基本功。高校亟须为心理学专业学生开设提高心理健康教育课程设计和教学能力的专业课程。

目前在中小学还有许多非心理学专业的教师在从事学校的心理健康教育工作。他们有些担任专职心理健康教师，但大部分是兼职的。邀请、推动和指导其他学科的教师开展心理健康教育课程，既有助于促进广大教师的专业成长，又有助于推进学校全员心理辅导的开展。然而，其他学科的教师在心理健康教育课程设计与实践方面的能力亟须提高。此外，心理学专业科班出身的心理健康教师在心理健康教育课程教学方面的能力也需要持续地发展，他们要经历从新手到熟手到专家的发展历程。因此，中小学一线需要为心理学专业科班教师和其他学科教师开展提高心理健康教育课程的设计和教学能力的专业培训与指导。

　　提高心理健康教育课程的设计和教学能力，需要一本专业的教材。在过去，也有心理健康教育领域的研究者和实践者编写了与心理健康教育课程有关的教材。随着时代的发展，心理健康教育课程的设计和教学需要一本新形态的教材。当代儿童、青少年是我国现代化建设的未来主力军，中国式现代化建设的新征程对当代中小学生的发展提出了新要求。另外，在网络信息技术快速发展的背景下，当代中小学生在心理健康方面也表现出了新特点。编写者就是在当前新形势下编写出了这本关于心理健康教育课程设计与教学的新形态教材。

　　该教材内容体系完整，涵盖了与心理健康教育课程有关的基本理论与理念、设计与实操技能、教研与创新能力。教材形式凸显了操作性和互动性。教材引用了大量优质的心理健康教育课教学案例，配置了丰富的拓展资源。通过二维码技术，建立了纸质教材和数字化资源的有机联系。希望该教材的出版能够进一步提高大学生和中小学教师的心理健康教育课程设计与教学能力，提升中小学心理健康教育的质量，为落实立德树人之教育根本任务做出积极的贡献。

李伟健

2024 年 10 月

我国教育部分别于1999年、2002年、2012年颁布了《关于加强中小学心理健康教育的若干意见》《中小学心理健康教育指导纲要》《中小学心理健康教育指导纲要（2012年修订）》等重要文件。2023年，教育部等十七部门印发《全面加强和改进新时代学生心理健康工作专项行动计划（2023—2025年）》的通知文件。这些文件均强调了全面开展心理健康教育课程的必要性和重要性。心理健康教育课程在学校心理健康教育中起着越来越不可替代的作用。

本教材以心理健康教育课程的设计和实践为编写的落脚点，设计"基本理念""实操技能""提升创新"三个模块，旨在促进读者掌握心理健康教育课程的基本理论和理念，掌握设计和实施心理健康教育课程的技能，学会心理健康教育课程的拓展和创新。全书共十章。第一章"心理健康教育课程导论"，介绍了心理健康的概念、心理健康教育的特点，以及我国心理健康教育课程的产生和发展、作用和意义。第二章"心理健康教育课程的理论基础"，介绍了教学与课程、发展心理学、社会心理学、心理咨询与辅导等理论基础。第三章"心理健康教育课程的特点与要求"，介绍了心理健康教育课程的特点、内容和伦理要求。第四章"心理健康教育课程的教学设计：主题分析、对象分析与目标设计"，介绍了心理健康教育课程的主题分析、对象分析和目标设计。第五章"心理健康教育课程的教学设计：方法选择与过程设计"，介绍了心理健康教育课程的教学方法选择和教学过程设计。第六章"心理健康教育课程的教学设计：不同主题的样例"，介绍了六个主题的心理健康教育课程的教学设计样例。第七章"心理健康教育课程的实施",介绍了授课前的准备、课堂组织与活动开展、心理辅导技术的运用。第八章"心理健康教育课程的教学评价",介绍了心理健康教育课程的教学评价、学生学习效果评价和教师教学工作评价。第九章"心理健康教育课程的教研",介绍了教学反思与行动研究、公开课教研活动和其他形式的教研活动。第十章"心理健康教育课程的拓展与创新",分别介绍了教学活动、教材、课程形式的拓展与创新。

本教材的参编人员长期从事学校心理健康教育的科研和实践应用工作,有着扎实的理论基础和丰富的实操经验。编写过程强调理论知识与实际案例相结合,强调纸质教材与数字化资源相融合。希望本教材的出版能为培养一支有扎实理论基础、有过硬设计与实践能力、有突出创新素养的心理健康教师队伍提供借鉴。教材各章编写安排如下:陈海德、高峻峰、姚静静、房娟、褚晓伟、李新宇等负责设计全书内容框架。第二章第三节和第四节由丁艳杰、郑恩瑾、杨逸星撰写。第四章第一节和第二节由吕青、俞昕撰写。第六章由丁艳杰、张苊尉、俞昕、郑立煜、杨钰梁、瞿林鑫、柳倩、赖可莹、郑恩瑾、杨可欣、王佳钰、关嘉欣、沈栎、王晓敏、吕青、李怡、王佳、杨逸星、邵轶强等撰写。其余章节均由陈海德撰写。沈栎、俞昕、吕青负责语言与文字修改,沈栎负责参考文献整理。陈海德负责全书的统稿工作。

本教材在编写过程中参考了国内外专家学者的研究成果和一线教师的教学案例,在此表示深深谢意。由于编者水平有限,书中难免出现疏漏或错误,恳请广大读者不吝赐教,共同丰富教材内容,使教材得以充实和完善。

陈海德

2024 年 10 月

目录 CONTENTS

第一章

心理健康教育课程导论

学习目标

- 理解心理健康的内涵与评估，理解心理健康相关概念的联系和区别。

- 理解学校心理健康教育的目标与内容、原则与途径。

- 理解心理健康教育课程的必要性和意义，了解我国心理健康教育课程的发展和趋势。

本章导读

　　健康，自古以来就是人类关注的主题。早在 20 世纪 40 年代，世界卫生组织就指出，健康不仅是没有病和不虚弱，而且是身体、心理、社会功能三方面的完满状态。心理健康作为健康概念中的一个重要方面，越来越受到人们的重视。随着社会的发展，中小学生出现心理健康问题的类型、表现和比例也在逐渐变化，心理健康问题的影响因素和产生机制也变得更加复杂。作为心理健康教育的主阵地，学校开展的心理健康教育越来越受到重视，同时也面临着新的挑战。

　　本章共分三节。第一节为心理健康概述，论述心理健康的内涵、维度和评估。第二节为心理健康教育概述，论述心理健康教育的目标、原则和途径。第三节为心理健康教育课程概述，论述心理健康教育课程的必要性、我国心理健康教育课程的发展与趋势、心理健康教育课程的意义。

本章课件

第一节　心理健康概述

　　心理健康的内涵决定了中小学心理健康教育的定位；心理健康的维度决定了中小学心理健康教育的内容。本节围绕心理健康的内涵和维度这一首要问题展开介绍。

一、心理健康的内涵

　　与心理健康概念有关的术语非常多，比如心理不健康、心理亚健康、心理困扰、心理问题、严重心理问题、心理异常、心理障碍、心理疾病等。如果不厘清这些概念，在使用时就很容易混淆，导致"张冠李戴"。比如，有研究结果显示，学生有心理问题的比例为30%，然而在被一些人引用或者经多次引用之后，"心理问题"这一术语就被换成了"心理障碍"。这严重误导了大众对学生心理健康现状的认识。因此，我们有必要清晰地认识与心理健康相关的这些概念。

　　我国著名心理学家林崇德于2011年在《心理和谐发展　健康幸福成长》一文中提出如下观点。

　　　　我向来反对消极心理学观。当我看到某些媒体片面地报道学生中心理不健康人数比例达30%、50%甚至70%的时候，我曾风趣地对教育部某领导和基础教育司前司长表态，"不如把我们的大、中、小学校统统改为精神病医院"；我也曾于1991年1月接受《中国教育报》记者的采访时，严肃地发表了"心理健康教育的路一定要走正"的声明。

　　　　我们必须明确，中小学生的主流是心理健康的；他们常见的心理问题或者行为问题主要是由于心理的质量或素质不高，并不属于心理或者精神疾病的范畴，充其量就是一种心理失衡的状态。中小学生如果有这样或者那样的心理问题，并没有什么了不起，这更需要我们坚持创建幸福校园和坚持积极而正向的心理健康教育。（林崇德，2011）

　　心理状态分为心理正常和心理异常两个水平。区分心理正常与心理异常有三个原则：主观世界与客观世界的统一性原则、心理活动的内在协调性原则、人格的相对稳定性原则。这三个原则也被称为"病与非病的三原则"。

（一）心理正常与心理异常

心理正常是指个体具备正常功能的心理活动，能作为社会实体正常地进行人际交往，能正常地认识环境和适应环境。心理正常的状态包括心理健康和心理不健康。心理健康是指心理的各个方面及活动过程处于一种良好或正常的状态。心理不健康是指心理状态在一定时间内动态失衡，但通过及时调整、平衡状态可以得到恢复。心理不健康分为一般心理问题、严重心理问题和神经症性心理问题。处于心理正常的个体，主客观往往统一，认知、情绪、意志行为等心理过程协调一致，人格相对稳定。处于心理不健康状态的个体，即使有强烈甚至不寻常的心理反应，也往往是由现实刺激引发，且反应时间较短。心理不健康导致个体的社会功能有一定程度受损，但总体还是处于可控的状态。

心理异常是个体的心理过程和个性心理特征发生异常，表现出非典型的强烈心理反应、明显躯体症状和严重社会功能受损。与心理异常密切相关的称呼还有"心理疾病""心理障碍""精神疾病"等。心理障碍往往是指轻度的心理疾病；精神疾病往往是指重度的心理疾病。心理异常一般包括各类神经症（如焦虑症、恐惧症、强迫症、躯体形式障碍等）、心境障碍（如抑郁症、躁狂症、双相障碍）、人格障碍（如偏执型人格障碍、分裂样人格障碍、反社会型人格障碍、冲动型人格障碍等）、重性精神疾病（如精神分裂症）等。处于心理异常的个体，主客观往往不统一，认知、情绪、意志行为等心理过程不协调，人格不稳定。在症状发作期，个体出现的异常情绪、行为反应由非现实刺激引发。不管个体是否意识到自己的症状，往往都难以控制自己的状态。症状持续时间长，个体的社会功能严重受损，甚至生活无法自理。

心理健康相关概念的关系如图1-1所示。

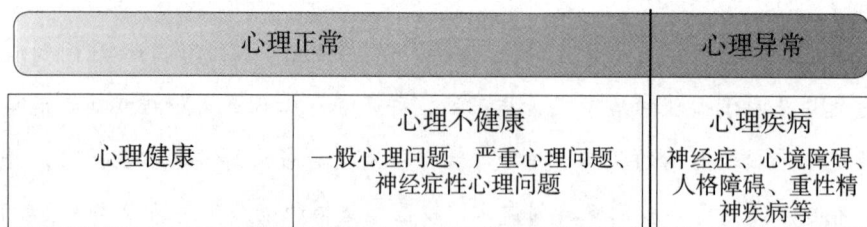

心理正常		心理异常
心理健康	心理不健康 一般心理问题、严重心理问题、 神经症性心理问题	心理疾病 神经症、心境障碍、 人格障碍、重性精 神疾病等

图1-1 心理健康相关概念的关系

（二）心理正常：心理健康和心理不健康

心理健康和心理不健康都属于心理正常的范畴。早在1946年，第三届国际心理卫生大会对心理健康进行了界定，认为心理健康是个人在身体智能及情感与他人不相矛盾的范围内，将个人心境发挥成最佳状态。具体表现为身体、智力、情绪协调；适应环境，有良好的人际关系；有幸福感；在工作和职业中能充分发挥自己的能力，过有效率的生活等（郑希付 等，2016）。林崇德等（2003）进一步梳理了心理健康的内涵，认为心理健康是一种个人的主观体验，既包括积极的情绪情感和消极的情绪情感，也包括个人生活的方方面面，其核心是自尊。具体要考虑以下三个方面：第一，心理健康具有主观性。心理健康与否，往往来自个人的主观体验，客观条件只是作为影响体验的潜在因素。第二，心理健康分为正负两个方面。它不仅仅是消极情绪、情感的减少，同时也是积极情绪、情感的增多。第三，自尊是心理健康的核心。不管是从心理健康的本质角度来认识，还是从深刻性和稳定程度的角度来看，心理健康是个体对自我和/或对生活的较为稳定的积极的（消极的）主观感觉。自尊是全面正面的自我评价，它是基于认知的，针对自我的积极或消极的情感或态度。自尊最适合作为心理健康的指标。

另外，也有研究者具体列出了心理健康的一般标准。如心理学家马斯洛提出心理健康的标准包括：充分的安全感；充分了解自己，并对自己的能力作适当的评价；生活的目标切合实际；与现实环境保持接触；能保持人格的完整与和谐；具有从经验中学习的能力；保持良好的人际关系；适度地表达及控制自己的情绪；在不违背集体的前提下，有个性的充分发展；在不违背社会规范的情况下，适度地满足个人的基本需求。还有学者提出心理健康标准包括：智力正常、情绪适中、意志健全、人格统一、人际关系和谐、与社会协调一致、心理特点符合年龄特征等（郑希付 等，2016）。林崇德等（2003）基于对心理健康内涵的理解，进一步提炼出了心理健康的两个重要标志：①没有心理疾病；②积极向上发展的心理状态。前者在前文关于心理异常的论述中已有介绍；后者是特定情境、特定时刻的一种品质表现，是心理过程和个性统一的表现。心理状态可以是消极抑或积极，而积极向上发展的心理状态，是心理健康的重要标志。

（三）心理不健康：一般心理问题、严重心理问题、神经症性心理问题

心理正常范畴之内的心理不健康状态，根据心理冲突的性质、问题持续时间、内容是否泛化、问题严重程度等特点，分为一般心理问题、严重心理问题、神经症性心理问题三类。一般心理问题，往往由现实刺激或事件引起，产生的心理冲突属于常型冲突，持续时间较短（一般在1个月以内），内容未出现泛化，社会功能基本正常或略受影响。严重心理问题，亦由现实刺激或事件引起，产生的心理冲突属于常型冲突，持续时间较

长（一般在1～2个月），内容出现泛化，即相似或相关的刺激也引起相应的症状反应，社会功能轻度受损。神经症性心理问题产生的心理冲突开始变形，持续时间较长（一般在2～3个月），内容出现严重泛化，即无关或者不类似的刺激也会引发相应的症状反应，社会功能中度受损。

> 拓展任务：请阅读变态心理学或临床心理学相关图书。

二、心理健康的维度

关于心理健康的维度，不同研究者提出了不同的结构模型。林崇德（2000）提出，中小学生的心理健康问题主要表现在学习、人际关系和自我这三个主要方面。

第一，学习方面的心理健康。学习是学生的主要活动，心理健康的学生具有积极的学习态度和学习动机，能够自主安排和规划学习，具有良好的学习习惯，能够在学习中获得知识的掌握、智力的提升、个性和社会性的发展等，在学习中体验到满意感、成就感、意义感，如此形成良性循环。具体表现为如下一些方面：①体现为学习的主体；②在学习中获得满足感；③在学习中增进体脑发展；④在学习中保持与现实环境的接触；⑤在学习中排除忧惧；⑥在学习中形成良好的学习习惯。

第二，人际关系方面的心理健康。中小学生的人际交往对象不仅包括亲密接触的熟悉对象，如同伴、教师、家人等，还包括其他对象，如校园里不熟悉的人、生活中需要接触的陌生人。心理健康的学生往往热爱社会，具有良好的社会价值观和道德感，懂得感恩，能够在社会中与各类人员交往沟通，能够客观地觉察和理解他人以及关心和帮助他人，能够避免或积极处理人际问题，能够在人际交往中使双方获得满意感和快乐感。具体表现为如下一些方面：①能了解彼此的权利和义务；②能客观地了解他人；③关心他人的需要；④诚心地赞美和善意地批评；⑤积极地沟通；⑥保持自身人格的完整性。

第三，自我方面的心理健康。人不仅要和外界交往，也需要与自我和谐相处。心理健康的人能够正确客观地认识自己的能力和个性特征，认识自己的优缺点，形成统一的自我概念，能够正确地自我评价进而悦纳自我，具有良好的自尊，具有既不自卑又不盲目自信的品质，具有既自信又不骄傲自满的品质，能够自我觉察和自我反思进而寻找良好的方法自我改进。具体表现为如下一些方面：①善于正确地评价自我；②通过别人来认识自己；③及时而正确地归因，能够达到自我认识的目的；④扩展自己的生活经验；

⑤根据自身实际情况确立抱负水平；⑥具有自制力。

俞国良等（1999）研究编制的《学生心理健康量表》体现了上述的心理健康维度。该研究以小学生为样本，形成了包含学习分量表、人际关系分量表、自我分量表三个分量表的总量表。学习分量表由五个维度构成，包括自我满足感、体脑协调性、环境适应性、学习习惯、情感感受性，共有36个项目。人际关系分量表由五个维度构成，包括亲密性、信任感、合群性、独立性、建设性，共有38个项目。自我分量表由五个维度构成，包括社会自我、家庭自我、情绪自我、学术自我、自我认同，共有40个项目。量表总体上信效度良好，总量表和三个分量表的内部一致性克伦巴赫α系数均在0.84～0.95。因素分析显示量表的结构效度良好。该量表可以作为一个总量表使用，也可以单独使用各个分量表。

这里需要特别注意的是，心理健康和心理障碍这两个概念本身就属于不同的范畴，两者的维度有所不同。比如，心理障碍的筛查量表SCL-90（90项症状量表）的维度包括躯体化、强迫症状、人际关系敏感、抑郁、焦虑、敌对、恐怖、偏执、精神病性及其他症状，中学生心理健康量表MHT的维度包括对人焦虑、学习焦虑、孤独倾向、自责倾向、过敏倾向、身体症状、恐怖倾向、冲动倾向等。这些维度均属于心理障碍的范畴，在评估症状时，可以采用这些量表。评估学生心理健康状况须使用心理健康范畴的维度和量表。

思考和讨论

除了上述几位研究者对心理健康维度的阐述，你还知道哪些维度？这些维度之间的内在逻辑是什么？

三、心理健康的评估

对中小学生心理健康状态的评估需要考虑科学的评估标准和评估手段这两个关键问题。

（一）评估标准

什么样的心理和行为表现算是心理不健康？对于这个问题很难用单一的标准评判。

让我们来看下面的几个例子。

例1：两位中学生A和B在谈恋爱。

例2：两位中学生C和D在谈恋爱。C常常担心被老师发现而感到焦虑，而D觉得无所谓。

例3：学生E在喃喃自语。

例4：学生F在祖父去世后的几天里，想到祖父便喃喃自语。

例5：学生G在祖父去世后的几天里，做广播操时想到祖父便停止做操，开始喃喃自语。

例1中A和B谈恋爱的行为是不符合学校规定的，但我们好像又能理解A和B可能有一些恋爱的需求导致恋爱行为，所以会觉得难以判断A和B是否心理不健康。例2中C主观上感觉到了焦虑，而D感觉无所谓，我们会倾向于判断C更有可能存在心理问题。例3中E喃喃自语的行为，让我们觉得他好像有心理问题，甚至心理异常。例4中F的喃喃自语是在某个特定情境中或事件之后做出的行为，我们可能会理解为他的这个行为是在思念祖父，因而认为他不是有心理问题。例5中G在做广播操的时候难以控制对祖父的思念，难以控制自身行为，我们会认为他很可能存在心理问题。

从对这些例子的分析中看出，同样的一个行为表现，我们不能简单地评判个体是否心理健康，对心理健康的评估要结合个体的主观感受、行为发生的情境和条件、行为造成的影响等多方面。早在20世纪80年代，张伯源、陈仲庚（1986）提出了心理异常诊断的四个判断标准：①以个体的经验为标准，即个体自己的主观感觉不良；②社会常模和社会适应的标准；③症状反应或检查结果是否达到临床判断的标准；④统计学标准，即按照正态分布来看个体心理特征或行为反应是否较多地偏离了平均值。叶一舵（2015）综合了文献发现目前确定心理健康标准的依据主要有以下几个方面：①以统计学上的常态分布为标准；②以合乎社会规范为标准；③以社会生活适应状况为标准；④以医学上的症状存在与否为标准；⑤以个人主观经验为标准；⑥以心理成熟与发展水平为标准；⑦以心理机能的充分发挥为标准。叶一舵（2015）进一步认为以上"标准"是不同学者从各自的角度加以界定的，各个"标准"都有其局限性和片面性。因此，在进行心理健康评估时，不宜单一选择某个标准，而是要综合选择多个标准。

（二）评估手段

临床观察、心理测量、面谈等是评估心理健康的常用手段。其中心理测量是学生心理健康评估最常用的手段，尤其是在进行学生群体评估时。然而，在使用心理测量的过程中，往往容易出现一些问题，导致测量结果的失真。在进行评估时，需要注意以下方面。

1. 心理测量工具的选择

在选择和使用心理测量工具时，要注意其用途、适用对象和科学性等问题。第一，功能用途。某一种心理测量工具往往有其特定的用途，比如心理素质的普查、心理健康的评估、心理异常的诊断与筛查等，因此要根据测量的目的选择合适的测量工具。第二，适用对象。每个量表往往都有其适用对象，在选择量表时要注意其使用对象。比如《症状自评量表SCL-90》的适用对象为16岁以上人群。第三，科学性。要选择经过心理测量学的编制程序和信效度检验而形成的心理健康测量工具。一般发表于权威学术性期刊上的量表更具科学性。

2. 心理测量过程的把握

心理测量过程往往有其严格的操作程序和指导语。中小学生的心理健康测量更是需要在测量过程中让学生觉得对自己的测量是安全的。因此，测量一般采取匿名的形式。如果无法做到匿名，可通过指导语强调对测量结果的保密，尽量确保学生根据真实情况作答。另外，也要注意测量的时间点。有些学校在午休时间测量，学生容易犯困；还有些学校在课间测量，学生因为要赶下一节课而慌张作答。这些都会导致测量结果的准确性降低。

3. 心理测量结果的分析

心理测量要严格按照量表说明进行计分和转换。对结果进行解读时要注意，有"症状"并不代表就是"症"。比如，某人在抑郁量表上的得分超过了标准分，表明其在过去的一定时间范围内有抑郁情绪症状，但并不代表就是抑郁症。另外，根据心理健康问题评估的统计学标准，心理正常往往占比较大，其比例远高于心理异常。因此，如果发现结果表明心理异常占比较高，那一定要重新检查结果分析和表述是否有误。

第二节　心理健康教育概述

心理健康教育是学校教育的重要组成部分，是心理学相关理论和技术在学校教育中的具体应用。心理健康教育具体是指教育者根据学生的身心发展规律和特点，运用心理辅导的理论与技术，通过心理健康教育课程、团体心理辅导、个别心理辅导、校园文化活动等途径和方法，帮助学生解决成长过程中的心理问题，促进学生提高心理素质。中小学生心理健康的状态决定了学校心理健康教育的必要性，心理健康的内涵和维度决定了心理健康教育的目标、原则与途径。

一、心理健康教育的目标

根据目标的层次，心理健康教育的目标包括矫治性目标、预防性目标和发展性目标。根据目标的内容，心理健康教育的目标涉及自我方面、情绪和情感方面、学习方面、人际方面、生活方面、生涯方面等。

（一）心理健康教育的层次目标

第一，心理健康教育的矫治性目标。对于部分有心理问题的学生，学校心理健康教育，及时给予他们辅导，帮助他们摆脱困扰，重返正常生活与学习。对于少数有心理障碍的学生，学校要通过心理健康教育及时识别和评估学生的问题，并将其转接到专业的机构进行治疗。

第二，心理健康教育的预防性目标。每个人在成长过程中都有可能遇到威胁心理健康的因素，进而出现心理问题。学校的心理健康教育旨在促进学生掌握避免和消除心理问题的技能，掌握自我心理保健的方法，掌握应对生活学习中各种挫折和困扰的方法，增进学生心理健康，预防心理问题出现。

第三，心理健康教育的发展性目标。发展性目标是指优化学生心理素质，促进学生全面发展，充分发掘学生的心理潜能。这一目标具体表现为提高全体学生的认知品质、情感品质、意志品质，培养学生健全的人格和良好的个性心理品质，使学生成为富有独立意识、富有创造性、智力充分发展和品德高尚的人。

心理健康教育的矫治、预防、发展三层次目标是相互联系和相互作用的统一体。发展性目标统领着预防性目标和矫治性目标。发展性目标的实现有助于预防性目标的实现，预防性目标的实现有助于矫治性目标的实现。同时，矫治性目标的实现有助于预防性目标的达成，预防性目标的实现又有助于发展性目标的达成。三者之间的关系如图1-2所示。

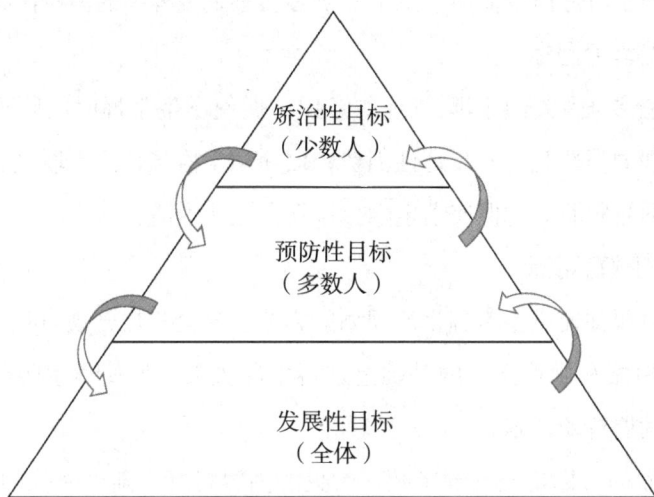

图1-2　心理健康教育三层次目标的关系

（二）心理健康教育的内容目标

心理健康教育的内容目标主要包括学生自我、情绪情感、人际、学习、生活、生涯等方面。

1. 自我方面的教育目标

心理健康教育要促使学生学会客观地认识自我、评价自我，形成统一的自我概念；促使学生悦纳自我，克服自卑，形成自信而不自傲、自尊而不自满的良好品质；促使学生自我觉察和自我反思，进而自我管理、自我监督、自我教育和自我完善。

2. 情绪情感方面的教育目标

心理健康教育要促进学生觉察、体验、表达、调控各类情绪，促进学生掌握压力、焦虑、抑郁、愤怒等常见情绪的调控方法；提高学生的道德感和社会责任感，形成正确的价值观；增强学生爱国、爱党、爱人民的意识，形成家国情怀。

3. 人际方面的教育目标

心理健康教育要促使学生学会客观地认识他人、关心和理解他人、懂得感恩和帮助他人；促使学生掌握人际交往的基本技巧；促使学生建立良好的同伴关系、亲子关系、师生关系，运用积极沟通的技巧解决人际交往中的问题。

4. 学习方面的教育目标

心理健康教育和学科教育一样要促使学生发展智力，提高观察力、注意力、记忆力、创新思维等品质；促使学生形成积极的学习态度和学习动机；促使学生掌握有效的学习策略，养成良好的学习习惯；促使学生调节学习和考试过程中的消极情绪。

5. 生活方面的教育目标

心理健康教育要增强学生闲暇管理的意识，促使学生掌握时间管理的方法和技巧；促使学生形成合理的消费观，开展理性消费；促使学生恰当使用互联网，预防网络成瘾，远离网络诈骗、网络犯罪等；促使学生学会自立自主地生活。

6. 生涯方面的教育目标

心理健康教育要促使学生掌握生涯规划的方法，学会积极开展自我探索和职业探索；促使学生在自我探索和职业探索的基础上进行生涯决策；促使学生明确生涯发展目标，制订和实施生涯发展行动计划。

上述六个方面的目标是心理健康教育常见的内容目标。随着时代的发展和变化，国家和社会对学生的发展也不断提出新要求，学生的发展也会表现出新状态和新问题。心理健康教育的内容目标也需要根据新时代的新要求进行动态调整。

二、心理健康教育的原则

教育部印发的《中小学心理健康教育指导纲要（2012年修订）》明确提出了心理健康教育的基本原则。

坚持科学性与实效性相结合。要根据学生身心发展的规律和特点及心理健康教育的规律，科学开展心理健康教育，注重心理健康教育的实践性与实效性，切实提高学生心理素质和心理健康水平。

坚持发展、预防和危机干预相结合。要立足教育和发展，培养学生积极心理品质，挖掘他们的心理潜能，注重预防和解决发展过程中的心理行为问题，在应急和突发事件中及时进行危机干预。

坚持面向全体学生和关注个别差异相结合。全体教师都要树立心理健康教育意识，尊重学生，平等对待学生，注重教育方式方法，关注个别差异，根据不同学生的特点和需要开展心理健康教育和辅导。

坚持教师的主导性与学生的主体性相结合。要在教师的教育指导下，充分发挥和调动学生的主体性，引导学生积极主动关注自身心理健康，培养学生自主自助维护自身心理健康的意识和能力。

2023年，教育部等十七部门印发的《全面加强和改进新时代学生心理健康工作专项行动计划（2023—2025年）》也明确提出了心理健康教育的基本原则。

坚持全面发展。完善全面培养的教育体系，推进教育评价改革，坚持学习知识与提高全面素质相统一，培养德智体美劳全面发展的社会主义建设者和接班人。

坚持健康第一。把健康作为学生全面发展的前提和基础，遵循学生成长成才规律，把解决学生心理问题与解决学生成才发展的实际问题相结合，把心理健康工作质量作为衡量教育发展水平、办学治校能力和人才培养质量的重要指标，促进学生身心健康。

坚持提升能力。统筹教师、教材、课程、学科、专业等建设，加强学生心理健康工作体系建设，全方位强化学生心理健康教育，健全心理问题预防和监测机制，主动干预，增强学生心理健康工作科学性、针对性和有效性。

坚持系统治理。健全多部门联动和学校、家庭、社会协同育人机制，聚焦影响学生心理健康的核心要素、关键领域和重点环节，补短板、强弱项，系统强化学生心理健康工作。

文件全文

在中小学心理健康教育的实际工作中，工作者应贯彻以下重要原则。

（一）科学性原则

心理健康教育与其他学校教育活动相比具有独特性，它以科学的心理学为基础。心理健康教育工作的开展需要具备心理诊断与咨询等临床心理学的知识和技能，更加需要以普通心理学、发展心理学、教育心理学、社会心理学等基础学科知识为依据。心理健康教育工作者不仅需要掌握心理学应用的技能，更加需要掌握心理学研究方法和具备心理学科学思维。因此，心理健康教育要根据学生身心发展的规律和特点以及心理健康教育的科学规律，科学地开展。

（二）整体性原则

学校教育是一个有机整体，是一项系统工程。作为学校教育中的一部分，心理健康教育的根本目标必须与学校整体教育目标保持一致，心理健康教育的工作方式也必须有机融入学校整体教育体系之内。一方面，心理健康教育的有序开展离不开学校系统的支持（比如行政的支持）；另一方面，心理健康教育也要服务于学校教育的改革与发展。心理健康教育只有和学校方方面面的教育相结合才能发挥出积极作用。

（三）全体性原则

心理健康教育必须面向全体学生。每位学生都需要培养良好的心理素质和提高心理健康水平，全体学生心理健康水平和心理素质的提高是学校心理健康教育的基本立足点和根本目标。因此，心理健康教育的对象不能局限于有心理问题的学生，而应包括所有学生。在设计、计划、组织和实施心理健康教育的工作过程中，要从全体学生发展需求的角度出发，确保心理健康教育的内容涵盖所有学生普遍的发展需求，确保心理健康教育的途径接纳所有学生参与。

（四）差异性原则

心理健康教育要重视学生的个体差异。不同学生的心理发展具有明显的差异性，一方面表现为发展水平的差异、发展早晚的差异、结构的差异等；另一方面表现为影响学生心理发展因素的个体差异，比如对于有些学生而言，家庭因素可能会发挥更大作用，而对于另一些学生而言，学校因素可能发挥更大作用。因此，学校心理健康教育有必要根据学生身心发展的独特性，有针对性地开展差异性的教育。

（五）发展性原则

心理健康教育要用发展的眼光看待学生的心理变化，要以可塑性的观点看待学生的心理成长，不仅要关注学生心理问题的矫正，更要重视学生整体心理素质的发展。心理素质的发展对心理问题的预防和矫正本身就具有积极作用。不仅要看到学生过去的已有经验和已经具有的心理品质，还要关注学生未来的发展。要发掘和激发学生潜在的心理品质，还要考虑未来社会发展对学生心理发展带来的新要求和新机遇，提高学生综合素质以满足学生未来适应社会的发展需要。

（六）主体性原则

学校心理健康教育要以学生为主体，充分发挥学生自我成长的主动性。每位学生都是处于积极成长过程中的个体，都是有自我意识和努力发展目标的个体。他们都有自我成长的动机，都有自我实现的需求，都有自我完善的潜力。学生的发展是个体主动建构的过程。个体发展的动力源自发展水平和新发展要求之间的差距或矛盾。心理健康教育是一种助人自助的活动。它不是教训学生，更不是包办代替，而是开导学生，启发他们自主决策，用自己的意志和努力解决自己的问题，从而增强他们的独立性和自主性。

（七）活动性原则

心理健康教育要避免学科化倾向。心理健康教育的主要目的不是让学生理解心理健康基础知识，而是引导学生自我认识、自我体验、自我探索和自我成长。学生参与心理健康教育活动，是多方面心理过程的整体参与和完善，不仅仅是认知上的信息加工，更多地包含了需要、动机、情感、价值观等心理成分。因此，心理健康教育的方式不是教师简单说教，而是要通过创设活动来促进学生体验。在体验活动中，学生进行自我探索，训练和掌握问题解决的技能，最终促进自我完善。

三、心理健康教育的途径

学校心理健康教育的常规途径包括心理知识宣传与专题讲座、校园心理文化活动、心理健康学科渗透、心理健康教育课程、团体辅导、个别辅导等。

（一）心理知识宣传与专题讲座

心理知识宣传与专题讲座是面向全体师生以宣传科学心理健康知识为主要目的的常见心理健康教育活动。心理知识宣传的具体做法包括通过海报和橱窗、黑板报和手抄报、广播等载体进行宣传。心理健康专题讲座往往根据学生的实际需求，由校内教师或受邀的校外专家向学生讲授心理健康保健的知识。这两种途径宣传面广，可以让广大师生直接了解心理健康常识，形成科学的心理健康观，还可以提高教师和学生参与心理健康教育活动的积极性。

（二）校园心理文化活动

校园心理文化活动可以带给学生潜移默化的深刻影响，促进学生人格塑造、情感陶冶、社会化发展等。校园心理文化活动形式有很多，包括心理健康教育活动月（周）、心理游园会和素质拓展活动、心理社团活动、校园心理剧、心理主题班会、心理作品比赛等。校园心理文化活动，可以促使学生体验到参与心理健康教育活动的乐趣，促使学校其他教职工体验到心理健康教育活动对学生的作用，进而促使学校形成全员师生参与心理健康教育活动的氛围。

（三）心理健康学科渗透

学科教学是学校教育的主阵地。在课堂教学中渗透心理健康教育，大大拓宽了心理健康教育的空间，有力地促进了学校心理健康教育的全员参与，还有效地提升了学科教学的质量。很多学科课程蕴含着丰富的心理健康教育的内容，学科教师要积极挖掘蕴含于学科中的心理健康教育资源，在学科教学目标制订、教学内容设计、教学方法选择、教学过程设计、教学评价、师生关系建构等过程中渗透心理健康教育。

（四）心理健康教育课程

心理健康教育课程是由学校心理健康教育工作者专门设计和组织的以课堂教学形式来开展心理健康教育的途径。心理健康教育课程教学和其他学科课程一样是以班级为单位的，但它更强调课堂教学的学生主体性和活动体验性。心理健康教育课程通过多样化的教学手段，比如角色扮演、个案研究、团体游戏、头脑风暴、行为训练、讨论分享、想象体验等活动，在活动中创设社会生活的情境，促进学生自我体验，帮助学生自我探索、自我成长。

（五）团体辅导

团体辅导是由经过专业训练的团队领导者围绕辅导主题创设团体情境对团体进行心理辅导的一种形式。中小学心理健康教育工作者往往根据某些特定时期学生心理发展的需求设计特定主题的团体辅导方案，通过公开宣传招募有共同兴趣或共同问题的学生组建成团体。团体辅导组建的成员往往固定。团体成员在团体互动中观察和体验，学习新的态度与行为方式，最终引发自我探索和自我成长。

（六）个别辅导

个别辅导是一对一式的心理咨询，是深入探讨来访者个性化的心理问题并提供深层而持久的心理支持与帮助的过程。个别辅导的基础是心理咨询专业理论和心理咨询方法与技能，其实质是一个助人自助的过程。心理咨询师通过建立良好的咨访关系，引导来访者自我认识、自我体验、自我完善。个别辅导最常用的方式是在心理咨询室面谈，此外也包括类似"知心姐姐信箱"的信函咨询，以及通过电话或网络社交媒介的咨询。个别辅导能满足学生个性化发展的需求，因此在学校心理健康教育中有着不可替代的作用。

　　除了上述这些基本的途径，学校心理健康教育还包括学生心理测评和心理档案建立、心理健康教育的家—校—社合作、校园心理危机预防与干预、心理健康教育教科研等。

> 　　想要了解更多，可登录爱课程官网，观看李伟健教授主持的"中学生心理辅导"视频课第一章第三节（https://www.icourses.cn/web/sword/portal/shareDetails?cId=5216#/course/chapter）。

第三节　心理健康教育课程概述

　　当前我国越来越多的中小学开设了心理健康教育课程。心理健康教育课程有助于培养学生良好的心理素质和促进学生身心全面发展。它是实现心理健康专题教育的主要手段，是实现心理健康教育发展性目标和贯彻发展性原则的主要途径，是心理健康教育各项工作的中介和桥梁，是学校心理健康教育落实到位的重要保证。

一、心理健康教育课程的必要性

　　心理健康教育课程在学校心理健康教育工作中有着不可替代的地位。一方面，学生心理发展需求具有群体性特征；另一方面，个别心理咨询工作具有一定的局限性。这些都凸显了心理健康教育课程设置的必要性。

（一）学生心理发展需求的群体性

　　一是心理发展的阶段性和心理问题的普遍性。中小学生的各项心理机能都处于快速发展的过程中，大部分学生是心理健康的学生，他们遇到的心理问题也往往是发展中的问题，属于正常的范畴。个体心理发展是一个由量变到质变的过程，心理发展必然表现出阶段性特征。比如，埃里克森将心理发展划分为八个阶段，处于不同阶段的个体会面临不同的发展任务。发展的阶段性意味着处于相同阶段的个体很可能面临着共同的发展任务，同时也可能普遍表现出相似或相同的心理问题。因此，学生的心理问题可能会表现出普遍性的特征。比如，对于青少年而言，发展自我同一性是该阶段的共同发展任务，同一性混乱是该阶段普遍出现的问题。

二是环境对学生的要求和心理问题的共同性。中小学生共同面临着学校教育中的各项任务，学校教育的统一安排也可能给学生群体带来共同的心理影响。比如，小学一年级、初中一年级和高中一年级的学生处于转型过渡阶段，他们必然面临着学校适应的共同话题。中考、高考，以及学期期中考、期末考等考试任务，都可能引发学生的考试焦虑问题。有些学生中考结束后面临职高专业的选择，高一和高二学生面临文理分科或选科选考，高三学生面临大学和专业的选报，这些任务都可能导致学生出现生涯规划方面的困惑。

三是突发公共危机事件和心理问题的群体性。公共危机事件通常具有突发性，难以预测，比如地震、台风、火灾、传染病等，会对所属群体的成员产生巨大影响。面对危机事件，人们往往会经历冲击期、防御期、解决期和成长期四个阶段。在危机应对早期，人们往往在认知、情感、行为上会出现心理异常反应，在生理和社会功能上出现失调。尽管这些症状在不同个体之间存在差异，但普遍存在于群体成员之中。比如，校园发生恶性暴力事件，学生得知后会普遍产生恐惧和焦虑情绪。

综上，学生心理问题具有发展性、普遍性、共同性等特征，因此学校心理健康教育需要有能满足学生群体性需求的途径。而心理健康教育课程正是面向全体学生而设置的。它的选题源自学生共同需求的主题，教学目标的制订符合学生发展特征，教学方法能调动全体学生参与，教学过程面向全体学生而设计，这些都符合学生群体性发展需求。

（二）个别心理咨询的局限性

个别心理咨询是心理健康教育的基本途径，它在心理健康教育体系中有着不可或缺的作用。然而，个别心理咨询也存在一些较明显的局限性。

首先，咨询服务范围的局限性。心理咨询服务往往由专业的心理健康教育专职教师提供。一所学校即使能做到按照国际较先进地区所执行的500∶1的生师比配备专职心理健康教师，其所能提供的个别咨询服务范围也是非常有限的。小学、初中没有晚自修，心理咨询服务一般是在中午时间提供。每个学期20周，每周5场咨询，即使每天都有个案咨询，一位教师在一个学期里最多也只能提供100场心理咨询。如果一个个案需要5次咨询，那么一位教师每个学期最多只能为20名学生提供咨询服务。这在500人中仅占比4%。因此，个别心理咨询的服务范围很小。

其次，学生往往不愿意来做咨询。心理咨询领域普遍存在"服务鸿沟"现象，即尽管设置了专业心理咨询服务途径，但人们普遍不愿意接受心理咨询的帮助。调查显示，有心理问题的青少年普遍不愿意接受心理咨询，愿意接受心理咨询服务的比例不到20%。其中的原因与咨询的污名化有关。一方面，学生会感知到外界对心理咨询的歧视和偏见（公共污名化），害怕自己被贴上"变态""不正常"的标签；另一方面，学生自认为有心理问题很丢人，认为无法克服心理问题是无能的表现（自我污名化）。对心理咨询的污名化严重阻碍了学生的心理咨询求助（Chen et al., 2014）。

最后，心理咨询效果有一定局限性。个别心理咨询在引导来访者改变自身的认知、动机、情绪等方面有显著积极作用，而对来访者所处环境和发展情境无法直接干预。来访者在咨询结束后回到现实生活情境中，依然面临着原先诱发其问题产生的情境和线索，这使其问题很可能复发。比如，一位因遭受校园欺凌而产生心理问题的来访者，他在个别心理咨询过程中体验到了咨询师对他的无条件积极关注、尊重和共情，但回到教室后，他依然受到同伴的歧视、排斥和欺凌。他的同伴甚至有可能因为他做过心理咨询而变本加厉地歧视和欺凌他。因此，心理咨询的效果有时候会难以迁移。

心理健康教育课程恰恰能弥补个别心理咨询所具有的这些局限性。心理健康教育课程面向全体学生，服务面广；心理健康教育课程不具有污名化，学生愿意参与；心理健康教育课程直接发生于班级，对改变班级内人际关系和学习氛围有直接作用，从而为学生营造良好的发展情境。

二、我国心理健康教育课程的发展与趋势

（一）起步和发展

我国心理健康教育课程的起步和发展，依托于我国中小学心理健康教育的发展。我国港澳台地区的心理健康教育起步较早，到21世纪初期已发展较成熟。叶一舵（2008）提出，从20世纪80年代到21世纪初期，我国内地（大陆）的中小学心理健康教育的发

展经历了呼吁期（20世纪80年代初中期）、起步期（20世纪80年代中后期至90年代初期）、探索期（20世纪90年代初期至90年代末期）、推进期（20世纪90年代末期至21世纪初期）。在心理健康教育的呼吁期、起步期和探索期，研究者和实践者主要关注心理健康教育的作用、内容、目标、体系等；到推进期，心理健康教育课程逐渐成为中小学心理健康教育的基本途径。21世纪初以来，我国内地（大陆）心理健康教育课程的发展又可分为两个阶段。

1. 心理健康教育课程的模式探索阶段

该阶段是21世纪前10年，标志性的事件是教育部成立了中小学心理健康教育专家指导委员会，并于1999年颁布了《关于加强中小学心理健康教育的若干意见》，2002年颁布了《中小学心理健康教育指导纲要》。这两个文件对学校开设心理健康教育课程提出了要求和建议。前者提出："除与原有思想品德课、思想政治课及青春期教育等相关教学内容有机结合进行外，还可利用活动课、班团队活动，举办心理健康教育的专题讲座。对小学生也可通过组织有关促进心理健康教育内容的游戏、娱乐等活动，帮助学生掌握一般的心理保健知识和方法，培养良好的心理素质。"后者提出："开设心理健康选修课、活动课或专题讲座。包括心理训练、问题辨析、情境设计、角色扮演、游戏辅导、心理知识讲座等，旨在普及心理健康科学常识，帮助学生掌握一般的心理保健知识，培养良好的心理素质。要注意防止心理健康教育学科化的倾向。"

该阶段，由于心理健康教育课程刚刚起步，心理健康教育工作者主要探索心理健康教育课程的模式与操作，具体包括"心理健康教育课程是什么""心理健康教育课程与学科课相比有什么特点""心理健康教育课程该上什么主题""心理健康教育课程有哪些教学方法""心理健康教育课程如何设计教学过程"等相关问题。

2. 心理健康教育课程的创新和推广阶段

该阶段是21世纪第二个10年至今，标志性事件是教育部于2012年颁布了《中小学心理健康教育指导纲要（2012年修订）》。文件对心理健康教育课程的实施做出了更加明确的指示："开展心理健康专题教育。专题教育可利用地方课程或学校课程开设心理健康教育课。心理健康教育课应以活动为主，可以采取多种形式，包括团体辅导、心理训练、问题辨析、情境设计、角色扮演、游戏辅导、心理情景剧、专题讲座等。心理健康教育要防止学科化的倾向，避免将其作为心理学知识的普及和心理学理论的教育，要注重引导学生心理、人格积极健康发展，最大程度地预防学生发展过程中可能出现的心理行为问题。"

2023年，教育部等十七部门印发的《全面加强和改进新时代学生心理健康工作专项行动计划（2023—2025年）》对心理健康教育课程的实施做出指示："开设心理健康相关课程。中小学校要结合相关课程开展心理健康教育。中等职业学校按规定开足思想政治课'心理健康与职业生涯'模块学时。高等职业学校按规定将心理健康教育等课程列为公共基础必修或限定选修课。普通高校要开设心理健康必修课，原则上应设置2个学分（32～36学时），有条件的高校可开设更多样、更有针对性的心理健康选修课。举办高等学历继续教育的高校要按规定开设适合成人特点的心理健康课程。托幼机构应遵循儿童生理、心理特点，创设活动场景，培养积极心理品质。"

在该阶段，心理健康教育工作者更加重视心理健康教育课程的创新、推广和普及。比如，中国教育学会学校教育心理学分会自2013年起连续举办了多届"全国中小学心理健康教育课堂教学研讨会"，通过竞赛和展示促进心理健康教育课程的创新和推广。另外，在全国教师资格证的专业类别中也增设了心理健康教育。心理辅导活动课设计与实施的能力是该类别的主要考查内容。总体上说，该阶段的心理健康教育工作者对心理健康教育课程的操作有了更清晰的认识，更加关注心理健康教育课程的内涵、心理健康教育课程对学生心理影响及其内在机制和原理、心理健康教育课程的效果评价等问题。

（二）未来趋势

未来我国心理健康教育课程的发展有着新任务和新趋势。

第一，完善课程教学目标与教学内容。新时代的中小学生面临着新的发展任务，他们在成年之后，将成为我国社会主义现代化建设的主力军。因此，心理健康教育课程要落实立德树人根本任务，强调促进学生心理素质提升和社会性发展。从20世纪80年代至今，我国心理学发展迅猛，但强调个体心理学的西方理论对我国心理健康教育工作也产生了一定的负面影响，它冲击了集体主义文化所强调的人与社会密切关联的理念。比如，人本主义强调追求个体的自我实现，却忽视了培养个体的社会责任感和集体意识。因此，未来的心理健康教育课程的教学目标和教学内容更应凸显对学生社会性发展的培养。

第二，全面推广和普及课程实施。21世纪初期以来，心理健康教育课程在我国已经得到了一定程度的推行，然而还具有明显的不均衡性。发达地区学校开设心理健康教育课程的比例比欠发达地区高；城市学校开设该课程的比例比郊区和农村学校高；高中和初中开设该课程的比例比小学高；校领导重视心理健康教育的学校开设该课程的比例比校领导不重视心理健康教育的学校高。另外，不同年级开设心理健康教育课程的情况也相差较大，比如，有些学校仅对高一学生开课，有些学校仅对高二学生开课，对面临中高考的初三或高三年级学生开课相对较少。因此，未来有必要全面实施心理健康教育课程。

第三，完善课程效果评价机制。随着心理健康教育课程的逐渐普及，其效果问题越来越受到学校领导、心理健康教师和学科教师的关注。心理健康教育课程对学生心理发展到底应起什么样的作用？如何评价心理健康教育课程的效果？什么样的课程内容和课程模式对学生发展作用更大？未来应形成有效评价心理健康教育课程效果的评估体系和方法。在效果的评价指标上，应融合消极心理问题的指标和积极心理品质的指标，融合即时效果的指标和延迟效果的指标。在评价方法上，综合采用准实验设计、问卷调查、心理测量、行为观察等方法，融合学生自评、教师和同伴评价、家庭评价、作品分析等途径。

第四，提升课程的科学性和前沿性。心理健康教育课程的设计以科学心理学为基础和依据。21世纪以来，国内外心理学科研发展非常迅猛。随着网络信息化发展，科研资源和成果得到普遍共享。然而，当前心理健康教育课程的内容主要引自20世纪心理学的研究成果，对新近的心理学科研成果引用较少。未来负责心理健康教育课程的教师应保持终身学习状态，不断跟进国内外前沿研究，在已有经典的教学内容中引入最新心理科学研究成果，从而创新心理健康教育课程的内容和模式。

三、心理健康教育课程的意义

心理健康教育课程对学生、教师、学校和家庭都有着积极作用。

（一）对学生的意义

心理健康教育课程对学生的发展有着积极的作用与意义。首先，心理健康教育课程坚持发展性和预防性目标，以提高学生心理素质和预防学生心理问题为主要抓手，对促进全体学生的心理健康和心理发展有着积极意义。学生在心理健康教育课程中所学的内容，不仅对其当前的心理健康调适有作用，对其未来心理健康发展也有积极作用。其次，心理健康教育课程也有助于个别学生心理问题的发现和矫治。心理健康教育课程可以改变学生对心理健康教育的消极观念，形成正确的观念，对心理健康问题的求助形成正确的态度。最后，心理健康教师也可以借助课堂观察学生的心理反应，及时地发现有心理健康潜在问题的学生，进而对他们进行及时诊断、辅导和转介。

（二）对教师的意义

心理健康教育课程对教师的专业发展有着积极的作用与意义。教书和育人是教师的本职，它要求教师关注学生心理发展。教育学家富勒（Fuller, 1969）根据教师在不同专业发展时期的关注焦点，提出教师的专业发展要经历"关注生存""关注情境""关注学生"三个阶段。关注学生是教师专业发展成熟的重要标志。学科教师通过参与心理健康教育课程的教学、观摩和研讨，可以体验到学生在心理健康发展上的需求，可以感受到学生在原有知识与经验、需求与动机、气质与性格、智力与能力等方面的个别差异，可以认识到不同发展水平的学生有不同的需要。这些都有助于学科教师完善学科教学、改进班级管理、提升师生关系、提高育人质量。此外，心理健康教育课程的普及也有助于全校教职工了解心理健康知识，促进自身心理健康的维护和调适。

（三）对学校的意义

心理健康教育是学校教育的重要组成部分，是实现学生德智体美劳全面发展的基础。心理健康教育课程在学校教育中有着举足轻重的作用。首先，心理健康教育课程有助于学校形成师生全员关注心理健康、全体教职工参与心理健康教育的氛围，进而使心理健康全程影响和全方面渗透学校教育。其次，心理健康教育课程有助于学校全面了解学生的心理动态，为制订符合学生身心发展的工作制度和教学计划提供了依据。最后，心理健康教育课程有助于减缓因校园突发事件而产生的群体性心理危机，从而维护校园的稳定和正常运作。

（四）对家庭的意义

心理健康教育不仅是学校的职责，更是家庭的职责。然而，由于缺乏系统的家庭教育培训和学习，当前很多家长缺乏心理健康教育的意识和能力，他们往往凭借着自己过去的受教育经历来教育孩子。心理健康教育课程的实施有助于家长实施家庭教育。首先，心理健康教育课程的内容可以通过学生的传递影响到家长，促使家长更多地了解心理健康知识，更多地关注孩子心理的健康发展，也促进自身的心理健康维护。其次，通过心理健康教育课程的学习，学生也学会理解父母、关心父母，促进良好亲子关系的建立与和谐家庭氛围的形成。最后，学习过心理健康教育课程的学生，未来成为家长后也会更多地关注子女的心理健康，不断提升自己的心理健康教育的意识和能力，从而提高家庭教育质量。

┌─ **思考和讨论** ─────────────────────────────────┐

　　请举例说明心理健康教育课程对学生、教师、学校和家庭的作用。

└──┘

本章小结

　　1. 心理状态分为心理正常和心理异常两个水平。心理正常包括心理健康和心理不健康。心理不健康包括一般心理问题、严重心理问题和神经症性心理问题。心理异常包括各类神经症、心境障碍、人格障碍、重性精神疾病等。中小学生中绝大部分人属于心理正常。

　　2. 中小学生的心理健康问题主要表现在学习、人际关系和自我这三个方面。

　　3. 对中小学生心理健康状态的评估需要考虑科学的评估标准和评估手段。

　　4. 学校心理健康教育的层次目标包括矫治性目标、预防性目标和发展性目标。心理健康教育的内容目标涉及自我方面、情绪和情感方面、人际方面、学习方面、生活方面、生涯方面等的心理辅导。

　　5. 学校心理健康教育的原则包括科学性原则、整体性原则、全体性原则、差异性原则、发展性原则、主体性原则和活动性原则。

　　6. 学校心理健康教育的常规工作途径包括心理知识宣传与专题讲座、校园心理文化活动、心理健康学科渗透、心理健康教育课程、团体辅导、个别辅导等。

　　7. 学生心理发展需求的群体性和个别心理咨询的局限性，凸显了心理健康教育课程开设的必要性。

　　8. 我国自21世纪初至今心理健康教育课程的发展主要经历了模式探索阶段、创新和推广阶段。

　　9. 我国未来心理健康教育课程需完善课程教学目标与教学内容、全面推广和普及课程实施、完善课程效果评价、提升课程的科学性和前沿性。

　　10. 心理健康教育课程对学生、教师、学校和家庭都有着积极作用。

练习题

一、辨析题

1. 心理不健康的人往往就是有心理疾病。 （   ）

2. 如果一个学生在心理健康量表上得分异常，就可诊断为心理异常。 （   ）

3. 学校有个别心理咨询，就不需要再设心理健康教育课了。 （   ）

二、简答题

1. 学校心理健康教育的层次目标是什么？

2. 学校心理健康教育的原则有哪些？

3. 学校心理健康教育的途径有哪些？

三、分析题

下面列出了五项调查研究的结果。请你分析调查结果为何差异这么大。

1. 某省对中学生进行了心理健康状况检测。结果显示，心理问题检出率最高的维度分别为恐惧（2.55%）、焦虑（1.68%）、人际适应（1.64%）；检出率最低的维度分别为行为适应（0.00%）、抑郁（0.63%）、自我调节（0.71%）。

2. 某机构对4～16岁儿童的调查结果显示，各类行为问题的总检出率为12.93±2.19%，其中，4～5岁为14.00%，6～11岁为14.10%，12～16岁为10.86%。

3. 某中心对大中学生进行了测查，结果发现有16.79%的大中学生存在较严重的心理健康问题，其中，初中13.76%，高中18.79%，大学25.39%。

4. 某课题组对中小学生的调查结果显示，83.10%的小学生存在考试焦虑，有50.00%以上的初中生与父母交往时存在沟通障碍，75.00%的高中生感到与父母交流有困难，55.50%的高中生感到与父母以外的人交往有问题。

5. 某机构的调查结果显示，中国城镇居民中有73.60%为心理亚健康，16.10%存在不同程度的心理问题，心理健康的仅占10.30%。

参考答案

第二章

心理健康教育课程的理论基础

学习目标

- ◎ 理解心理健康教育课程的教学与课程相关理论基础。
- ◎ 理解心理健康教育课程的发展心理学理论基础。
- ◎ 理解心理健康教育课程的社会心理学理论基础。
- ◎ 理解心理健康教育课程的心理咨询与辅导理论基础。

本章导读

掌握心理健康教育课程的理论基础有助于教师正确理解心理健康教育课程的内涵，准确把握课程设计方向，明确设计的内在依据，从而使教师成为有意识的设计者。心理健康教育课程是课程教学活动，因此以教学与课程相关理论为基础。心理健康教育课程是面向发展中的学生的课程，因此也涉及发展心理学的相关理论。心理健康教育课程是面向学生班级团体开展的活动，因此又涉及社会心理学和团体辅导的相关理论。心理健康教育课程的实质是心理辅导，因此还涉及心理咨询和心理辅导的基本原理。心理健康教师须至少掌握上述四个方面的相关理论。

本章共分四节。第一节为教学与课程相关理论，论述学习的原理与理论，以及课程开发的原理与理论。第二节为发展心理学理论，论述心理发展任务与阶段理论，以及心理发展的系统观。第三节为社会心理学理论，论述勒温的场动力理论、班杜拉的社会学习理论、群体规范理论、团体发展阶段理论。第四节为心理咨询与辅导相关理论，论述当事人中心疗法、焦点问题解决疗法、叙事疗法、助人三阶段理论。

本章课件

第一节　教学与课程相关理论

心理健康教育课程的实施围绕学生的学习而进行，因此需要了解学习的基本原理和理论，具体涉及与学生的认知发生、情感体验、技能形成等有关的理论。另外，心理健康教育课程的设计又是教师的主导行为，因此还需要了解课程设计和开发的基本原理。

一、学习的原理与理论

学习者在学习过程中的认知是如何产生和改变的？情感体验如何发生？技能又是如何形成的？关于这些问题，教育心理学的格式塔学派、布鲁纳发现学习理论、奥苏伯尔有意义学习理论、建构主义学习理论、人本主义学习理论、行为技能学习相关理论等做出了阐释。

（一）格式塔学派

格式塔学派较早关注个体的认知发生过程。他们强调整体大于部分之和，认为人类的认知反应不仅仅是对个别刺激做个别的反应，还是对整个情境做有组织的反应的过程。关于学习，该学派提出了顿悟说，认为学习是顿悟的过程，即学习者通过顿悟掌握情境中各种事物之间的联系，实现了完形。学派代表人物柯勒的黑猩猩实验表明，黑猩猩通过观察情境中不同长度的木棍和香蕉等物品，突然发现了物品之间的整体关系，顿悟了获取香蕉的方法。

（二）布鲁纳发现学习理论

布鲁纳和格式塔学派一样强调个体的主动性和学习内容的整体性。他认为学习的实质是学习者主动地对认知结构进行组织和重新组织的过程，即学习者把同类学习内容联系起来，并为它们赋予意义，将它们组织成有意义的结构。布鲁纳强调，学生不是被动的知识接受者，而是主动的知识探究者。学习者的直觉思维、内在动机、信息提取的心理过程在认知结构的形成过程中发挥着重要作用。

布鲁纳进一步提出认知结构形成的途径是学习者的发现学习。发现学习是指学习者根据问题情境中现有的一些线索和条件，自己探索问题的答案并得出结论，一般包括四个过程。第一，创设问题情境。教师和学习者共同提出学习者感兴趣或让学习者产生认知冲突的问题情境，形成解决问题的内在动机。第二，学习者利用教师和教材所提供的特定素材，对要探究的问题提出各种假设，然后开始使用材料进行假设检验。第三，学习者基于探究结果和理论来检验、修改、补充自己的假设。第四，学习者对探究结果做出反思和总结，确定问题的答案，得出结论。在发现学习的过程中，教师的主要任务是提供问题解决的相关素材，激发学习者的好奇心、求知欲和自信心，引导学习者寻找新问题与已有经验的联系，训练学习者发现问题、探究问题和解决问题的能力。

思考和讨论

根据格式塔学派和布鲁纳的发现学习理论，在心理健康教育的课程教学中，教师如何促使学生领悟心理健康的相关原理？

（三）奥苏伯尔有意义学习理论

奥苏伯尔提出，学习根据学习方式可分为接受学习和发现学习，根据学习内容可分为有意义学习和机械学习。他认为，教师可以采取接受学习的方式帮助学习者形成认知结构，但更关键的任务是帮助学习者进行有意义学习（meaningful learning），将新知识和原有知识建立起实质性联系。更具体地说，新知识的学习需要学习者激活原有知识并将新知识与原有知识形成联系，这种联系是知识点之间内在的、实质性的、有意义的联系，而不是人为的、机械的、无意义的联系。

在教学中，对于教师而言，首先，要对学习内容进行深入研究和梳理，形成有意义的学习材料；其次，采取教学策略激发学习者的原有知识；最后，帮助学习者建立新旧知识的联系。对于学习者而言，首先，需具有有意义学习的心理定势（又称心向），即积极主动地把符号所代表的新知识与自己认知结构中的原有知识加以联系的倾向；其次，认知结构中必须具有且激活适当的原有知识，以便与新知识进行联系；最后，必须积极主动地使新知识与原有知识发生相互作用，使原有知识得到改造，使新知识获得意义。

（四）建构主义学习理论

建构主义学习理论认为学习不是简单的知识传递和转移，而是学习者主动建构自己的知识经验的过程，即通过新知识和原有知识的相互作用，建构自己的知识经验体系。

学习者的知识建构过程有三个重要特征。一是主动建构性，即学习者面对新问题情境时需主动激活先前知识经验并主动对知识进行信息加工。二是社会互动性，即学习者在一个学习共同体的合作互动中分享资源和建构知识。三是情境性，即知识不是独立于情境的信息符号，知识是融合在具体的、情境性的、可感知的活动之中的，学习应该与情境性的社会实践活动相结合。

建构主义学习理论提出了一些教学方法。情境性学习，即在情境化的活动中完成学习，具体包括真实的任务、情境化的过程、真实的互动合作和情境化的评价方式四个特征。抛锚式教学，即将学习活动与某种有意义的大情境联系起来，让学习者在真实的问题情境中进行学习。随机通达教学，即对同一学习内容，在不同时间、不同情境，带着不同目的，从不同的角度多次进行，以此达到获得高级知识的目标。认知学徒制，即知识经验较少的学习者在专家的指导下参与某种真实性的活动，从而获得与该活动有关的知识技能。支架式教学，即教师为学习者完成某种无法独立完成的学习任务提供外部支持，随着活动的进行，逐渐减少外部支持，让学习者独立活动。

思考和讨论

根据奥苏伯尔的有意义学习理论和建构主义学习理论，在心理健康教育课程的教学中，教师为什么要引导学生讲述自己的故事？教师是否有必要组织小组讨论、分享和展示？为什么？

（五）人本主义学习理论

人本主义学习理论倡导教师要将学习者视为整体的人、正常的人、具有积极发展动力和具有发展潜力的人。除了知识和认知，人本主义学习理论更加关注学习者的需要、动机、情绪、情感、态度和价值观等要素在学习过程中的作用，以及学习过程对这些要素的影响。罗杰斯提出了有意义学习（significant learning），认为学习不仅仅是一种知识增长，还是一种促进个体的动机、情感、个性发展，以及对个体当下生活和未来发展有积极作用的活动。有意义学习以学习者的经验生长为中心，有机地融合了学习者的需要、愿望、兴趣、情感、个性等要素。有意义学习以学习者的自发性和主动性为学习动力，强调了学习者在学习过程中的主体地位。

罗杰斯进一步提出了非指导性教学模式。在该教学模式中，首先，教师和学生需建立良好的师生关系。教师对待学生要真诚一致、无条件积极接纳和尊重、共情。在和谐的人际氛围中，学生成为学习的主体和课堂的主角。学生决定自己要学习的内容，决定自己学习的目标，选择达到目标的方法，而教师只是为学生提供一些支持性材料。学生对学习内容的讨论负有主要责任，教师仅做些非指导性回应和反馈，而不是解释、忠告和评价。学习评价主要也是让学生进行自我评价。每个学生根据自己制订的学习目标，对自己做出恰当评价。这样的自我评价能使学生更加主动、有效、持久地学习，成为自己学习的责任人。

思考和讨论

在心理健康教育课程的教学中，教师要尊重和接纳学生的表述，根据人本主义学习理论分析其原因。

扩展阅读

教师要做个有心人。我们和学生在一起，每天都会发生很多事。现在的智能手机都有拍照、录像功能，随手拍些学生的照片或录制视频，结合课堂主题导入，往往能起到意想不到的效果。因为事情发生在学生自己身上，与他们有了联系，他们就特别感兴趣。比如"自主时间管理"这节课，所谓自主时间就是学生自己可以支配的时间，比如晚自习、放学后、周末、寒暑假等等。我利用平时搜集的学生在晚自习时发呆、作业没做就看课外书、修理坏了的修正带、剪指甲、玩魔方等照片，学生看过之后很快就明白了自主时间管理的问题，顺利导入新课。再比如上"感恩父母"这节心理活动课，我平时就留心拍照片和录视频，开学时新生报到、背着大包小包入学、到班级报到，以及家长到宿舍给孩子收拾房间、家长到学校超市买生活用品、放假时家长接学生等场景，我都用照片记录了下来。有一次雨下得特别大，一位父亲冒着雨背着包在雨中行走，他的女儿想帮着打伞，可一把伞似乎起不到什么效果，父亲大半个身子都淋湿了，我把该场景录了下来。我把这样的照片、视频制成自动连续播放的课件作为课前导入，学生很快就进入上课状态，安静地看着，非常有触动，课堂氛围很快就被营造起来。（杨喜庆，2018）

（六）行为技能学习相关理论

巴甫洛夫、桑代克、华生、斯金纳等早期的行为主义理论强调行为的形成源自刺激和反应的联结，强化物直接强化了行为的形成。认知心理学家从信息加工的角度提出了行为技能形成的阶段。安德森提出技能（程序性知识）的掌握一般要经历陈述性知识阶段、联系阶段、自动化阶段。在陈述性阶段，学习者对某技能（或程序性知识）做出陈述性描述，并对该技能的各项条件和行动形成陈述性特征的编码。联系阶段是将陈述性知识转变为程序性知识，即有意识地根据陈述性知识的表征来执行"动作"。自动化阶段是行为技能整个程序得到进一步的精细化和协调，"动作"达到自动化，可以不需要意识控制。

另外，加里培林提出了技能形成需经历动作定向阶段、物质与物质化阶段、出声的外部言语动作阶段、不出声的外部言语动作阶段、内部言语动作阶段。我国学者冯忠良提出智慧技能的形成需经历三个阶段，即原型定向阶段（了解技能的实践模式或原型活动的结构）、原型操作阶段（依据技能的实践模式，以外显的物质与物质化操作方式，执行在头脑中建立的活动程序和计划）、原型内化阶段（技能的实践模式从外部语言开始转向内部言语，最终向头脑内部转化，达到活动方式的定型化、简缩化和自动化）。

思考和讨论

根据行为技能学习相关理论，在心理健康教育课程的教学中，教师应如何帮助学生掌握问题解决的技能？

想要了解更多，可登录智慧树平台观看李伟健教授主持的"教育心理学"视频课（http://coursehome.zhihuishu.com/courseHome/1000066750#teachTeam）；或登录爱课程官网观看何先友教授主持的"教育心理学"视频课（https://www.icourses.cn/sCourse/course_6554.html）。

二、课程开发的原理与理论

课程开发是指通过需求分析确定课程目标，再根据这一目标选择某一个学科（或多个学科）的教学内容和相关教学活动进行计划、组织、实施、评价、修订，以最终达到课程目标的整个工作过程。教育学家和心理学家提出了课程开发的多种模式。其中，泰勒提出的课程开发模式（简称"泰勒模式"）应用最为广泛。泰勒在所著的《课程与教学的基本原则》一书中提出，课程开发应当首先确定教学目标，再根据教学目标选择教学内容和方法，最后评估教学效果。

泰勒的课程开发模式涉及四个基本问题：①学校应该达到哪些教育目标？②拥有哪些教育经验才能实现这些目标？③怎样才能有效地组织这些教育经验？④怎样才能确定这些教育目标正在得到实现？这四个基本问题就是课程开发的四个环节，即课程目标、课程内容、课程实施、课程评价（施良方，2020）。具体介绍如下。

第一，课程目标。课程目标是课程开发的出发点，也是课程开发整个过程的终极指向。课程目标的确立主要来源于三个渠道：一是对学习者自身的研究；二是对当代校外生活的研究；三是学科专家的建议。在对学习者自身的研究方面，一是了解当前学生的现状；二是把学生的现状和可接受的常模做比较，找出现状与常模之间的差距。这种差距就是学生需要的行为变化，也就是教育目标所在。在当代校外生活的研究方面，泰勒将当代生活分为健康、家庭、娱乐、职业、消费、公民生活等方面。研究教育目标就是对当代生活的各方面进行分析，归纳出学校教育应该培养学生哪些能力，才能让学生更好地适应社会生活。在学科专家的建议方面，学科专家应该更多地思考"对那些不会成为本学科专家的年轻人，对外行、普通公民而言，这门课程能做的最大贡献是什么"（杨磊 等，2019）。

第二，课程内容。学习经验是实现教育目标的唯一材料，也是课程开发的有机构成。不同的学习经验可能实现相同的教育目标，相同的学习经验可能实现多个教育目标，也可能需要多种学习经验联合作用才能实现一个教育目标。因为学习经验具有丰富性和可替代性，所以泰勒对好的学习经验进行归纳，认为其应具有如下特征：能够培养学生思维能力；提高学生信息获取能力；帮助学生树立正确的社会态度；有利于培养学生兴趣。在课程编制时，为了保证所选择的教育经验能够更好地实现课程目标，泰勒采取二维表格对课程目标进行例证，将教育目标细化到每一项课程内容当中（杨磊 等，2019）。

第三，课程实施。关于课程实施的研究，泰勒模式分别从有效组织的标准、需要组织的要素、组织的原则、组织的结构和设计组织单元等方面对学习经验的组织过程进行论述。有效组织的标准包括连续性、顺序性和整合性。连续性是指在一定的时间内围绕一定的教育目标对学习者进行连续性的刺激以促成学习目标的实现；顺序性主要是指在符合学生认知发展规律的情况下学习难度与强度逐渐增大；整合性则是指课程经验间的横向联系，多学科合力使学生形成完整的观点、技能和态度。需要组织的要素则是概念、价值和技能。组织的原则主要包括时间顺序、应用广度、活动范围、"先描述，后分析"、"部分到整体"等。组织的结构是指从宏观的学科到中观的学年再到微观的单元。设计组织单元是指用单元设计方法组织课程计划。这样一套详尽的课程实施过程对当今的课程开发仍存在深厚的影响（杨磊 等，2019）。

第四，课程评价。泰勒指出"评价过程是从教育计划的目标开始的。由于评价的目的是判断教育目标的实现程度，故而需要一整套评价的程序，以便给出每一个主要教育目标所隐含的每一类行为的证据，其中评价最核心的部分就是评价工具的编制"。理想的评价工具需要经过五个阶段：一是清晰地界定教育目标所要求的行为；二是设计出尽可能让每位学生有机会表现教育目标所期望行为的教育情景；三是开发一套在测验情境中获得学生行为记录的工具；四是确定用来总结或评估所得的行为记录的名称或单位；五是确定所编制的评价工具的客观性信度和效度（杨磊 等，2019）。

第二节　发展心理学理论

教育和发展有着密切联系。发展是教育的基础，也是教育的目的。心理健康教育课程的教学以学生心理发展为基础，以促进学生心理健康发展为目的。对不同年级学生实施心理健康教育，需把握不同阶段学生的心理发展特点，因此需要了解心理发展任务与阶段理论。另外，个体的心理发展受多系统多因素的影响，我们需要以系统观理解学生心理发展的规律和机制。

一、心理发展任务与阶段理论

精神分析学派弗洛伊德根据力比多的特点将个体心理发展划分为五个阶段，分别为口腔期（0～1岁）、肛门期（1～3岁）、性器期（3～6岁）、潜伏期（6～11岁）、生殖期（12岁以上）。弗洛伊德认为，在个体发展的各个阶段，儿童的需要如果不能得到满足，就会产生固着或倒退，成为未来各种心理障碍产生的根源。埃里克森发展了弗洛伊德的理论，他认为，心理发展既要考虑生物学的影响，也要考虑文化和社会因素的影响。

另外，他认为心理发展是一个逐渐形成的过程，它必须经历一系列顺序不变的阶段，每一个阶段都有必须完成的任务，并且每个阶段都建立在前一阶段之上。根据每个阶段的发展任务，埃里克森把个体的毕生发展划分为八个阶段，每一个阶段都面临着发展危机和发展任务，如表2-1所示。

表2-1　埃里克森心理发展八阶段理论

年　龄	阶　段	发展任务
0～2	婴儿期	发展信任感，克服不信任感，体验着希望的实现
2～4	幼儿早期	获得自主感，克服羞怯感，体验着意志的实现
4～7	学前期	获得主动感，克服内疚感，体验着目的实现
7～12	学龄期	获得勤奋感，克服自卑感，体验着能力的实现
12～18	青少年期	建立自我同一感，防止自我同一感混乱，体验着忠实的实现
18～25	成年早期	获得亲密感，避免孤独感，体验着爱情的实现
25～50	成年中期	获得繁殖感，避免停滞感，体验着关怀的实现
50以上	成年晚期	获得完善感，避免失望，体验着智慧的实现

小学生和中学生分别处于第四阶段和第五阶段。在小学阶段，发展任务是获得勤奋感和克服自卑感，体验着能力的实现。在学校接受教育是该阶段孩子的首要活动。如果学生能顺利地完成学习任务并获得好成绩，他们容易获得勤奋感，这会使他们在今后的学习中充满信心；如果他们未能获得好成绩，容易产生自卑感，认为自己能力不行。当儿童的勤奋感大于自卑感时，他们就会获得有"能力"的品质。埃里克森认为，能力是不受儿童自卑感削弱的，完成任务所需要的是自由操作的熟练技能和智慧。

在中学阶段，发展任务是建立自我同一感和防止自我同一感混乱，体验着忠实的实现。因为身心发展迅猛，该阶段的中学生关心的是"我是谁""我这人如何""我未来会变成怎样的人"等关于自我的问题。他们的核心任务是自我探索，即认识自己的需要、情感、能力、性格、价值观和目标等特质，并将其整合为统一的人格框架。埃里克森提出："这种同一性的感觉也是一种不断增强的自信心，一种在过去的经历中形成的内在持续性和同一感（一个人心理上的自我）。如果这种自我感觉与一个人在他人心目中的感觉相称，很明显这将为一个人的生涯增添绚丽的色彩。"

思考和讨论

心理健康教育课程要针对不同年级学生选择不同主题，为什么？

二、心理发展的系统观

在发展心理学领域，精神分析研究者、行为主义研究者，以及维果斯基、皮亚杰等人对个体心理发展做出了经典的解释。我国系统研究儿童发展心理学的专家朱智贤在20世纪70年代率先提出要坚持用系统论、控制论、信息论来系统地、整体地、全面地研究儿童心理发展。后期一些研究者也提出了类似的理论观点，比如生态系统理论、发展情境理论。

（一）朱智贤心理发展观

朱智贤经常说，认知心理学强调儿童认知发展的研究，精神分析学派强调儿童情绪发展的研究，行为主义强调儿童行为发展的研究，我们则要强调儿童心理整体发展的研究。朱智贤用辩证唯物主义的观点探讨了儿童心理发展中先天与后天的关系、内因与外因的关系、教育与发展的关系、年龄特征与个别特点的关系等一系列重大问题（林崇德，2018）。

一是先天与后天的关系。朱智贤从20世纪50年代末开始就一直坚持"先天来自后天，后天决定先天"的观点。他承认先天因素在心理发展中的作用，无论是遗传因素还是生理因素，它们都是儿童、青少年心理发展的生物前提，它们提供了这种发展的可能性。环境和教育则将这种可能性变为现实性，决定着儿童心理发展的方向和内容。

二是内因与外因的关系。环境和教育不是机械地决定心理的发展，而是通过心理发展的内部矛盾来起作用。朱智贤认为，这个内部矛盾是主体在实践中通过主客体的交互作用而形成的新需要与原有水平的矛盾，这个矛盾是心理发展的动力。

三是教育与发展的关系。朱智贤认为，心理发展不是由外因机械决定的，也不是由内因孤立决定的，而是由适合于内因的一定的外因决定的。也就是说，心理发展主要是由适合于主体内因的那些教育条件决定的。从学习到心理发展，人类心理经历了一系列从量变到质变的过程。

四是年龄特征与个别特点的关系。朱智贤还指出，儿童和青少年心理发展的质的变化会表现出一定的年龄特征。按照这个年龄特征，朱智贤将儿童、青少年的心理发展分为六个阶段，即乳儿期或婴儿前期（从出生到1岁）、婴儿期（1岁到3岁）、幼儿期或学龄前期（3岁到6或7岁）、童年期或学龄初期（6或7岁到11或12岁）、少年期或学龄中期（11或12岁到14或15岁）、青年早期或学龄晚期（14或15岁到17或18岁）。心理发展的年龄特征不仅具有稳定性，而且具有可变性。在同一年龄阶段中，每个人都有本质的、一般的、典型的特征，又有区别于他人的差异性及个别特征。

（二）布朗芬布伦纳的生态系统发展观

布朗芬布伦纳提出了生态系统发展观，认为人的发展与环境系统密不可分。个体的心理活动处在一个多元复杂的系统中，人的发展是系统变化的结果。儿童的心理发展和心理活动也是在生态系统中形成的。布朗芬布伦纳认为生态系统对儿童发展影响的直接程度分为四个层次，分别是微系统、中系统、外系统和宏系统（陈英和，2015）。

微系统，是指个体活动和交往的直接环境。比如，对于婴幼儿，微系统主要是家庭成员；对于中小学生，微系统除了家庭成员，还包括学校教师、同学、好友。微系统中的成员和个体有着直接的交互，前者的认知反应、行为表现、个性和能力特征等都会直接影响后者的发展。布朗芬布伦纳强调，儿童不仅会受到微系统的影响，同时也会影响微系统。两者之间是双向的关系。比如，教师会影响学生的反应，但学生的个性特征和行为表现也会影响教师的教学行为。

中系统，是指各个微系统之间的联系或相互关系。布朗芬布伦纳认为，各个微系统之间的积极联系对儿童发展有着积极的作用。比如，父母双方积极沟通，形成良好的夫妻关系；学校教师和家长保持密切联系，沟通教育理念，在教育目标和方法上达成共识；班主任和学科教师之间积极沟通。这些都有利于孩子的发展。

外系统，是指个体并未直接参与但对他们的发展产生影响的系统。比如，父母的工作环境与父母本人产生直接联系，它并未与孩子直接接触。但父母的工作状态和对工作的态度，可能影响孩子的职业兴趣和生涯规划。社区管理人员创设的一些活动和制定的一些社区管理制度，可能影响孩子的公民意识和社会责任感。

宏系统，是指影响个体发展的文化、亚文化和社会环境。比如，我国历来强调的人与人和谐相处的文化和观念，影响着孩子的个性和社会性的发展。国家的发展和国民的文化自信也会影响孩子的自信。宏系统也可以理解为一种广阔的意识形态，它不仅影响着孩子，也影响着微系统、中系统和外系统。

（三）发展情境理论

随着研究的深入，发展心理学家逐渐意识到单一因素在影响人的发展过程中所具有的局限性，从而开始关注系统性因素对个体的综合影响。发展心理学家勒纳（Lerner，2002）

在已有的动力系统观、人—情境整体交互作用理论、生态学理论等的基础上提出了发展情境论，强调个体与其生活环境的相互作用，即不同影响因素与个体发展之间不是单向或双向作用关系，而是循环作用模式。它能较好地解释个体心理发展的机制，对研究和实践均有指导作用。国内学者张文新等（2009）对该理论的主要观点进行了综述。

第一，发展情境的内涵。发展情境论中情境的概念不同于环境科学中的环境，它是指由影响个体发展的各种变量所构成的交互作用系统。发展情境包括物理环境、情境中的社会成员、发展中的个体、随时间推移的情境变量的变化。发展情境是社会性的个体与客观环境互动的结果。同时，个体成为情境的主动构建者。这里的情境既包含促成个体发展的即时性个体和环境条件，又包含每一个体的心理结构、行为和所处环境随时间发生的变化。此外，该理论中的情境还具有整体性、连续性、生态性和不确定性等特点。

第二，个体与情境的动态交互作用。勒纳采用"成熟"的概念代表有机体的内源性变化，用"经验"的概念代表影响有机体发展的外界刺激。个体的发展既不是单纯成熟的结果，也不是纯粹受环境或经验影响的结果。有机体的成熟与其经验之间是一种动态交互作用的关系。有机体不断累积这种动态交互作用的结果，同时，携带着这些累积发展结果的有机体又会持续地与所处环境进行交互作用。在内源性的成熟、成熟—经验间的交互作用和有机体—环境间的交互作用的连续性影响下，有机体与所处情境会获得持续性发展。

第三，或然渐成论。发展情境论认为埃里克森的人格发展阶段理论属于预成渐成论（即人的心理沿着固定不变的发展顺序完成整个发展过程），而事实上，个体在渐成发展的过程中持续地与不同的心理事件发生交互作用，即发展使得个体获得新的经历，同时新的经历又促进或制约着个体的发展。因而，个体的发展不存在预定的（或者必然的）发展时程和结果确定的发展轨迹。某一个体的发展变化相对于这一年龄群体的一般发展结果而言是或然性的，个体发展在方向和结果两个方面都具有或然性的特点。

第四，个体的差异性和人类的多样性。发展情境论强调个体差异性。一方面，不同个体在各个变量心理发展水平上存在差异，在各个变量发展成熟的时间上存在差异，在影响个体发展的因素上存在差异，等等。另一方面，个体本身的差异使得个体与情境间的交互作用也存在差异。该差异又会使不同个体进入不同的发展轨迹。比如，性格内向和外向的学生与教师的交流存在差异，这反过来又进一步加剧他们性格内外向的差异。

第五，拟合优度模型。拟合优度模型是用来解释人类如何实现良好发展的一种模型或范式。拟合的对象是指个体的自身特征（气质、人格、价值观、态度、信念、技能、习性等）和个体所处的情境（物理与社会环境、重要他人等）。从拟合优度模型的观点来看，个体能否发展良好，既不取决于个体自身的某一特征，也不取决于个体所处情境的某一特征，而是取决于个体与所处情境的拟合程度。二者之间建立的拟合优度模型良好，将促进个体及所处情境的发展；反之，则损害个体及所处情境的发展。

第六，人的可塑性。发展情境论的一个前提假定就是人具有可塑性或可调整性。人在与情境的交互作用过程中是可变的，而且这种发展变化是以一种或然渐成的方式实现的。因此，人持续地处于发展变化过程中，且不断地受到人与情境交互作用的影响。发展情境论进一步认为，人的遗传物质在持续地限定着人与所处情境间交互作用的程度，而人的发展的可塑性正是这种经受限定的交互作用的结果。因此，人并不是无限可塑的，人本身的遗传物质和人与所处情境的具体交互作用共同决定着人的可塑界限或可调整的程度。

第七，发展的调节。发展情境论认为发展着的个体本身既是发展的主体，也是发展的动力。在个体与发展情境的交互作用过程中，个体随着自身发展会日趋准确地评估：①具体情境对个体发展的要求；②自身的心理和行为特征；③二者之间的匹配程度。此外，为了实现个体与情境的良好拟合，个体一方面在有意识地选择那些能够与自身特征具有更高匹配程度的情境，另一方面又在有目的地根据既定的情境要求来调整自身特征。这两个方面都体现出个体在实现自身发展的过程中对发展速度和质量的调控。

思考和讨论

1. 心理健康教育课程注重师生互动、生生互动，为什么？
2. 一节心理健康教育课能对所有学生起必然且相等的作用吗？为什么？

想要了解更多，可登录爱课程官网，观看杨丽珠教授主持的"发展心理学"视频课（https://www.icourses.cn/sCourse/course_6508.html）。

第三节 社会心理学理论

心理健康教育活动是学生与学生之间、学生与教师之间的互动。在以班级群体为单位的心理健康教育课中，学生个体的心理和行为反应不仅受到群体中他人的影响，而且也直接或间接地影响着群体的发展变化和群体中其他人的心理与行为反应。因此，设计和实施心理健康教育课程需要理解社会心理学的理论，即理解学生个体与班级群体在社会相互作用中的心理和行为的发生及变化规律。与心理健康教育课程教学有关的社会心理学理论主要有勒温的场动力理论、班杜拉的社会学习理论、群体规范理论、团体发展阶段理论。

一、勒温的场动力理论

社会心理学家勒温于20世纪30年代提出了场动力理论。勒温认为，群体是作为一个动力性的整体而存在的，应当以整体的视角进行研究。他坚持强调整体大于部分之和，整体比部分更加重要。也就是说，群体作为一个由相互关联的个体组成的系统，其作用或影响力远远大于独立的个体。一个群体的组成和建立往往会以共同的社会标准、价值目标等为基础。良好的群体往往会形成一种无形的、强有力的纽带将构成群体的每一个个体成功地凝聚在一起，此时个体的需要或动机与群体的价值目标也往往达成一致。因此，由群体发生的改变而改变个体的观点和行为倾向比直接地单独改变某一个体更容易且效果更佳。类似地，当群体的社会目标和思想观念没有发生改变时，便很难说服个体放弃群体所持有的观念标准来形成新的观念。

场原本是物理学中的一个概念，指的是由物质之间的相互作用而产生的能量。勒温借鉴了该概念，认为个体与环境之间存在相互影响的一种整体的动力状态。他创新性地提出了个体与环境关系的函数公式，即$B=f(P \times E)$。其中，B指的是行为，P指的是个体，E指的是个体所在的环境，f指的是函数关系（即各种力量之间的相互作用）。该公式的含义是指个体某一种行为往往由个体状态（P）和个体所处环境（E）这两种力量相互作用构成的心理动力场而产生。在通常情况下，个体的行为会受到个体与其所在环境相互作用、相互渗透的交互影响。当个体与团体成员在一个场域时，即使实际没有发生任何接触，彼此也会产生相互影响、相互作用。

诸多社会心理学和管理心理学的研究支持了勒温的场动力理论。比如，在不同的团体氛围下，个体的心理和行为表现具有很显著的差异。具体来说，在民主型的班级团体氛围中，学生的主动性、创造性和学习效率更高；在专制型的班级团体氛围中，学生虽然具有一定的学习效率，但缺乏积极主动性、信任感和创造性。由此可知，团体氛围对团体效能的发挥产生重要的作用。在实际的团体辅导工作中，无论是几个人组建形成的小团体，其营造的团体氛围都会对个体的心理和行为产生重要的影响。

场动力学理论对心理健康教育课程的设计有着重要启发。心理健康教育课程需要创设安全、民主、和谐的人际氛围，这种氛围即场动力。心理健康教师通过暖身游戏、讨论与操作、分享与展示等活动，增强和维持团体动力。在该场动力的作用下，学生会更愿意与他人分享自己的经验和想法，更加主动地进行自我探索和自我体验。

思考和讨论

运用场动力学理论分析心理健康教育课程开展暖身游戏的意义。

二、班杜拉的社会学习理论

班杜拉在对传统行为主义研究与理论的继承和批判中形成了社会学习理论。社会学习理论探究社会环境因素如何影响个体产生一些习得性的社会性行为。在大量行为实验的基础上，班杜拉提出了观察学习（也称榜样学习、模仿学习、替代学习）。他认为，榜样对个体行为的产生具有重要的示范作用，人们的诸多行为都源自对榜样人物的观察和模仿。一方面学习者直接模仿榜样的行为本身，另一方面学习者通过观察榜样实施行为的结果是否得到强化而决定是否模仿其行为（该过程也叫替代性强化、间接强化）。一般情况下，特点突出、生动鲜明、感人、符合学习者的年龄特征、具有可行性和可信任性的榜样及榜样行为更容易被学习者注意和模仿。

班杜拉进一步提出观察学习的过程包括四个子过程，分别是注意过程、保持过程、动作再现过程和动机过程。

第一，注意过程。个体对榜样的观察学习始于个体对榜样行为的注意。如果榜样的行为没有成功引起个体的注意，个体便不能够通过观察他人进行社会性学习。选择性注意这一过程不仅是观察学习的起始阶段，还在观察学习中发挥着重要作用。班杜拉提出，榜样具有的可以体现出一定特色的行为模式往往可以成功引起观察者的注意。在该过程中，影响观察者进行注意选择的主要因素有观察者和榜样之间的关系、观察者自身的兴趣和需求、榜样的特征等。

第二，保持过程。保持过程是指观察者将在注意过程中获得的关于榜样示范的行为信息转化为适当的表象存储在记忆系统中的过程。个体对示范信息的保持往往以动作表象或符号编码的形式存储在记忆系统中。当榜样的示范行为活动消失后，存储在观察者记忆系统中的示范信息便可以提取出来，作为观察者进行反应活动的内部模式，从而确保观察者的行为能够准确地保持和复现。此外，对示范信息的保持效果还会受到观察者对其进行复述的重要影响。

第三，动作再现过程。动作再现过程指的是观察者将存储在记忆系统中的动作表象或者符号编码再现为行为的过程。班杜拉认为，观察者存储在记忆系统中的示范行为信息是否完整、观察者是否具备一些行为技能等因素会影响对榜样示范行为的成功再现。此外，示范行为信息再现的准确性也受到观察者的调控和反馈能力的影响。动作再现过程是一个由概念向行为转化和匹配的过程。观察者开始进行动作再现时，难免会产生一些偏差，根据反馈的信息对行为进行调整，最终会产生正确的行为反应。

第四，动机过程。动机过程是指观察者是否愿意将习得的榜样示范行为信息表现出来的过程。班杜拉等人认为，影响行为产生动机的因素主要包括直接强化、替代强化和自我强化。直接强化是指通过外部因素对观察者的行为进行直接的影响和干预。替代强化是指通过对榜样的某种行为进行强化，进而提高观察者表现出该行为的频率。自我强化是指当行为达到自己设定的标准时，自己奖励自己以维持该行为出现的频率。

班杜拉的社会学习理论在人类社会行为中有着广泛的应用，对心理健康教育课程的教学也有重要启示。在心理健康教育课程的教学过程中，教师往往要选择典型的案例、优秀的学生作为样例进行展示，旨在使其成为所有学生学习的榜样。同时，课堂中的教师及每位学生也都可以成为其他人学习的榜样。学生在课堂中通过对他人的示范行为及行为结果进行观察并学习，从而形成一种新的行为模式。

思考和讨论

根据班杜拉的理论，教师在心理健康教育课上如何进行行为示范？

三、群体规范理论

个体的行为会受到群体中他人态度和他人行为的影响。阿杰恩等提出的理性行为理论（Rational Behavior Theory）和计划行为理论（Theory of Planned Behavior）认为个体感知到的群体规范对其行为有显著影响。当个体感知到周围大部分人在实施某种行为或者赞成实施某种行为，个体也可能自主地选择实施该行为。比如，在课堂上，当学生感知到周围同伴都在积极发言，那他也会增强发言的动机。施瓦茨（Schwartz, 1973）提出的规范激活理论（Normative Activation Theory）认为个体主观感知的群体规范不仅会受所在社会群体的社会互动因素的影响，同样也会受到个体过往生活经历、经验的影响。

群体规范可以进一步区分为指令性规范和描述性规范。指令性规范是群体明确说明在特定情境下，什么是人们必须做的，以及什么是被人们赞同或者是反对的行为。它传达了群体对特定行为赞成或反对的行为标准，属于规范的应然层面。描述性规范是对群体中大多数人真实在做的行为的描述。它传达了群体实际的行为现状，属于规范的实然层面。西奥迪尼（Cialdini, 2012）提出的规范焦点理论（The Focus Theory of Normative Conduct）认为个体遵从描述性规范或指令性规范而实施特定行为往往是出于对周围情境的适应。然而，两类规范对行为的作用机制不同。指令性规范对行为的影响与社会评价联系在一起，人们倾向于对符合社会规范的行为给予认可或奖励，对不符合社会规范的行为给予否定或惩罚。因此，个体更多地考虑他人与社会的评价，从而遵从指令性规范实施特定行为。描述性规范对行为的影响常在个体无意识的情况下发生，个体不自觉地受多数人或重要他人行为的影响，而不管该行为的利害。描述性规范对行为的影响过程类似于从众行为的产生过程，个体倾向于遵从多数人的行为。

描述性规范与指令性规范的不同作用还源于两者提供给个体的参照信息不同。雅各布森等（Jacobson et al., 2011）认为个体有人类基本目标，人类基本目标可分为内在目标和人际目标。内在目标是个体实施有效行为（这种行为不奇怪或者不异常），人际目标是个体维护良好的人际关系。处于社会群体中的个体不知道如何达成以上目标（即判断什么样的行为是有效的以及如何才能维系人际关系），描述性规范和指令性规范提供明确的信息给个体。描述性规范提供有效行为的信息，指令性规范提供维护良好人际关系的信息，这两类信息使个体明确应该实施何种有效行为以及如何维系社会关系，这促使个体为了实现人类基本目标而遵循社会规范并实施规范要求的行为。

群体规范理论对心理健康教育课程的设计和实施有重要启发。心理健康教育课程要注意形成良好的指令性规范和描述性规范。一方面，教师要明确传达心理健康教育课的课堂要求和规则，比如保密、倾听、尊重等，形成明确的指令性规范；另一方面，教师在心理健康教育课的实施过程中要带领学生实施规范行为，形成良好的描述性规范。

四、团体发展阶段理论

塔克曼（Tuckman, 1965）提出了团体发展阶段理论。该理论阐释了影响团队组建和发展的关键因素，并提出了团队发展的五个阶段。这五个阶段分别是组建期、动荡期、凝聚期、活动期和终结期。塔克曼认为，这五个阶段是一个团队在发现问题、解决问题、迎接挑战等一系列发展过程中都必然要经历的、不可逾越的过程。

一是组建期，也称项目形成期，是团体发展的首要阶段。该阶段是团体形成的最初时期，团体成员之间较为陌生，团体成员之间的行为具有较高的独立性等特点，团体成员在交往中难免产生紧张感、不自在感和压力感等。随着时间的流逝和被团队领导者带领的过程中，团体成员之间逐渐更加熟悉和了解，也逐渐建立起一种相互信任、相互帮助的积极关系。此外，团体成员逐渐认识到团体的存在，以及自己是团队中的重要一员，团体意识也逐渐形成。

二是动荡期，也称激荡期，是团体发展的冲突阶段。该阶段会存在人际冲突、人际分化等问题。在团体发展的组建期，每个成员都具有鲜明的性格特征，成员之间由于彼此不太熟悉，大多会表现出一种礼貌性的交往方式。但随着人际交往的不断深入，团体成员之间较大的个体差异也会逐渐显露出来，在一定程度上摩擦和冲突便会产生。部分团队成员在面对团队内其他成员的思想观点和自己不同时，更想要展现自己的观点，形成各种观点激烈碰撞的场面；部分团队成员还会对团体目标、任务分配、成员期望等表现出不满意和挫败感。在此阶段，团队的领导者要注意接纳成员之间的差异性，营造相互包容、相互理解的团体氛围。

三是凝聚期，也称规范期，是团体发展的规范化阶段。随着团队的不断成长变化，团体成员之间的矛盾和冲突逐渐减少或者问题得以顺利解决。团体内的成员没有产生相互敌对的思想和行为倾向，团体成员对团体的活动目标、存在价值等持一种积极的、肯定的态度。每个团体成员对自己的团队目标都有较为清晰的认识和理解。每一个成员都非常愿意维护团体的存在，维护团体的荣誉和利益，团体成员之间逐渐形成了强有力的凝聚力。这种团体凝聚力会使团体成员产生强烈的集体感、归属感，以及志同道合的体验。

四是活动期，也称执行期，是团体发展的执行任务阶段。在该阶段，团体的发展逐渐进入一种成熟的状态，团体运行的效能和生产力都呈现出较高的发展水平。团体的运作犹如一个整体，每个成员各司其职，高效完成任务，彼此之间没有产生矛盾和冲突。团体凝聚力是影响团体稳定发展和团体效能发挥的重要因素。通常来说，当团体的规范或目标是提倡高效能或高生产力时，随着团体凝聚力的增加，团体活动的效能或生产力也会增强；反之，当团体的规范或目标是提倡低效能或低生产力时，随着团体凝聚力的增加，团体活动的效能或生产力便会减弱。

五是终结期，也称休整期，是团体发展的解散阶段。当一个团体的发展经历了上述几个基本阶段后，将经历最后的团体终结阶段。通常来说，团体发展到解散阶段，可能是有目的、有计划的，也可能是自发、突然的。一般情况下，当达到了制订的团体目标，或当时间等资源耗尽时，会产生有目的、有计划的团体终结。当团体经历一些突发事件，使得团体不能正常存在下去，便会产生自发、突然的团体终结。在这种情况下，团体成员通常会体验到挫折感、失落感等。

团体发展阶段理论对心理健康教育课程的设计和实施有重要启发。在心理健康教育课中，班级团体的发展也同样遵循着组建期—动荡期—凝聚期—活动期—终结期的阶段过程，教师要把握各个阶段团体的建设目标和学生的心理反应特点来进行活动设计，从而促进学生在心理健康教育课中的参与，提高心理健康教育活动的效果。

思考和讨论

根据群体规范理论和团体发展阶段理论，心理健康教育课良好的课堂氛围是如何形成的？

想要了解更多，可登录智慧树平台，观看孙炳海教授主持的"社会心理学"课程（http：//coursehome.zhihuishu.com/courseHome/1000060700/129018/18#teachTeam）；或者登录爱课程官网观看乐国安教授主持的"社会心理学"视频课（https：//www.icourses.cn/sCourse/course_3735.html）。

第四节　心理咨询与辅导相关理论

心理健康教育课属于心理辅导的一种形式或途径，因而以心理咨询与辅导的相关理论为基础。心理咨询的理论流派包括精神分析、行为主义、人本主义、认知疗法、后现代主义疗法等。不管哪个流派的心理咨询都强调助人自助，即不是直接帮助学生解决问题，而是引导学生自我探索、自我认识、自我体验和自我反思。因而，需要理解以"学生本身就是自己问题的解决者"的当事人中心疗法和焦点问题解决疗法的理论，理解"通过叙述促进自我反思"的叙事疗法理论，理解"探索—领悟—行动"的助人三阶段理论模型。

一、当事人中心疗法

当事人中心疗法是罗杰斯提出的基于人本主义的一种心理治疗方法。当事人中心疗法认为，来访者在本质上是可信赖的，具有无须咨询师直接干预就能了解及解决自身困扰的极大潜能，只要能投入咨询关系中，就能往自我引导的方向成长。该疗法提出，在心理咨询过程中咨询师的重点不是对来访者提供直接干预、解释、询问、给予建议等，而是咨询师与来访者的关系。咨询师的任务是为来访者提供适宜的环境，使来访者体验到那些被自己否定和扭曲的感觉，学习接纳自己，增进自我觉察。当事人中心疗法认为，促进来访者改变的充分必要条件包括真诚一致、无条件积极关注和准确共情。满足这三个条件，可以有效地降低来访者的防卫性，从而使得来访者的感受和体验无障碍地进入意识，并且把意识中的东西真实地表达出来。这三个条件也被称为"助人关系中的核心治疗成分"。

第一，真诚一致。咨询师要以真诚一致的态度对待来访者，使来访者放下戒心，使其认为咨询师是可以信任、可以交心的。咨询师的真诚一致具有榜样作用，能进一步促进良好咨访关系的建立，能增强来访者面对、探索和解决自身问题的动力。为更好地表达真诚一致的态度，咨询师要在咨询关系中"做真实的自己"，不特意取悦对方，不因自我防御而掩饰、修改自己的想法和态度，不文饰、回避自己的失误或短处。

第二，无条件积极关注。罗杰斯认为，每个人都是有价值的，都应当得到关注和尊重。不管是什么特征的来访者，咨询师都要以积极的态度看待他们，注意强调他们的长处，即有选择地突出来访者言语及行为中的积极方面，利用其自身的积极因素。如果个体体验到的是无条件的积极关注，自我与经验就不会产生不一致，那么个体就不会因为不一致而产生防御过程。

第三，准确共情。共情是指咨询师对来访者心理世界的理解和感受，即设身处地地去体会来访者的内心想法和感受，达到对来访者内心世界的心领神会。根据程度的不同，共情可分为初级水平和高级水平。在初级水平的共情中，咨询师主要是运用倾听技巧，重在对来访者内心体验和想法的了解并进行反馈。在高级水平的共情中，咨询师深层次地理解来访者所疏忽的或是无意识逃避的心理内容。高级水平的共情会给来访者带来一种顿悟的感觉。

罗杰斯认为，教师具备真诚一致、无条件积极关注、准确共情等基本特质可以有效地降低学生的防卫性，从而使得学生的感受和体验无障碍地进入意识，并且可以把意识中的东西真实地表达出来。这对心理健康教育课程实施的启发是，教师在和学生的对话互动中，要真诚一致地与学生对话，无条件积极关注所有学生，对学生的发言进行准确共情。

二、焦点问题解决疗法

积极心理学是20世纪90年代在国际上兴起的心理学新方向。与传统心理学主要关注消极和病态心理不同，积极心理学关注人的优秀品质和美好心灵，将人的乐观、幸福感、好奇心、心理弹性、利他、智慧和创造的勇气等作为研究的课题，同时提倡用一种积极的方式来对人的心理现象做出新的解读，并在这一过程中找寻到帮助个体在良好的条件下获得幸福的各种因素。积极心理学假设，人类善良美好的一面与病态的一面同样真实地存在着，生命的意义在精神生活和长远的追求中得以实现（侯玉波，2018）。

焦点问题解决疗法是具有积极心理学倾向的一种心理治疗模式，它将解决问题和冲突的重点聚焦在来访者内在积极动机和未来目标之上。焦点问题解决疗法从系统观的角度去思考问题，认为来访者的周遭生活是一个系统，重视来访者原本具有的天分与能力，认为来访者自己就能修正本身存在的问题。受系统论的影响，焦点解决学派认为变化在系统中是永恒存在的，对于任何困扰而言总是存在着一些例外，而这些例外正是问题解决之道的关键所在。因此，焦点问题解决疗法的一个核心理念是治疗师和来访者需要寻找那些积极的特例或差异。

在焦点问题解决疗法中，治疗师会通过一系列专业对话和讨论来帮助来访者。对话和讨论的主要目的在于协助来访者探讨改变的可能线索，进而改变来访者的经验、知觉、行为和判断。建设性预设问句是焦点问题解决疗法的最大特色。在对话中，治疗师通常会使用例外式问句、奇迹式问句、评量式问句和应对式问句。例外式问句是指治疗师通过问句找出来访者没有问题的时候或目标达成的时候状态分别是什么样的，引发来访者对成功经验的思考，并借之建构出解决方法。同时，这种问句也是在提醒来访者其自身就具备解决问题的能力。奇迹式问句是指治疗师引导来访者想象"当问题已经获得解决的美好愿景与细节"。例如，"某天你睡着后发生了一个奇迹，早上醒来睁开眼，发现所有的问题都解决了，你猜，你的生活会有什么不同？"奇迹式问句能够协助来访者确定目标，并通过构想未来的景象来引出与问题解决有关的信息。评量式问句通常要求来访者以1～10的数字来对问题或相关议题做出评估，1代表问题最糟糕的情况，10代表来访者最期待的状况。评量式问句可以让复杂且模糊的目标更具体化、可操作化，协助来访者观察过去经验和预测未来的可能性，同时也可作为治疗进展的指标。应对式问句是通过询问很小的，以及被视为理所当然的行动与动力从何而来，来提醒来访者自身的应对之道。这种应对之道也可以为未来的解决之道提供参考。这类问题会促使来访者明白自身已存在的优势，暗示其具有自发的力量。

思考和讨论

学生说自己解决不了问题，根据当事人中心疗法和焦点问题解决疗法，教师该如何鼓励他面对问题？

三、叙事疗法

叙事疗法注重个体的生命经历和自我身份的建构。在该疗法中，治疗师与当事人共同探索他们的故事和叙述，并重新构建与重塑个体的经验和体验。叙事疗法对当事人的心理调适和心理成长有着积极的作用。一是有助于当事人重新梳理个人经历的事件，以更全面、更系统地认识事件发生的原因和变化过程。二是有助于当事人认识和体验自己在该经历中的想法和情感，从而更好地理解、接纳和处理个人经历与情感。三是有助于当事人更深入地了解自己的内心世界，更全面地探索自己的需求和价值观，从而重建身份认同和社会联系，更好地应对生活中的挑战。

叙事心理治疗的理论基础主要是建构主义和后现代主义。建构主义理论认为人类的知识或个体的知识源自主体的主动建构。主体自身原有的知识、观念、经验、语言交流等成分积极参与了知识的建构过程，且在该过程中发挥着至关重要的作用。同时，建构主义还认为社会文化因素也参与了个体建构的过程。因此，建构主义所提供的理论观点，有助于叙事疗法中的当事人更好地理解自己的生命故事和经历是如何与社会文化背景相互作用的。另外，后现代主义认为，知识是相对的，不同的人对同一事物的理解和解释不同。在叙事疗法中，治疗师会尊重个人的故事和叙述，理解其个人经历的多样性和复杂性，不会试图给出一个普遍适用的解释和定论。后现代主义还认为，意义不是由客观事实所决定的，而是通过交流和建构来获得的。在叙事疗法中，治疗师与当事人通过对个人故事的共同探究和讨论以及通过交流共同建构事件的意义，来理解和处理当事人的心理问题。

学校心理健康教育可以运用叙事疗法帮助学生心理成长。一是引导学生分享自己的故事和经历。叙事疗法强调个体的故事和经历对于心理健康的影响，因此教师可以引导学生分享自己的故事和经历，这可以让学生更深入地了解自己的情感与经历，并借此来调节情绪和转变思考方式。二是通过故事分享来促进学生之间的交流和互动。在课堂中，教师要求学生相互分享自己的故事，引导学生倾听同伴对自己故事的理解和评价。这不仅有助于学生之间建立起良好的同伴关系，而且能促进当事人更好地了解与接纳自己和他人。三是使用叙事式的学习任务。可以通过设计一些叙事式的学习任务来帮助学生更好地理解和应用叙事疗法。比如，在日记、周记作业中要求学生撰写自己的故事，然后进行反思和讨论，教师给予反馈和评价，帮助学生重新建构故事的意义。

> **思考和讨论**
>
> 心理健康教育课上教师引导学生讲述自己的心理小故事，请运用叙事疗法分析其原因。

四、助人三阶段理论

希尔等（Hill et al., 1999）提出了助人三阶段理论。该理论认为，人天生会在心理、智力和人际等不同领域拥有不同的潜能，在个体成长的过程中，这些潜能便会表现出来。

个体天生具有一种强大的生物驱动力，这种驱动力会促使个体的潜能不断生长和发展。虽然个体的发展会受到遗传和环境因素的影响，但在一定程度上仍可以控制自己的生活，自由支配自己的行动。也就是说，在一定范围内，个体仍可以做出改变自己生活的自由选择。助人三阶段模式是一个通过引导当事人对其问题进行不断探索、深入理解并在其生活中做出改变的理论框架。助人过程模式共包含三个阶段，分别是探索阶段、领悟阶段和行动阶段。

在探索阶段，助人者要营造良好的氛围，尽力与当事人建立并发展积极的治疗关系。助人者需要不断鼓励当事人讲述自己的故事，帮助当事人探讨自己的想法和情感，并不断了解当事人。在该阶段助人者为当事人提供了一个表达情感、重新思考自身问题的机会。与此同时，助人者就像当事人的一面镜子帮助照见当事人的问题，这对当事人来说是很有帮助的。此外，助人者的耐心倾听也可以帮助当事人探索和反思自己的问题，使得当事人在合作的过程中更加开放自己。该阶段为助人者提供了一个深入了解当事人的机会。即使在当事人的年龄、性别、种族等方面都相似，助人者也不能主观地认为自己就已经了解当事人的全部问题，并指导当事人应该如何解决问题。这很有可能会将助人者的价值观强加给当事人，从而无法准确了解当事人的真实情况。

在领悟阶段，助人者与当事人共同合作，以使当事人更好地了解和认识自己的想法、情感和行为。与此同时，帮助当事人获得更深入的自我觉察并认识到自己在问题的维持中起着什么作用。对当事人来说，在合作的助人过程中获得领悟是非常重要的。因为这可以帮助当事人从新的视角或角度来看待问题，进而获得新的理解和体会，从而更容易使得当事人发生改变。该阶段为当事人提供了一个透过表面看到问题本质的机会，帮助当事人做出更好的选择，从而使得当事人的改变更加持久。相比于探索阶段，领悟阶段的助人者要更加积极地参与助人过程。助人者不仅要保持共情同感和合作的状态，偶尔还需要挑战当事人的观点，试探性地提出自己的想法，并运用自己的经验从新的角度看待当事人的问题。此外，治疗关系本身也是该阶段学习的重点。助人者与当事人一起处理治疗关系中出现的问题，可以帮助当事人模仿学习如何更恰当地与人相处，从而获得对关系的领悟。

在行动阶段，助人者帮助当事人探索获得领悟后的改变。在以合作为基础的治疗关系中，助人者和当事人一起探讨不同的改变方法，以及改变对于当事人的生活具有什么意义，并最终确定一个可行的实施方案。在某些情况下，助人者会向当事人传授一些改变的方法，或者帮助当事人发展一些新的行为策略并从治疗关系以外的其他人那里寻求获得反馈。与此同时，助人者和当事人也会共同评估行动计划的结果并进行适当的调整和改变以帮助当事人获得预期的结果。在助人的过程中，助人者需要不断地询问当事人对于改变的想法和感受。助人者不是当事人生活的专家，但可以辅助当事人探索关于行动改变的想法和感受，并促进当事人改变的发生。

助人三阶段模式中的每一个阶段都是非常重要的。彻底的探索，能为当事人获得领悟构建基础；深入的领悟，能为行动的改变铺平道路。与此同时，改变还会鼓励当事人重新探索其他问题。此外，在助人的过程中，助人者的角色是一个合作者和辅助者。助人的过程是合作性的，助人者引导当事人不断深入探索和了解自己的问题，并帮助其在认知、情感和行为上做出改变。这个过程需要以当事人为中心，助人者与当事人一起合作解决问题，而不是指导当事人应该如何生活。

思考和讨论

助人三阶段理论对心理健康教育课程的教学有何启发？

想要了解更多，可登录中国大学MOOC平台，观看马淑琴主持的"心理咨询理论和技术"课程（https：//www.icourse163.org/course/SWJTU-1207477804 ）。

本章小结

1.与心理健康教育教学有关的学习理论包括格式塔学派、布鲁纳的发现学习理论、奥苏伯尔的有意义学习理论、建构主义学习理论、人本主义学习理论、行为技能学习相关理论等。

2.课程开发的四个基本环节为课程目标、课程内容、课程实施、课程评价。

3.与心理健康教育教学有关的心理发展任务与阶段理论主要为埃里克森心理发展阶段理论。

4.与心理健康教育课程的教学有关的心理发展系统观有朱智贤心理发展观、布朗芬布伦纳的生态系统理论、发展情境理论。

5. 勒温的场动力理论强调个体与环境之间存在相互影响的一种整体的动力状态。

6. 班杜拉的社会学习理论强调个体的学习通过观察榜样而获得。

7. 群体规范理论认为个体的行为会受到群体中他人态度和他人行为的影响。

8. 团体发展阶段理论提出团体发展经历组建期、动荡期、凝聚期、活动期和终结期等过程。

9. 与心理健康教育课程的教学有关的社会心理学理论主要有勒温的场动力理论、班杜拉社会学习理论、群体规范理论、团体发展阶段理论。

10. 当事人中心疗法和焦点问题解决疗法强调学生本身就是自己问题的解决者。

11. 叙事疗法强调个体通过叙述自己的经历并进行自我反思。

12. 助人三阶段理论模型提出助人经历探索、领悟、行动三个阶段。

练习题

一、辨析题

1. 心理健康教育课上需要激发学生原有经验。　　　　　　　　　　（　　　）

2. 为了促进学生掌握合作的技能，教师在心理健康教育课上的重点是讲解合作的要领。　　　　　　　　　　　　　　　　　　　　　　　　　　　（　　　）

3. 在心理健康教育课上，学生的问题主要依靠教师帮忙解决。　　（　　　）

二、简答题

1. 简述学校心理健康教育课程开发的基本过程。

2. 简述发展情境理论的观点。

3. 简述团体发展的阶段。

三、分析题

下面呈现了一堂心理健康教育课的教学过程，请运用本章相关理论分析和评价该教学过程设计。

（一）**热身游戏（3分钟）**

指导语：这个游戏叫"手指操"。每个同学伸出双手，握拳，根据老师的口令——"大拇指见面点点头，食指见面挥挥手；中指见面鞠个躬；无名指见面碰碰头；小拇指见面拉拉钩；大家都是一家人"，重复多做几次"手指操"。

小结：这个游戏并不难，我们为什么会出错呢？随着节奏加快，大脑指令和手指的沟通就不好，协调不好。家庭生活当中如果沟通不好，那么带来的就不是笑声，而是烦恼了。接下来老师带给大家的这节课就是关于如何与我们的家长和谐地相处。

（二）故事讲述（7分钟）

故事1：一个屠夫一生之中杀牛无数。有一次，他从市场上买回一头肚大腰圆的母牛，准备杀掉。面对屠刀，母牛流下了眼泪。然而，对这一现象，屠夫早已见怪不怪。正要动手，突然，母牛扑通一声跪倒在屠夫跟前。屠夫一惊，这是他生平第一次见牛给人下跪，他感觉奇怪，但已顾不了那么多，将牛杀掉。当他剖开牛肚时，里面"咣当"掉出一只小牛犊，屠夫终于明白过来。后来，屠夫挖了一个坑将母牛和小牛犊埋在一起，这是他生平第一次杀了牛而没有卖掉。

故事2：曾有人做过这样的实验，将黄鳝放入烧得很烫的锅里，发现一部分黄鳝自始至终将身体的一部分拱起来，使之不与锅底接触，直到它们被烫死。好奇的人们将黄鳝的这部分进行解剖，惊奇地发现，它们体内都有即将孵化的卵。原来，黄鳝是用自己的生命保护即将出生的小生命。

提问：这两个故事中的主角为什么会这样做？这两个小故事说明了什么？

小结：两个故事都说明了母爱的伟大。但是在实际的家庭生活当中，我们都会遇到与家长沟通得不好，体会不到我们父母的爱，有时甚至会感到烦恼。

（三）情境体验（15分钟）

情景案例：

周五放学，孩子迟迟没有回来，父母焦急万分……

父母：为什么放学不回家？放了学就要马上回来。

孩子：学校里学生干部开会，所以晚了。

父母：开什么会？我打电话问了，你们早散会了！

孩子：为什么要打电话到学校？根本就是不相信我！

父母：什么时候买的新衣服？啊？散会以后去买的吧！看看，你都买的些什么？裤子颜色这么花，太难看了，给我换了！

孩子：为什么要换！你们的眼光太落后了，这是今年最流行的样式！就是不换！

父母：和谁一块去的？啊？是不是女同学？

孩子：女同学怎么了？女同学也是同学，有什么大惊小怪的！

父母：你说清楚，你俩什么关系？为什么她会陪你去买衣服？

孩子：我们是同学，大家顺路就一起走，还有其他同学呢。

讨论：

1.孩子为什么会跟父母出现类似这样的争执？

2.假如你遇到这种情况通常怎么处理？

3.怎么样避免这种争执的出现？

小结：这些问题存在的原因可能就是我们和父母的想法不一样，也就是说我们和父母存在代沟。代沟是客观存在的。父母与子女生活的时代不同，生活经验不同，心理发展的水平不同，必然造成亲子关系中某些分歧的出现。消除代沟的妙招有相互关心、相互体谅、恰当的沟通和表达。

（四）实战演习（15分钟）

演习一：

1.创设情境：有一天放学后，你回到家，看到爸爸或妈妈正板着脸、一声不吭地坐在沙发上。看到这样的场面，你会怎么做呢？

2.角色互换：好，现在让我们来做个游戏，假定你就是刚才那位爸爸或妈妈，对于你孩子的表现，你又会怎么想、怎么说呢？

演习二：

1.创设情境：可是，你想过没有，当我们的一片赤诚之心不被父母理解时，你又会怎样呢？还是接着说刚才那件事，我们关心爸爸妈妈，想了很多办法让爸爸妈妈开心。可他们非但不领情，反而冲你大发脾气。遇到这种情况，你又会怎么想、怎么说、怎么做呢？

2.角色体验：那么，"我"这样的表现会产生怎样的结果呢？请刚刚发言的这几位同学上来，随意抽几位同学演爸爸或妈妈。请爸爸妈妈们根据这几位孩子的表现做出相应的反应。

（五）总　结（5分钟）

1.制作卡片：

我最想对父母说的话：	
我最想为父母做的事情：	

2.总结：我们从出生到长大成人，就一直得到父母的关爱。为了我们的成长，他们付出了很多。现实生活中，许多子女不能理解父母，时常与父母发生矛盾、冲突，作为儿女，应该采取什么样的态度去与父母相处，是无理的顶撞、故意气父母以发泄自己心中的不满，还是在尊重的前提下采取积极、主动的态度与父母沟通？真希望每一位同学都能理解、善待自己的父母，用我们的实际行动去报答父母，因为，在不久的将来，你们自己也会为人父母。

参考答案

第三章

心理健康教育课程的特点与要求

学习目标

♥ 理解心理健康教育课程的内涵与特点。

♥ 理解心理健康教育课程的内容。

♥ 掌握心理健康教育课程的伦理要求。

本章导读

　　什么样的课程属于心理健康教育课程？什么样的一节课是心理健康教育课？我们只有理解了心理健康教育课程的内涵与特点、课程内容、伦理要求等，才能更好地把握、设计和实施心理健康教育课程。心理健康教育课程既是学校课程教学的一部分，又是心理健康教育的关键途径。心理健康教育课与其他学科课一样都属于课堂教学，表现出课堂教学所拥有的共同特征，但心理健康教育课程的实质是心理辅导，具备心理辅导的核心要求。心理健康教育课程的内容也是学生心理辅导的内容，伦理要求也要符合学校心理辅导的伦理。

　　本章共分三节。第一节为心理健康教育课程的内涵与特点，阐述心理健康教育课程的内涵与形式特点，比较心理健康教育课与其他学科课的异同。第二节为心理健康教育课程的内容，阐述自我意识、情绪情感、人际关系、学习、生活、生涯等。第三节为心理健康教育课程的伦理要求，阐述伦理要求的一般原则、专业标准和专业实践等。

本章课件

第一节　心理健康教育课程的内涵与特点

心理健康教育课程在形式上表现为课程，拥有课程的形式特点，其实质是心理辅导，符合学校心理辅导的内涵。理解心理健康教育课程的内涵和特点，为更好设计和实施心理健康教育课程奠定了基础。本节阐述心理健康教育课程的内涵与形式特点，并比较心理健康教育课与其他学科课的异同。

一、心理健康教育课程的内涵与形式特点

（一）心理健康教育课程的内涵

从心理健康教育工作的意义来看，心理健康教育课程本质上是一项助人活动，是教师通过与学生的互动促进学生成长的活动。学生带着困惑和问题来到课堂，教师运用心理学的理论和方法协助或引导学生解决问题。与一般的助人活动相比，心理健康教育课程有其特殊性。比如，朋友聊天式的助人活动，往往没有时间和地点的限制，没有保密的义务，无须理论架构和支持，人员不固定。而心理健康教育课程作为专业的助人形式，要依据特有的理论（如精神分析理论、认知疗法理论、当事人中心疗法理论、积极心理学理论），遵循保密、价值中立、平等尊重等原则，使用心理测量、指导语想象、心理剧、行为指导等专业方法，在时间、地点和师生关系上也有相对固定的基本架构。

心理健康教育课程的实质是心理辅导。关于心理辅导，已有研究有不同的阐述。人本主义心理学家罗杰斯（2004）提出："心理辅导是一个过程，其间辅导者与当事人的关系能给予后者一种安全感，使其可以从容地开放自己，甚至可以正视自己过去曾否定的经验，然后把那些经验融合于已经转变了的自己，做出统合。"刘华山（2001）提出，学校心理辅导是指"在一种新型的建设性的人际关系中，学校辅导人员运用其专业知识和技能，给学生以合乎其需要的协助与服务，帮助学生正确地了解自己、认识环境，根据自身条件确立有益于个人发展和社会进步的生活目标，使其克服成长中的障碍，在学习、工作及人际关系等各个方面，调整自己的行为，增强社会适应，做出明智的抉择，充分发挥自己的潜能"。李伟健（2006）提出，心理辅导是指辅导者"通过创设一种真诚、民

主、合作、共情的人际环境，引导和帮助学生自我探索、自我体验、自我成长和自我完善的活动"。根据这些阐述，心理健康教育课程的内涵包括以下三个要点。

第一，建设性人际关系。建设性的人际关系是心理辅导活动开展的前提。在心理健康教育课中，同样要求建立良好的师生关系、生生关系，形成良好的课堂氛围。其中最为重要的因素包括保密、平等与接纳、理解与共情。心理健康教育课中包含的人员更多、更复杂。在面向全班同学时，发言者难免会有所顾虑。他们担心自己的隐私被同班同学知道，更担心被同学外传；他们担心自己发言的内容不被他人接纳，甚至被他人嘲笑和批评；他们担心自己简短的几句发言得不到他人的理解和共情。因此，在心理健康教育课上尤其要注意基本规范的建立，注意良好人际关系的建设。

比如，某教师为了给心理健康教育课的课堂营造建设性人际氛围，与学生共同制定了课堂公约。

心理健康教育课课堂公约

适用班级：初二（2）班　学期：2023—2024学年第二学期

签约人：张三老师；全体学生。

公约内容：

1. 尊重他人隐私，做到保密。

2. 认真倾听他人发言，避免插话或干扰他人。

3. 尊重和接纳他人发表的观点和意见，避免攻击他人。

4. 积极参与课堂讨论和活动，勇于分享自己的真实想法和经验。

5. 和小组同学积极沟通，合作完成小组任务。

6. 达到课堂教学的其他基本要求。

第二，引导。引导是心理辅导活动的实施路径。教育部颁布的《中小学心理健康教育指导纲要（2012年修订）》明确指出："心理健康教育要防止学科化的倾向，避免将其作为心理学知识的普及和心理学理论的教育。"心理健康教育课要引导学生心理成长，而不是直接传授心理学学科知识。与引导相对立的形式是直接说教。直接说教是指教师直接讲解原理和理论或直接提供问题解决方法；而引导是指教师通过启发性的师生互动和活动体验促进学生领悟。直接说教往往促进个体的认知加工（主要是记忆）；而引导的过程启动了个体的情绪情感体验、态度改变和价值观重塑，在这一基础上进行的认知加工往往更加深刻。以"明白时间珍贵的道理"为例,教师直接说教时可以解释时间为什么珍贵,举一些名人名言作为佐证;在引导时,教师让学生绘制自己过去一天时间利用的"时间饼图",在绘制过程中,学生体验到时间的珍贵,并领悟到合理利用时间的重要性。

"时间饼图"绘制

1. 回忆过去一天做了哪些事情,把这些事情一一列出。

2. 标明做这些事情花了多长时间。

3. 对事情进行归类,然后计算做每一类事情所花时长及其在一天中所占的百分比。

4. 画成饼图(如图3-1所示)。

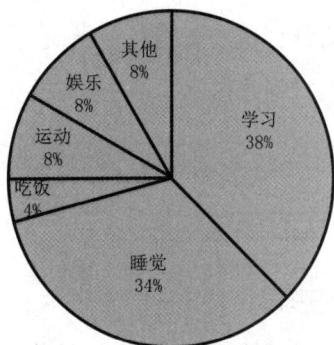

图3-1 "时间饼图"样例

第三,自我探索与自我成长。促进学生自我成长是心理辅导活动的目的。自我成长的过程包括自我探索、自我体验、自我反思、自我完善等。学生往往带着自己的现实问题来寻求心理健康教师的帮助,他们甚至希望教师直接帮助他们解决现实问题。然而,心理健康教育课的目的是"助人自助",即帮助当事人领悟内心的冲突,寻找内在的资源,鼓励当事人自己去解决问题并承担行为后果。另外,也有学生常常关注别人的问题而不反思自己的问题,心理健康教师会引导学生关注自己的心理过程。比如,一位学生问他的老师:"老师,你读高中时,谈过恋爱吗?"教师的回应是:"是什么原因让你想到问关于恋爱的这个问题?"这样的回应促使该生把注意力聚焦于自己的问题,进行自我探索,从而自我完善和自我成长。

比如,在一节学习动机主题的心理健康教育课上,教师用"绘制学习动机生命线"的活动引导学生自己探索自己的学习动机发展。

绘制学习动机生命线

一、绘制方法

1. 在纸的最上方写上标题，即"我（某某）的学习动机生命线"。

2. 从左向右画一条带箭头直线，最左边标记为0岁，最右边标记为现在的年龄。

3. 标出至少三个与学习有关的重要时间节点（对你而言重要事件或重要他人的影响）。

4. 标在时间轴上方的，表示以内部动机为主的学习事件；标在时间轴下方的，表示以外部动机为主的学习事件。离横坐标越远表示自我决定系数越高。

5. 选择喜欢的颜色，把这些事件点连成线。

二、活动后思考

1. 你的学习动机生命线中，是上方的事件多还是下方的多？

2. 这些事件节点对你产生了什么样的影响？

3. 如果重新来一次，你打算如何画这条动机生命线？

（二）心理健康教育课程的形式特点

1. 心理健康教育课程的表现形式

心理健康教育课程的实质是心理辅导，但其表现形式是课程，要符合课程的基本架构和体系，即包括课程目标、课程内容、教学方法与过程、教学评价等。

（1）课程目标。它规定了某阶段学生经过心理健康教育课程学习以后，在心理品质方面期望实现的程度，是确定心理健康教育课程内容、教学目标和教学方法的基础。心理健康教育课的课程目标设计，不仅包括一节课的教学目标，也包括整个课程的教学目标；不仅关注个别学生的发展特点，更加要关注班级全体学生的发展特点；不仅要考虑所教学生的需求，而且要考虑国家社会发展新形势对人的要求、教育行政部门对学生发展的要求等。

（2）课程内容。心理健康教育课程有较明确的课程内容。教育部颁布的《中小学心理健康教育指导纲要（2012年修订）》明确提出，心理健康教育的主要内容包括"普及心理健康知识，树立心理健康意识，了解心理调节方法，认识心理异常现象，掌握心理保健常识和技能。其重点是认识自我、学会学习、人际交往、情绪调适、升学择业以及生活和社会适应等方面的内容"。同时，该纲要还明确了各个年级段学生心理健康教育的内容。心理健康教育课程内容的设计要在相关规定范围的基础上结合本校学生的心理发展特点而确定。

（3）教学方法与过程。心理健康教育课有其区别于其他学科课的教学方法和教学过程。《中小学心理健康教育指导纲要（2012年修订）》明确提出："心理健康教育课应以活动为主，可以采取多种形式，包括团体辅导、心理训练、问题辨析、情境设计、角色扮演、游戏辅导、心理情景剧、专题讲座等。"在教学过程方面，一节心理健康教育课的实施要遵循学生心理活动变化的特点和团体动力的发展规律，往往需要经历暖身、活动体验、反思总结等步骤。

（4）教学评价。教学评价是依据教学目标对教学过程及结果进行价值判断并为教学决策服务的活动。学科知识的教学评价往往采取知识测验的形式。然而，心理活动具有内隐性和主观性，知识测验形式难以反映心理健康教育课的教学效果。心理健康教育课的教学评价，需要采取多元形式，包括心理测验、学生作品、心理日记等；需要来自多方面的评价，包括学生自评、同伴评价、教师和家长评价等；需要来自不同时期的评价，包括课堂中、一节课结束时、课程结束时等。

2. 心理健康教育课程的特点

心理健康教育课程具有课程的形式特点，这也导致它与个别心理辅导相比具有特殊性，表现出学校规划、教师主导、群体需求、学生被动、时空限制、成员熟悉、难以保密等特点。在进行心理健康教育课的设计、实施和效果评价时，要注意把握这些特点。

（1）学校规划。在个别心理辅导中，辅导的时间、地点、时程、内容等往往由当事人和咨询师共同商议确定。而心理健康教育课的教学计划往往有赖于学校教育的整体规划。安排在哪个年级上，每个学期上几节，由谁来授课……这些问题往往由学校根据整体的教学安排而确定。在这个过程中，学生实际上几乎没有参与学校的决策。

（2）教师主导。在个别心理辅导过程中，当事人往往发挥着更为重要的作用。他的问题及发展决定了咨询师的咨询行为，甚至他可以决定选择哪位咨询师。在心理健康教育课的课堂中，学生也是主体、主角，教学目标设计、教学活动、教学评价均围绕学生而开展。然而，事实上教学活动的设计者为教师，教师相当于"编剧"和"导演"。设计几个教学活动，设计什么样的教学活动，呈现哪些教学案例，往往取决于教师。

（3）群体需求。在个别心理辅导中，咨询师会充分考虑和满足当事人的个别化需求。而在面向班集体开展心理健康教育课时，教师往往考虑的是全班学生的共同发展需求。然而，事实上，全班学生的现实需求和心理发展水平存在个体差异。因此，任何教学活动的实施都必然难以满足一些学生的个别需求。

（4）学生被动。在个别心理辅导和团体心理辅导中，来访者往往是主动报名或主动寻求辅导的。他们比较明确自己的问题，有较强的求助动机，也愿意克服一些障碍来求助。然而，在心理健康教育课中，学生的问题解决和自我成长的动机相对较模糊或者较弱。学生的心理成长动机的激发有赖于教师的课堂活动设计。教师活动设计得好，学习动机可能增强；活动设计得不好，学习动机可能不高。总体上说，学生处于较被动的状态。

（5）时空限制。个别心理辅导开始的时间往往由当事人选择确定，后续的时间安排也由当事人和咨询师商议确定。咨询地点也可以不局限于心理咨询室。然而，心理健康教育课的授课时间和频率是确定的，比如，每两周一次，初一（1）班是周三第四节，初一（2）班是周三第五节。授课的场地也相对确定，一般在班级教室或团体辅导教室。

（6）成员熟悉。在个别心理辅导中，当事人往往把咨询师当成陌生人来倾诉。在心理健康教育课中，辅导对象往往为一个自然班级的学生。在这样的团体中学生之间相互认识。一方面，这有助于学生之间的相互合作和分享，也有助于班集体氛围的建设。另一方面，一些学生可能会有所顾虑，他们不敢在熟悉的同学面前暴露自己的一些经历、想法和感受。

（7）难以保密。保密是个别心理咨询最基本的伦理和原则，有法律的保障。在心理健康教育课上，尽管教师也会强调要保密，但事实上教师与学生之间、学生与学生之间并没有签署保密协议，因此没有法律上的保障。面对全班同学发言，本身就是一次自身秘密的公开，而且班集体的成员很有可能会将同学的发言内容转述给班级之外的人员。因此，在课堂中学生的发言是否源自他的真实想法和感受，这很值得教师思考。

二、心理健康教育课与其他学科课的比较

心理健康教育课与其他学科课一样都属于学校教育体系中的课程。因此，它们具有共同的特征。首先，目的都是立德树人。心理健康教育课和其他学科课一样，最终目的都是立德树人，实现为党育人、为国育才，实现为国家和社会培育德智体美劳全面发展的社会主义建设者和接班人，实现培育一代又一代担当民族复兴大任的时代新人。其次，都要遵循教学的一般规律和原理。心理健康教育课和其他学科课一样都属于课程，其设计、实施、开发等过程都符合教与学的一般规律。

心理健康教育课与其他学科课相比，也有其独特性。

第一，侧重培养健康生活核心素养。学科教学旨在提高学生的核心素养。林崇德（2017）提出了中国化的学生发展核心素养框架，包括文化基础（人文底蕴、科学精神）、自主发展（学会学习、健康生活）、社会参与（责任担当、实践创新）。比如，语文、英语和历史等课侧重于人文底蕴，数学课和科学课侧重于科学精神，政治课侧重于社会参与。心理健康教育课则侧重于培养健康生活素养。健康生活素养包括珍爱生命、健全人格和自我管理三个方面。珍爱生命的重点是，理解生命意义和人生价值。健全人格的重点是，具有积极的心理品质，自信自爱，坚韧乐观；有自制力，能调节和管理自己的情绪，具有抗挫折能力等。自我管理的重点是，能正确认识与评估自我；依据自身个性和潜质选择适合的发展方向；合理分配和使用时间与精力；具有达成目标的持续行动力等。

第二，强调活动体验。活动体验是心理健康教育课的基本特征。体验是个体情绪和情感获得、经验和信念建构、态度和价值观改变的基础。心理健康教育课的教学强调以学生为中心和主体地位，注重学生主动积极参与活动并在活动过程中直接体验。在心理健康教育课中，教师须创设体验性活动或情境，引导学生在活动或情境中感受和感悟，获得新的体验和经验。活动体验有多种形式，常用的有游戏活动、情景剧、现场实验、自由联想。以"学会信任"为例，教师创设信任背摔的游戏。在游戏前，一位学生觉得信任很简单，他会相信队友勇敢地向后靠。但在游戏中，他犹豫了，担心自己摔倒后队友接不住。游戏后，他感受到了信任队友不容易，并且体会到了越不信任队友就越难完成任务。在活动基础上，个体重新建构了经验和信念。

第三，强调行为训练。心理健康教育课的一个重要教学目标是学生掌握行为技能和学会问题解决方法，并迁移和运用这些技能与方法解决自己学习生活中的实际问题。技能的获得一般要经历陈述性阶段、联系阶段和自动化阶段。在可操作的活动或情境中进行行为训练是技能获得的关键。以"学会合作"为例，教师先和学生讨论合作的要领，然后创设一个小组合作用笔抬杯子的情境。第一次训练，全班没有一个小组成功完成任务。教师再次引导学生讨论合作的技巧。进行第二次训练时，全班已有一半的小组成功完成任务。教师第三次引导学生讨论成功和失败的技巧，此时全班大部分小组都能成功完成任务。最后，教师提出诸多现实生活中合作情境的例子，引导学生讨论如何将前面所学技能运用到现实生活中。正如该例所示，行为技能的掌握需要进行不断的操作和练习。

第四，强调经验分享与互动。经验分享与互动是促进活动体验升华、行为技能获取的关键路径。参与心理健康教育课的学生有着不同的生活经验，而原有的生活经验又是新经验建构的基础。不同学生对同一事物或主题会有不同的理解。即使是参与相同的体验活动，不同学生也可能会有不同体验。因此，在体验活动之后往往要进行分享与互动。一方面，个体通过分享来总结和反思自己的体验。另一方面，个体所分享的不同感受和体会也有助于他们重构自己的经验。以信任背摔游戏后的分享为例，一位王同学分享说："我总担心队友接不住我。"而其他同学分享说："越是担心，身体越会变形，队友越难接住。"其他同学这样的分享就有助于促进王同学重新建构经验和重新反思自己的体验。另外，分享也有助于个体获得新的成功解决问题的经验。每个人的原有经验中都有成功的经验，同伴之间分享问题解决的成功经验，有助于彼此相互学习新经验和新技能。

第五，强调对自己问题的解决。在心理健康教育课中所感受到的体会、所学到的经验、所掌握的技能，其直接意义在于解决学生自己的问题。人本主义心理学家罗杰斯提出的有意义学习理论强调，学习要有效地促进个体的发展，学习内容必然要与个体的实际生活相结合。在心理健康教育课中，教师往往引用一些经典案例来分析案主问题的原因和解决办法。然而，更关键的是教师要引导学生探索自身问题的产生原因和解决办法。比如，在一节"学会理解父母"的课上，教师呈现了一个亲子冲突的案例，引导学生讨论案主产生冲突的原因和解决办法。该环节共10分钟。然后，教师引导学生在小组内回忆和分享自己与父母之间沟通的故事，反思和分享自己亲子沟通的成功经验。最后，教师进一步引导学生思考如何运用所学到的他人成功经验解决自己当前的亲子沟通问题。

思考和讨论

结合下面的活动——制作"我已经足够好了"手册，说说心理健康教育课与其他学科课相比的独特性有哪些。

活动：制作"我已经足够好了"手册

师：真正的控制感源于对自己的掌控，这其实是一个自我提升的过程，而这种状态的核心就是对自我的接纳、认可和尊重。今天，我邀请你们一起制作一个给自己的礼物。将这张白纸折成同样大小的八个长方形，沿着中间的虚线剪开，注意不要将两边剪断。然后像动图显示的这样折起来，你就可以得到一本小册子。折完后，在封面写上"我已经足够好了"和你的名字。

1. 感谢我自己

在手册的第一面，我们来表达对自己的感谢。我们常常被告知要感谢父母，感谢老师，感谢朋友，却常常忘了我们也要学会感谢自己。现在让我们闭上眼睛，跟随音乐和老师的指导语，一起回忆那些值得我们感谢自己的事。

"我来到这个世界已经15年，5475天，我呼吸了157680000次，心脏跳动了788400000次，感谢自己这么努力地活着，感谢自己不需要多么宏大的理由，也不需要做出什么成就。一些非常非常微小的事就够了，我的心脏在努力地跳动，我的肺在用力地呼吸，活着这件事本身就足以值得我们感谢自己。你还有什么想要感谢自己的事吗？请睁开眼睛，把它写到这本小册子上。"

2. 接纳我自己

在手册的第二面，我们画一个代表自己的圆，在圆里面用5～10个词来描述自己。我们不可避免地活在金字塔形的社会属性之下，但我们可以建立基于自己感受的标准。一个圆不会比另一个圆更圆。"我已经足够好了"就表示接受我的一切，不需要任何条件。

3. 我还可以成长

在手册的第三面，在"我可以控制的"中找出三个自己还可以提升的方面，和同桌讨论我该如何做到这些我可以控制的事情。我们每个人的生活都是过给自己的。足够好≠傲慢≠摆烂，我还在不停地成长，我身上充满了变好的可能性。（喻子窈，2023）

第二节　心理健康教育课程的内容

关于心理健康教育课程的内容，不同学者提出了不同的框架。比如，吴增强（1998）提出心理健康教育课程包括学习辅导、人格辅导、生活与职业辅导三个模块。学习辅导包括学习动机、学习情绪、学习行为、学习能力等主题。人格辅导包括自我意识、情绪、人际交往、青春期等主题。生活与职业辅导包括休闲、消费、职业等主题。曹梅静等

（2005）提出自我意识发展辅导、情绪情感辅导、学习心理辅导、人际关系辅导、青春期辅导、生活与职业辅导六个模块。自我意识发展辅导包括自我认识、自我体验、自我控制等主题。情绪情感辅导包括情绪认识与觉察、情绪调控、道德感等主题。学习心理辅导包括学习动机、学习能力、应试心理等主题。人际关系辅导包括同学关系、师生关系、亲子关系等主题。青春期辅导包括性心理、性伦理、恋爱与婚姻等主题。生活与职业辅导包括休闲辅导、消费教育、职业辅导等主题。叶一舵（2015）提出心理健康教育的内容包括自我意识、学业发展、生活适应、生涯发展四个模块。刘宣文等（2020）列出的心理健康教育课程内容包括自我概念辅导、人际关系辅导、情绪智力辅导、学习心理辅导、积极心理品质辅导、性教育辅导、生命辅导、生涯辅导等。

本教材在已有基础上结合当代中小学生的心理发展特点和时代特点，提出如下观点。首先，教育的目的和根本任务是立德树人。其次，学生的个性发展、社会性发展和能力形成是实现立德树人根本任务的基础。再次，学生的自我意识发展、人际关系、情绪情感发展是实现立德树人根本任务的基本抓手。最后，学习、生活、生涯是立德树人的三个领域。因此，本教材建构了环状模型，并提出心理健康教育课程的内容框架包括自我意识、情绪情感、人际关系、学习、生活、生涯六大方面（如图3-2所示），并通过这六个方面的培养促进学生个性、社会性和能力发展，最终实现立德树人根本任务。下文将具体介绍这六个方面的辅导内容。

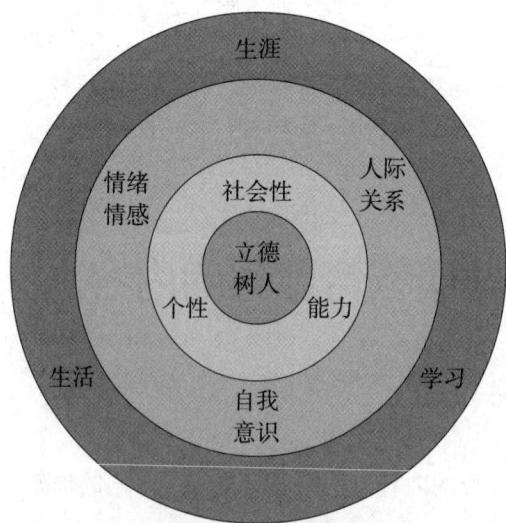

图3-2　心理健康教育课程的内容框架

一、自我意识

自我意识指的是个体对自己各种身心状态的认识、体验和愿望。它具有目的性和能动性等特点，对人格的形成和发展起着调节、监控、矫正的作用。按照形式，自我意识分为自我认知、自我体验和自我调控，分别表现为认知、情感、行为三种形式。

（一）自我认知

自我认知是自我意识的认知成分，主要解决"我是一个什么样的人"的问题。自我认知是指一个人对自己各种身心状况的认识。按照层次来分，自我认知包括自我观察与分析、自我概念、自我评价等。不同层次是统一的整体。自我观察与分析是自我概念形成的基础，自我概念又是自我评价的基础。按照内容来分，自我认知具体包括对生理自我、心理自我和社会自我的认识。生理自我，即一个人对自己的身体、外貌、体能等生理特征的认识。心理自我，即一个人对自己的情感、兴趣、能力、性格、价值观等方面的认识。社会自我，即一个人对自己在社会生活中所担任各种角色的关系、地位等方面的认识。自我认知还可分为现实自我和理想自我。现实自我是一个人对现实中自己的认识。理想自我是一个人对将来自己理想状态的认识。

（二）自我体验

自我体验是自我意识的情感成分。它在自我认识的基础上产生，反映个体对自己所持的态度。其成分包括自我悦纳、自尊、自我效能感、自豪等。自我悦纳是指个体在正确评价自己的基础上接纳自己，不仅接纳自己的优点，也接纳自己的缺点。自尊是个人基于自我评价形成的对自我的积极肯定态度，产生自重、自爱的情感体验。自我效能感是指个体对自己是否有能力完成某一行为所进行的推测与判断。自豪是指对自己所具有的特点或所做行为的成就感和光荣感。在自我体验的各成分中，自尊是自我体验中最主要的方面，是心理健康的核心问题。

（三）自我调控

自我调控是自我意识的行为成分。它指个体对自己心理活动和行为的调节与控制。自我调控良好的个体往往表现出自觉、自立、自主、自制、自强、自律等特点。自我调控包括自主决策与负责、自我规划、自我监督与管理、自我教育与提升等过程。自主决策与负责是指个体对自己学习生活中的问题自主做出分析和决策并且对自己所做决策承担后果。自我规划是指个体在自主决策基础上对自己的未来行动进行计划和规划。自我监督与管理是指个体在执行规划过程中控制和约束自我以克服不良诱惑从而促成规划实施。自我教育与提升是指个体自己教育自己从而提升素质的过程。

以下是自我意识主题的教学活动设计案例。

活动1：编写"我的预言书"

活动规则：

1. 请各位同学在2分钟内尽可能多地填写出关于"我"的句子或形容词。

2. 请各位同学基于詹姆斯的生理我、心理我、社会我，补充关于"我"的句子。

学生活动。

教师小结：通过编写"我的预言书"，以及从生理我、心理我、社会我三个方面丰富对自我的认识两个活动环节，我看到许多同学关于"我"的答案逐渐变得丰富起来，对自我的认识逐渐完善。下面，我将和同学们一起来描绘"我的摘星图"，进一步探索关于"我"的答案。

设计意图：引导学生初步认识自我，逐步丰富对自我的认识。

活动2：描绘"我的摘星图"

1. 在图中，每颗星星代表一种积极品质，你觉得自己具备哪种心理品质，就用彩色笔点亮那颗星星。

2. 没有被点亮的星星中，有没有哪颗星星在某个瞬间也发出过光亮？只不过它还不是特别耀眼，不能被满格点亮。那它的亮光占整颗星星的多少呢？请涂出来。

3. 四人为一小组，请组员帮你涂"摘星图"。想一想是否还有一些被遗漏掉的没有被点亮的星星。

4. 讨论与分享：学生在小组内分享"我的摘星图"。（黄文靖 等，2023）

二、情绪情感

（一）情　绪

1. 情绪觉察、表达与调节

从过程来看，情绪辅导主题可包括情绪识别与觉察、情绪表达、情绪调节。情绪识别与觉察是指个体对自己情绪类型的识别和体验，以及对自己情绪来源的觉察。情绪表达是指个体通过表情、言语、行为、生理等方式表现情绪。情绪调节是指个体采用方法调控情绪。在这三个过程中，情绪识别与觉察是情绪表达和情绪调节的基础。比如，学生首先发觉自己处于愤怒情绪之中，并且觉察到自己愤怒的来源是考试不佳。在面对室友时，他不会将愤怒情绪宣泄在室友身上，他会采取与愤怒相关的情绪调节策略来调节情绪。

2. 常见情绪调节

从类型来看，学生常见的负性情绪状态有焦虑、抑郁、愤怒等。焦虑是指个体对即将来临的、可能的危险或威胁所产生的紧张、不安、忧虑、烦恼等不愉快的复杂情绪状态。抑郁是指个体感觉身心不愉快、乐趣匮乏，较难体会到乐趣，比如，同样的事情以前可能比较高兴，现在却认为毫无意义且无乐趣，表现出心境低落、思维迟缓、意志活动减退等。愤怒情绪是指当愿望不能实现或行动受到挫折时引起的一种紧张而不愉快的情绪。

（二）情　感

与情绪相比，情感的一个重要特点是社会性。社会性情感也是我们人类社会最基本的品质，具体包括家国情怀、社会责任感、道德感等。家国情怀是中华优秀传统文化的基本内涵之一，它与行孝尽忠、民族精神、爱国主义、乡土观念、天下为公等传统内容有重要联系。社会责任感是指在一个特定的社会里，每个人在心理上和感觉上对其他人的伦理关怀与义务。道德感是人所特有的一种高级情感，是道德品质的一个重要组成部分，是指个体对自己或他人的动机、言行是否符合社会一定的道德行为准则而产生的一种内心体验。

以下是情绪情感主题的教学活动设计案例。

活动：设计情绪调节器

师：既然情绪对人具有重要的功能和价值，那我们就更应该学会管理情绪，成为情绪的主人。请问同学们，有哪些调控情绪的方法呢？这个问题的线索就藏在直播间的第三个链接里——设计情绪调节器。

活动：邀请学生当一回设计师，结合自身生活经验，以小组为单位设计一款情绪调节神器打赏给"焦虑小主播"，帮助她收获好心情。小组合理分工，完成设计图和说明书，并派代表来展示设计成果。

师：上一场直播有同学设计了一款神器——嗨嗨镜，分享给你们参考。只要一戴上它，你就能沉浸式体验5D效果，随意切换任何美好画面，比如伤心难过时可以看到父母、老师、朋友亲切的笑容，他们安慰和鼓励的话语能帮助你从消极情绪中走出来。

师：哪个小组觉得你们设计的神器与众不同，想展示给大家的？

小组展示情绪调节神器。

师：刚刚同学们设计了多款神器，老师概括了这些神器的功能。

转移注意力——把注意力集中到美妙的音符和动人的乐感中，一旦注意力像这样被有意识地转移到让我们感到愉快、开心的事情上来，我们就可以暂时忘记忧愁与烦恼，从消极情绪中解脱出来。（板书：转移注意力）

合理宣泄情绪——以让身体分泌多巴胺、肾上腺素等快乐因子的方式来宣泄情绪。这样就可以在适当的场合，用安全的方式，将消极情绪宣泄出来，防止消极情绪进一步对人体产生伤害。（板书：合理宣泄情绪）

寻求人际支持——通过现实生活中的真实人物建立自己的人际支持系统，比如我们的家人、朋友、老师，他们不仅可以为我们提供精神上的安慰与鼓励，还能为我们现实生活中的问题提供建议。（板书：寻求人际支持）

小结：感谢同学们精心设计的神器，虽然这些神器在现实生活中并不一定真实存在，但是这些情绪调节的方法可以留在我们心中。非常感谢大家帮助焦虑小主播重新收获快乐。（教师把情绪小人上的焦虑表情撕掉，贴上一张开心愉快的表情）

师：我想把直播间最后一个福袋亲自分享给大家——情绪稳定是一个人内心强大的标志，学会调控情绪是我们一生的必修课。（谢福泉 等，2023）

三、人际关系

（一）人际交往类型

根据交往的对象可将人际交往分为同伴交往、亲子交往、师生交往、异性交往、网友交往等。同伴交往包括认识新朋友、建立友谊、友情冲突解决等。亲子交往包括与父母沟通、建立依恋、处理分离等。师生交往包括适应教师教学风格、与教师建立亦师亦友关系、理解教师的管理等。异性交往包括尊重异性差异、与异性合作、保持适当距离等。在网络时代，学会与网友交往成为学生必须面对的任务。尤其是在与陌生网友交往时，学生要学会保护隐私，远离网络诈骗，也要学会避免伤害他人。

（二）人际交往基本技能

不管与哪类人交往，人际交往都遵循基本的规律，也有基本的技能。比如，尊重他人、理解与共情、合作与竞争、学会拒绝等。尊重他人是指对他人态度和行为的接纳，尊重他人的权利和自由，尊重他人的感受、情感和看法等。理解与共情是指设身处地理解他人，放弃自己的立场和偏见，用心去体会他人的感情和体验，并从他人的角度去思考和理解问题。合作与竞争是指每个人在群体中与他人既要建立合作关系又要建立良性竞争关系。学会拒绝是指个体在面对他人不合理请求时采取合适的方式表达拒绝。

以下是人际关系主题的教学活动设计案例。

活动：人际距离小游戏

活动规则：请两位同学分别站在一条直线的两端——A点和B点。两人在A点和B点所在的直线上相向而行，直到感觉两人之间的距离已经不能再近，无法往前走就停下来。分别请2位女生、2位男生、1男1女参加游戏。

2位女生表现：走近对方，且互相给了对方大大的拥抱。

2位男生表现：冲向对方，以轻撞胸膛的方式跟对方打招呼。

1男1女表现：互相靠近，但距离50厘米左右便止步不前。

师：通过这个小游戏可以明显看出进入青春期后，同学们越来越意识到男女有别，在跟异性交往的时候，通常都会保持一定的人际距离。但我们也可以看到在班级里或校园里，一些男生和女生相互吸引，且对对方产生了好感。在本次活动中我们就带着一份坦诚，共同探索高中阶段异性交往的话题。

设计意图：简短而有趣的热身活动可以使学生迅速将注意力集中到课堂，提高学生的参与性与积极性，同时为课程的主题做预热，使学生在游戏中体验异性交往和同性交往时社交距离的差异，引出高中阶段的异性交往话题。（赵婷婷，2023）

四、学习

（一）学习适应

学生进入新阶段的学习时，比如小升初，需要调整状态以适应新的学习。学习适应一般指学生调整自己的机体状态和心理状态，使之与新学习环境的要求相符合，是学生与新学习环境因素连续不断相互作用的过程。当学习适应不良时，可能就会出现学习能力下降、学习焦虑上升、学习成绩下滑、厌学情绪增长等问题。学习适应包括对新校园环境的适应、对新同学和教师的适应、对新学习内容的适应、对新学习方法的适应、对新学习时间安排和作息的适应等。

（二）学习动机

学习动机是指激励并维持学生朝向某一目的的学习行为的动力倾向。学习动机与学生的学习兴趣、学习需要、个人价值观、态度、志向水平、外来鼓励、学习后果及客观现实环境的要求等诸多因素密切相关。良好学习动机的形成有助于学生克服厌学情绪，使学生持续地保持学习热情。学习动机辅导包括适当动机状态的建立与保持、表现动机和掌握动机的平衡、学业成就感的获得、学习与需求的满足、学习结果的归因、学习自我效能感的建立等。

（三）学习策略

掌握良好的学习方法和策略有助于学习达到事半功倍的效果。学习策略是指学习者为了提高学习的效果和效率，有目的、有意识地制订有关学习过程的复杂方案。一般情况下，学习策略包括认知策略、元认知策略、资源管理策略。认知策略包括复述策略、精加工策略和组织策略。元认知策略包括元认知知识、元认知体验和元认知调控方面的策略。资源管理策略包括时间管理策略、学业求助策略、动机管理策略、信息管理策略、学习环境管理策略等。

（四）学习习惯

学习习惯是在学习过程中经过反复练习形成并发展，成为一种个体需要的自动化学习行为方式。良好学习习惯的养成有助于学生学习积极性的提升、学习策略的形成和执行、自主学习能力的发展。学习习惯的辅导包括学习计划的制订和按计划学习，形成专时专用和讲求效益的习惯，形成独立钻研和善于思考的习惯，形成自主学习的习惯，形成合理把握学习过程的习惯，掌握克服学业拖延的方法和技巧等。

（五）考试心理

考试是常见的教育现象，是学生必将面临的主要应激源。考试心理辅导是指针对学生考试前、考试中、考试后出现的各种心理问题进行教育和辅导，主要是帮助学生排解考试焦虑和提高应试技能，促进学生以良好的心态和方式来面对考试、参加考试。考试心理的辅导具体包括正确看待考试以减轻心理负担，做好充分准备以形成良好的应试状态，掌握一些处理怯场的方法和技巧，掌握考试答题的策略，正确看待考试结果和进行合理归因等。

（六）问题解决与创新

问题解决能力是指人们运用观念、规则、一定的程序方法等对客观问题进行分析并提出解决方案的能力。创新能力是指人们应用新颖的方式解决问题，产生新的且有社会价值的产品的心理过程。不管是个人还是全人类，都是在解决问题与创新的过程中得以发展的。问题解决与创新能力的辅导具体包括问题解决的算法和启发式策略、影响问题解决的心理因素、创新意识和创新思维的发展等。

以下是学习主题的教学活动设计案例。

师：同学们，请看看你们的桌面，老师送给每位同学一本书。我们的高中生涯就像这本书，刚开始没有任何的痕迹。今天，让我们一起动手把它做成属于我们自己的书。

一、绘制封面

1. 写上书名"我是高中生啦"。

2. 书名下可加个副标题，如"萌雁的高一小时光"。

3. 挑选你们喜欢的彩笔，给边框涂色。加边框会让我们更有安全感，这本书是属于我们自己的"心"世界。

师：打开书的第1页，我们首先看到的是美丽的校园。（教师播放校园美景的视频）

二、制作第1页

你对校园的哪个地方印象深刻？你希望在这里发生什么美好的事情？请用一种色彩描绘出来，绘制时间1分钟。

三、制作第2页

让你感到温暖的、支持的、有力量的人是谁？写下他的名字，请用色彩、线条描绘出他带给你的感觉，绘制时间1分钟。

四、制作第3页

让你感兴趣的学科是什么？它会带给你什么能量？请用色彩、线条、图形等表达出来，绘制时间1分钟。

五、制作第4页

目前让你感觉困惑的问题是什么？请用1～2个关键词表达出来，时间1分钟。

六、制作第5页

请大家相互交换成长之书，在书的第5页，让小组成员在你的书上给你留下温暖的一笔，给你的书赋能，可以是鼓励，可以是建议，也可以是赞美。（王翔雁，2023）

五、生　活

（一）珍爱生命

生命教育从最根本的意义上来说是一种全人的教育。它既关系到人的生存与生活，也关系到人的成长与发展；它既关乎人的生存和生活方式，也关乎人的本性与价值。生命教育的核心任务是帮助每一个学生都成为"我自己"，都能最终实现"我之为我"的生命价值，都能展现生命中的爱和亮点。珍爱生命具体包括理解生命的意义、尊重生命、热爱生命和生活、学会积极地生存和健康地生活等。

（二）青春期教育

青春期是个体成长中的重要阶段。青春期生理的变化给个体心理和人格的发展带来了前所未有的影响。青春期教育是根据青春期身心发展的过程和规律，对学生进行性生理、性心理、性道德和性法律等方面的教育。青春期的性心理辅导要运用心理健康的相关理论和技术，帮助学生正确认识身心变化，正确对待自己的性心理体验，防止不良的性心理和性偏差行为的产生，最终促进自身人格健康发展。

（三）心理求助

心理求助有助于个体正确地应对和解决自身心理问题。心理求助包括专业心理咨询、与亲友交谈、向教师求助等。心理求助的辅导，要让学生了解心理求助的途径，更重要的是引导学生以正确的态度看待心理求助。对于心理问题和心理求助，很多人会有歧视和污名化的认识。因此，需要引导学生正确理解心理问题和心理疾病的区别，正确认识心理求助对心理问题解决和预防恶化的作用，认识到心理求助并不意味着个人的无能等。

（四）闲暇管理

杜威（2001）说："富于娱乐性的休闲不仅在当时有益于身体健康，更重要的是它对性情的陶冶可能有长期的作用。为此，教育的任务就是帮助人们为享受娱乐性的休闲而做好充分的准备。"对中小学生而言，以积极进取的方式管理闲暇时间，能让闲暇活动更丰富多彩、更有意义。闲暇教育要引导中小学生合理利用闲暇时间，开展适度娱乐活动、兴趣爱好活动、社会实践活动和人际交往活动，以维护自身身体健康和心理健康，消除学习疲劳并缓解因学习紧张而带来的心理压力，提升文化素养，升华道德境界。

（五）合理消费

在信息时代，网络消费已成为重要形式。消费辅导要利用心理健康教育的相关理论和技术，帮助学生树立正确的消费观念和意识，获得必备的消费常识，培养科学消费的良好习惯，促进学生形成健康的消费心理。尤其是在网络消费中，要引导学生克服"消费跟着名牌走、跟着广告走、跟着新潮走、跟着大款走"的相互攀比和相互模仿的消费心理，克服情绪性、强迫性、报复性的消费心理。

（六）网络使用

当代人的生活和学习都离不开网络。如何引导青少年合理使用网络，是一道非常紧迫的命题。网络使用辅导的首要任务是引导学生克服对网络的过度依赖，自觉抵制网络诱惑，合理控制上网时间，避免网络成瘾，尤其是游戏成瘾。此外，引导学生接触高质量和高品位的网络内容，拒绝不健康的精神污染；引导学生弘扬网络文明，营造良好的网络环境；引导学生树立网络安全观，增强自我保护意识，提高安全防范能力。

以下是生活主题的教学活动设计案例。

活动："撕一撕，我的人生"

师：同学们，今天老师带大家做一个游戏——"撕一撕，我的人生"。这张纸条代表我们的人生。第一步：每位同学在这张纸条上画出一条直线，分成10等份，在格子里依次写上10岁、20岁……100岁的标识。每一个格子就代表10年，起点为"出生"，终点为"死亡"。第二步，请把你年龄前的纸条撕掉，如18岁，就撕掉前面纸条的长度。第三步，目前我国公民平均寿命为73岁，请把73岁后面的纸条撕掉。第四步，把剩下的格子折成三等份，撕掉三分之二，其中有三分之一的时间我们在睡觉，另外三分之一我们花在吃饭、洗漱、上卫生间、上下学路上、聊天、发呆、玩手机等事情上。此刻，剩下的就是我们宝贵的学习时间。

师：好，游戏做完了，原来这么长的纸条被撕成这么短，同学们，你们有什么感受或想法呢？

生1：看到很长的纸条被撕成这么短，感觉很不舍，以后要珍惜在学校的学习时间。

生2：感觉时间很宝贵。

生3：我们要珍惜时间。

设计意图：通过撕纸的形式吸引学生，并引出本课的主题，让学生认识到人生的短暂和时间的宝贵。（杨迪，2022）

六、生　涯

（一）自我探索

在生涯规划的自我探索阶段，要引导学生全面客观地认识自己，探索自身特点和资源。自我探索是生涯规划的首要步骤，具体包括对自己理想和兴趣的认识、对自己能力特长和个性特征的认识、对自己所具有外部资源的认识。其中，理想和兴趣为生涯发展提供了方向，能力特长和个性特征是生涯规划自我探索的核心与基础，外部资源为生涯发展提供了保障。教师可引导学生采用心理测量法、逸事记录法、讨论法等帮助自己进行自我探索。

（二）职业探索

在生涯规划的职业探索阶段，要引导学生对当前职业类别和职业内容有全面深入的认识。具体包括认识中学所学学科与未来专业之间的关系；认识专业与未来职业之间的关系；认识不同职业岗位的工作内容和意义；认识不同职业岗位对人的要求；认识社会变迁与职业变化；认识不同职业的生涯发展路径。教师可引导学生采用网络查询、参观访问、生涯访谈等方法帮助自己进行职业探索。

（三）规划与行动

规划与行动阶段包括决策、计划与行动。在认识自我和认识职业的基础上，学生需要依据职业决策的相关理论，如人职匹配理论和职业发展理论，做出科学合理的职业决策。然后，学生根据抉择的结果，同时考虑自己的实际情况，合理地设定自己要达到的目标，包括长期目标、中期目标和短期目标等。最后是行动阶段，学生采取一些积极的行动和策略，如化整为零策略、各个击破策略等，努力实现自己的规划和目标。

以下是生涯主题的教学活动设计案例。

活动：生涯阶梯

教师介绍活动规则：现在每个人手中都拿到了一张纸，纸上画有一个生涯阶梯，请在每个阶梯上写下自己未来2年、6年、10年、15年的规划。例如要读哪所大学、什么专业，大学毕业以后是继续深造还是参加工作，如果参加工作会从事什么职业，以及自己会做到一个什么样的职位，等等。并思考：人生会完全按照你规划的路线进行吗？你觉得这种可能性有多大？请把这个数字（百分比）写在阶梯下方。大家可以参考课件中呈现的案例完成自己的生涯阶梯。

学生完成生涯阶梯并展示。

师：大家都觉得我们的生涯完全按照我们自己规划的路线来发展几乎是不可能的，为什么会这样？

生1：可能会遇到意外。

生2：会受到一些不确定因素的影响。

师：请大家想一想哪些不确定因素会影响我们的生涯发展呢？

生3：没考上大学。

生4：身体原因。

生5：未来的规划里有其他人，突然跟其他人关系变得不好。

生6：现在热门的职业未来变得不那么热门了。

师：大家说得都很好，高考分数、个人想法改变（自我），父母观念、家庭变故（家庭），社会变化、朋友影响（环境），运气、疾病（机遇）等，这些都是影响生涯发展的不确定因素。生涯的发展是非线性的，不可能完全按照我们预计的路线进行。面对这些不确定因素，我们能做些什么？（李繁玲，2023）

第三节　心理健康教育课程的伦理要求

在20世纪80—90年代，国际学校心理学会制定了《国际学校心理学会道德准则》。该准则旨在指导学校心理健康教育从业者建立起个人的职业价值观和行为准则，使学校心理健康教育从业者能以一种对学生、教师、家长的利益最有好处的方式去工作。该准则包括一般原则、专业标准和专业实践三部分（郑希付 等，2016）。心理健康教育课程是心理健康教育的重要部分，须遵循该准则。本节将阐述该准则中与心理健康教育课程关联密切的内容。

一、一般原则

学校心理健康教育者应尊重个人的尊严和价值，把保护和维持学生的权利置于至高无上的地位，努力保护和促进儿童与青少年的幸福，不断提高自身的心理健康教育服务质量。

学校心理健康教育者必须掌握教育学与心理学的知识和技能，依赖自己的专业能力而工作，并不断寻求专业能力的提高；努力获得并保持高水准的专业能力和道德行为，坚持高水准的研究活动。

二、专业标准

（一）专业责任

学校心理健康教育者应熟悉自己的工作，熟悉自己所工作的学校系统或其他机构的目标，并能有效地工作。

学校心理健康教育者应通晓教育法规和方针政策，在工作时不能带有个人偏见，不能加入任何对他人社会地位、经济地位、种族、身体状况、年龄、性别、性取向、宗教或民族等带有歧视性的活动。

学校心理健康教育者应尊重所工作的文化环境，对文化差异敏感，能在多文化人群中以合适的方式提供服务。

学校心理健康教育者要最大限度地保障学生、家长、教师、同事等群体的利益，当各方利益发生冲突时，应首先考虑维护学生的利益。

学校心理健康教育者一般应在家长或监护人同意的情况下为学生提供服务，但危急情境下例外。

学校心理健康教育者在做家庭工作时，要熟悉学生的家庭关系。

在学校为心理健康教育者提供的培训中，首先，培训者应保证所有传授的信息都是准确、适时的；其次，培训者要促进受训者对职业道德准则的认识和实践；最后，培训者应向受训者提供尽可能广泛的实践机会，并向受训者及所在学校提供有建设性的咨询和服务。

学校心理健康教育者应尽量避免个人利益与经济、政治、社会文化相冲突的情况发生。

（二）保密性

学校心理健康教育者应保证不泄露自己在实践、教学和研究中获得的学生个人信息。学生的记录要放在安全的地方进行保存。

学校心理健康教育者只有在家长同意的情况下，才可就学生的问题与其他专业人员进行讨论；有时甚至只有在得到学生本人同意的情况下，才可将其信息报告给家长或其他专业人员；在征得学生本人同意时，必须考虑国家法律规定，以及学生的年龄及其心理、道德发展水平；在危急情况下可以例外。

学生的个人信息只可在专业的目的下进行讨论，只可同与案例有明确关系的人进行讨论。在演讲或发表论文中使用到案例研究时，应保证所涉及的学生个人信息得到充分的掩饰。

（三）专业发展

学校心理健康教育者应认识到专业发展的必要性，并积极参加职业发展继续教育活动。

学校心理健康教育者遇到知识欠缺时要寻求督导与合作，通过阅读最新的研究，参加研讨会或专业组织等，使自己的知识跟上最新的科学与专业发展潮流。

（四）专业限制

学校心理健康教育者所提供的服务必须是自己专业能力所允许的，是其能力资格、培训过程及经历范围内的。

学校心理健康教育者必须明确知道自己职业的局限性，在需要的时候寻求其他专业人员的帮助，并且这种求助过程要发生在对其他专业人员的专长和能力有所了解的基础上。

三、专业实践

（一）职业关系

1. 总体上

学校心理健康教育者不能将自己与学生、家长、其他教师、研究被试等的关系用于个人目的，严格禁止与受助者发生性关系。

学校心理健康教育者不得对学生、家长、校内其他教职工使用贬低性或损毁性的语言。

学校心理健康教育者应向家长与其他教师解释涉及学生的心理测验或心理活动的内容和目的。

学校心理健康教育者应与学生、家长、其他教师讨论帮助学生发展的计划，以及其他可能的援助方案。

学校心理健康教育者应使用受助者的母语与其交流。

2. 关于学生

学校心理健康教育者应把学生的健康与发展作为自己首要关心的事情。

学校心理健康教育者要让学生理解心理测验或干预措施的性质与目的。

3. 关于同事与学校其他教职工

学校心理健康教育者要与同事及学校其他教职工发展和谐、合作的工作关系。

学校心理健康教育者在意识到其他心理健康教育者在实践中可能违背了道德准则时，要以非正式的、建设性的方式给予提醒。如果不奏效再采取其他方法，一般是按照其所在国家的学校心理学会或心理学会所规定的章程办理。

4. 关于专业人员之间

学校心理健康教育者应与其他相关专业人员、社区机构、社区负责人等建立良好的合作性工作关系。

学校心理健康教育者在提供服务时，要保证所给予的信息的完整性，同时要认识到专业的能力范围和局限性。

学校心理健康教育者在向其他专业人员求助之前应先在自己的专业内做出判断。

学校心理健康教育者不能为正在接受其他专业人员服务的人提供服务，除非获得其他专业人员的同意，或其双方服务关系已经终止。

（二）测　验

学校心理健康教育者要在法律限定范围内使用心理测验，要保证使用测验与评价工具时的人身安全。

学校心理健康教育者一般要按照测验编制者的指导原则实施测验以保证结果的效度。如果对测验进行修订，或测验效度受到质疑，测验报告中一定要有所体现，并做出相应的合理解释。

学校心理健康教育者应根据测验的常模或其他已经建立起来的标准对测验结果进行解释，同时要对信度与效度进行说明。

学校心理健康教育者对所使用的测验工具负责，并要有充分的使用理由。严格禁止对测验资料进行错误解释和使用。

没有接受过适当训练或其他资格不够的学校心理健康教育者不得使用心理测验。

如果使用其他国家的心理测验，应保证事前建立了适当的常模并进行了相应的信度、效度的研究。

（三）研　究

1. 总体上

学校心理健康教育者在研究中不能有文化、种族、社会阶层或人种方面的偏见。

学校心理健康教育者若以儿童为研究对象，必须先告知其家长。家长有不让儿童参加研究以及让儿童随时退出研究的权利。

学校心理健康教育者应将自己研究的性质与目的向涉及的家长或学生做出充分解释。学校心理健康教育者要保证学生参加研究不会给他们带来任何心理上或身体上的伤害。

学校心理健康教育者要向教育者、家长、学生和其他相关人员报告研究结果，并准确公布研究的结论和资料的局限。

学校心理健康教育者要尽可能公开地与加入自己研究中来的个人或团体进行交流，并委以信任。

学校心理健康教育者在缺乏必要的技能和知识的情况下，不要强行进行研究，要保证研究活动的水平。如果可能，学校心理健康教育者应对参加研究的个人、提供条件的机构和社区给予一定经济上的回报。

2. 跨文化研究

学校心理健康教育者要尊重所在国家的科学研究准则和文化传统，避免发生违背其文化的行为，禁止在解释研究进展、报告研究结果时使用带有偏见性的观点和语言。

参加跨文化研究的学校心理健康教育者要理解并正确使用跨文化研究方法，熟知研究的文化背景，在选择测验工具，特别是用于做跨文化比较研究以及解释文化差异时应十分谨慎。

本章小结

1. 心理健康教育课程的实质是心理辅导。心理辅导是指辅导者通过创设一种真诚、民主、合作和共情的人际环境，引导和帮助学生自我探索、自我体验和自我调节，最终达成自我成长和自我完善的活动。

2. 心理健康教育课程的表现形式是课程，要符合课程的基本架构和体系，即包括课程目标、课程内容、教学方法与过程、教学评价等。

3. 心理健康教育课与个别心理辅导相比具有一些特殊性，表现出学校规划、教师主导、群体需求、学生被动、时空限制、成员熟悉、难以保密等特点。

4. 心理健康教育课与其他学科课相比，也有其独特性，表现为侧重培养健康生活核心素养，强调活动体验，强调行为训练，强调经验分享与互动，强调对自己问题的解决。

5. 心理健康教育课程的内容包括自我意识、情绪情感、人际关系、学习、生活、生涯六大方面。

6. 自我意识主题包括自我认知、自我体验和自我调控等。

7. 情绪情感主题包括情绪（情绪觉察、表达与调节）和情感（家国情怀、社会责任感、道德感）。

8. 人际关系主题包括人际交往类型和人际交往基本技能。

9. 学习主题包括学习适应、学习动机、学习策略、学习习惯、考试心理、问题解决与创新等内容。

10. 生活主题包括珍爱生命、青春期教育、心理求助、闲暇管理、合理消费、网络使用等内容。

11. 生涯主题包括自我探索、职业探索、规划与行动等内容。

12. 心理健康教育课程的伦理要求包括一般原则、专业标准和专业实践三部分。

练习题

一、辨析题

1. 心理健康教育课程的实质是教给学生心理健康的知识。　　（　　）

2. 心理健康教育课程必须遵循课程教学设计和实施的要求。　　（　　）

3. 心理健康教育课程和个别心理辅导相比更容易做到心理辅导的伦理要求。

（　　）

二、简答题

1. 心理健康教育课程与个别心理辅导相比有哪些特殊性？

2. 心理健康教育课程的内容包括哪些主题？

3. 心理健康教育课程的伦理要求有哪些？

三、分析题

请分析心理健康教育课与语文课、思想品德课（或道德和法治课、历史与社会课）的异同点。

参考答案

第四章

心理健康教育课程的教学设计：
主题分析、对象分析与目标设计

学习目标

- ◎ 掌握心理健康教育课程的主题分析。
- ◎ 掌握心理健康教育课程的对象分析。
- ◎ 掌握心理健康教育课程的目标设计。

本章导读

怎样设计好一节心理健康教育课是学校心理健康教育面临的关键任务。和其他课一样，心理健康教育课的教学设计包括主题分析、对象分析、目标设计、方法选择、过程设计、教学评价六个环节。这六个环节是一个完整的系统：对教学主题和教学对象的分析，有助于确定教学内容；教学目标的设计有助于确定教学方向；方法选择和过程设计为教学目标的实现提供了路径；教学评价有助于确定教学目标是否达成。如何科学合理地分析心理健康教育的相关主题和学生对象的特点，进而确定教学目标，这是设计心理健康教育课的首要任务。本章重点介绍心理健康教育课程的主题分析、对象分析与目标设计。

本章共分三节。第一节为心理健康教育课程的主题分析，阐述心理健康教育课程如何选择主题、分析主题、确定标题。第二节为心理健康教育课程的对象分析，阐述如何分析授课对象的特点。第三节为心理健康教育课程的目标设计，阐述教学目标的概念、目标设计的原则和表述要求等。

本章课件

第一节　心理健康教育课程的主题分析

选题是心理健康教育课设计的起点。在选题确定阶段要考虑有哪些主题可选，如何选择主题，如何深入分析主题，如何设计标题，等等。关于有哪些主题可选，在第三章第二节已做重点介绍。本节重点阐述选择主题、分析主题和确定标题。

一、选择主题

心理健康教育课的教学主题包括自我意识、情绪情感、人际关系、学习、生活、生涯六大模块，每个模块下又有多个分主题。在实际教学中，学校不一定有充分的课时来完成所有主题的教学。比如，一些学校仅为某个年级学生每个学期安排8课时的心理健康教育课。因此，教师首先要学会选择合适的授课主题。至于如何选择合适的主题，可以结合两方面来考虑，即心理健康教育相关政策文件和权威教材，以及学生实际需求调查。

（一）政策文件和权威教材

教育部印发的《中小学心理健康教育指导纲要（2012年修订）》是学校心理健康教育的重要指导性文件。该文件明确指出了各个年级段的教学内容。

小学低年级主要包括：帮助学生认识班级、学校、日常学习生活环境和基本规则；初步感受学习知识的乐趣，重点是学习习惯的培养与训练；培养学生礼貌友好的交往品质，乐于与老师、同学交往，在谦让、友善的交往中感受友情；使学生有安全感和归属感，初步学会自我控制；帮助学生适应新环境、新集体和新的学习生活，树立纪律意识、时间意识和规则意识。

小学中年级主要包括：帮助学生了解自我，认识自我；初步培养学生的学习能力，激发学习兴趣和探究精神，树立自信，乐于学习；树立集体意识，善于与同学、老师交往，培养自主参与各种活动的能力，以及开朗、合群、自立的健康人格；引导学生在学习生活中感受解决困难的快乐，学会体验情绪并表达自己的情绪；帮助学生建立正确的角色意识，培养学生对不同社会角色的适应；增强时间管理意识，帮助学生正确处理学习与兴趣、娱乐之间的矛盾。

小学高年级主要包括：帮助学生正确认识自己的优缺点和兴趣爱好，在各种活动中悦纳自己；着力培养学生的学习兴趣和学习能力，端正学习动机，调整学习心态，正确对待成绩，体验学习成功的乐趣；开展初步的青春期教育，引导学生进行恰当的异性交往，建立和维持良好的异性同伴关系，扩大人际交往的范围；帮助学生克服学习困难，正确面对厌学等负面情绪，学会恰当地、正确地体验情绪和表达情绪；积极促进学生的亲社会行为，逐步认识自己与社会、国家和世界的关系；培养学生分析问题和解决问题的能力，为初中阶段学习生活做好准备。

初中年级主要包括：帮助学生加强自我认识，客观地评价自己，认识青春期的生理特征和心理特征；适应中学阶段的学习环境和学习要求，培养正确的学习观念，发展学习能力，改善学习方法，提高学习效率；积极与老师及父母进行沟通，把握与异性交往的尺度，建立良好的人际关系；鼓励学生进行积极的情绪体验与表达，并对自己的情绪进行有效管理，正确处理厌学心理，抑制冲动行为；把握升学选择的方向，培养职业规划意识，树立早期职业发展目标；逐步适应生活和社会的各种变化，着重培养应对失败和挫折的能力。

高中年级主要包括：帮助学生确立正确的自我意识，树立人生理想和信念，形成正确的世界观、人生观和价值观；培养创新精神和创新能力，掌握学习策略，开发学习潜能，提高学习效率，积极应对考试压力，克服考试焦虑；正确认识自己的人际关系状况，培养人际沟通能力，促进人际的积极情感反应和体验，正确对待和异性同伴的交往，知道友谊和爱情的界限；帮助学生进一步提高承受失败和应对挫折的能力，形成良好的意志品质；在充分了解自己的兴趣、能力、性格、特长和社会需要的基础上，确立自己的职业志向，培养职业道德意识，进行升学就业的选择和准备，培养担当意识和社会责任感。

此外，当前已有许多专家参照教育部颁布的心理健康教育相关文件编写了中小学心理健康教育教材。比如，申继亮和方晓义编写的"小学生成长导航"系列教材（北京教育出版社出版）。该系列教材共12册，小学每个年级分上下册。申继亮和方晓义还编写了六册面向初中三个年级的"中学生成长导航"系列教材（中国轻工业出版社出版）。以"中学生成长导航：初一上册"为例，该教材分为三大篇章，10节课。

生活技能篇

第1课　做时间的主人

第2课　健康兴趣伴我成长

第3课　一路平安

学习技能篇

第4课　成为一个爱学习的人

第5课　声声入耳

第6课　浓缩课堂精华

社会技能篇

第7课　我是中学生了

第8课　自信的我

第9课　战胜害羞

第10课　正确面对情绪

也有专家依据《中小学心理健康教育指导纲要（2012年修订）》编写了中小学心理健康教育教材。比如，俞国良编写的从小学一年级到高中三年级的全套教材《心理健康》（北京师范大学出版社出版）。该教材共24册，每个年级分上下册。其中，上册18节课，下册16节课。每一节课里均有案例、活动、拓展知识等。以高中一年级上册为例，18节课如下。

第1课　学习生活新征程

第2课　为认识自己喝彩

第3课　情绪调色板

第4课　和同学一起成长

第5课　感受集体温暖

第6课　提升媒体素养

第7课　透过迷雾看自己

第8课　为自己加油鼓劲

第9课　情绪的另一片天空

第10课　心灵停泊的港湾

第11课　沟通让生活美丽

第12课　理解不同的世界

第13课　学习方法盘点

第14课　自信特质大搜索

第15课　笑在青春年少

第16课　寸草报得三春晖

第17课　让好心情做主

第18课　活在当下——把握现在

（二）学生实际需求调查

教育部印发的《中小学心理健康教育指导纲要（2012年修订）》在明确不同年级段教学主题的同时，也提出："心理健康教育应从不同地区的实际和不同年龄阶段学生的身心发展特点出发，做到循序渐进，设置分阶段的具体教育内容。"因此，每所学校的心理健康教师都有必要对学校学生进行调研，以了解学生的心理发展需求。

一是进行心理测量，了解学生心理发展的水平和特点。心理测量可采用测评学生心理健康状态（如焦虑、抑郁等）的量表，也可采用人格测评量表来评估学生个性发展的特征。在分析调查结果时，不仅要分析全校学生的特点，还要分析各个班级学生的心理发展特点。比如，某校运用学业焦虑量表测量初三学生，结果分析如表4-1所示。根据该调查结果可以得知：6班学生学业焦虑均分最高，严重焦虑的比例也最高，有必要优先对该班级开展学业焦虑主题的辅导；3班、8班、1班、4班得分也较高，也需考虑进行该主题的辅导。

表4-1　学生心理健康调查结果

对象	总体	1班	2班	3班	4班	5班	6班	7班	8班
均分	44.6	45.1	40.2	47.1	45.7	43.3	50.5	39.6	45.4
标准差	11.25	10.1	11.2	11.8	10.2	10.4	13.1	12.1	11.9
严重比例/%	6.2	7.7	5.7	9.5	7.3	6.6	10.2	5.6	7.8

注：严重比例即达到严重学业焦虑得分的学生比例。

二是进行问卷调查，了解学生感兴趣的辅导主题。心理健康教师可以自编调查问卷。问卷分为三类。第一类是开放式的问答，可询问学生："本学期要上心理健康教育课，你最想上哪些主题？请你列出5个。"教师对学生提到的主题进行统计分析，选出提名较多的主题作为该学期的授课主题。第二类是菜单选择，可将初拟的主题列成清单。比如，询问学生："下面列出了30个心理健康教育课的主题，你最想上哪些主题？请你选出10个。"最后进行统计分析，选出选报较多的主题作为本学期的授课主题。比如，某学校的调查结果如表4-2所示。根据该结果，如果该学期只能上8节课，那么就可以选择排序前

8的主题。第三类是采用李克特式量表。列出主题，引导学生在李克特刻度上对每个主题的感兴趣程度进行评估。计算出每个主题的平均得分，然后进行排序，最后选择得分较高的主题。需要注意的是，上述方式的调查结果在不同班级会有差异，在给各个班级确定授课主题时，需以各个班级的调查结果为依据。

表4-2　授课主题需求调查结果

排序	主题	选择率/%	排序	主题	选择率/%
1	自我认识	81	11	合理利用网络	46
2	学习方法	78	12	自我控制	45
3	抑郁情绪调节	77	13	亲子关系	43
4	同伴交往	75	14	自尊自信	36
5	学习压力	66	15	创新	33
6	生涯规划	66	16	学会拒绝	32
7	社会责任感	61	17	学习习惯养成	31
8	时间管理	57	18	合理消费	30
9	情绪的表达	55	19	师生关系	22
10	珍爱生命	51	20	异性交往与恋爱	15

上述的心理测量和问卷调查有助于广泛了解学生群体的特点。为了更深入了解学生的心理需求，心理健康教师可以进一步进行访谈或观察。在综合了解学生对心理健康教育课的需求之后确定教学主题。

二、分析主题

在确定主题之后，要对主题进行专业分析，明确主题的概念和内涵，分析对学生发展的意义、理论基础、促进方法等。

1. 明确主题的概念和内涵

明确概念界定是深入分析的首要环节。对概念的界定需要以普通心理学、发展心理学、社会心理学、人格心理学等科目的专业教材为依据。比如，以"提升自信心"为题，对自信心的概念可以从自我效能感的角度切入进行界定，即"对自己能否完成某个任务的主观评估"。

2. 分析对学生发展的意义

需要阐明所学主题有助于学生哪方面的发展，以及对学生的当前和未来有何作用。

比如，以自我效能感为例，自我效能感较低的学生往往会表现出不愿或不敢行动，自我效能感的提升对学生当前及未来的学习动机、生涯规划、生活热情等方面均有积极作用。

3. 分析理论基础

需要阐明该主题的相关理论基础是什么。明确理论基础为教学内容的确定提供了依据和指明了方向。一个主题的相关理论基础往往有若干个，分析时可以引用多个，也可以引用其中一个。比如，引用班杜拉自我效能感理论分析自我效能感形成的机制，即直接成败经验、间接经验、言语劝说、情绪唤起是自我效能感形成的重要影响因素。

4. 分析促进方法

需要基于前面的理论依据分析促进学生在该主题上发展的方法。比如，在班杜拉自我效能感理论的基础上，提出通过在课堂上引导学生反思自己以往的成功经验并倾听同伴或榜样的成功经验来提升学生的自我效能感。

下面举一个主题分析的例子。

主题：自我认识

自我认识属于自我意识发展辅导主题。自我认识主要是指个体对自己存在状态的觉察，是对自身的认识和对自身与周围世界关系的认识。教育部颁布的《中小学心理健康教育指导纲要（2012年修订）》明确提出，初中学生需要"加强自我认识，客观地评价自己"。心理学家把自我意识归入个性的调节系统，自我意识作为个性结构中的一个组成部分，成为个性自我完善的心理基础。而自我认识又是自我意识的基础成分。自我认识是学生学业发展和生涯规划的前提，许多研究都表明了自我认识对学生发展起着积极作用。

关于自我认识发展的内在机制，罗杰斯提出自我包括现实自我（real self）和理想自我（ideal self）。理想自我代表个体最希望拥有的自我概念、理想概念，即他人为我们设定的或我们为自己设定的特征。它包括潜在的与自我有关的，且被个人高度评价的感知和意义。而现实自我包括对自己存在的感知、对自己意识流的意识。通过对自身体验的无偏见的反映，及时对自我进行客观观察和评价，个人可以认识现实自我。罗杰斯认为，对一个人的个性和行为具有重要意义的是他的自我概念，而不只是现实自我。他既强调自我一致性的需要又强调正面关注自我的需要。

鉴于自我的两个不同成分，为了更好地认识自我，一个人需充分认识现实自我和理想自我。通过正确地认识自我，确立较为合理的理想自我，为个人将来的发展确定目标。

如果理想自我的实现遇到障碍，致使个体产生挫折感，那么个体需对自己的认识、情感、意志、行为等进行反省，找到受挫折的主客观原因，并重新调整认识，形成新的"理想自我"，使其与"现实自我"趋于统一。

三、确定标题

对于一堂心理健康教育课来说，最先进入学生视野的就是课程的标题，一个好标题有着重要作用。

第一，好标题是切口，引人入胜。与代表课堂主线的标题不同，有一类标题以"切口"的角色出现，整个辅导过程则随着"切口"的不断打开逐渐展开，不断丰富。在一节以"克服妒忌心理"为主题的课堂中，教师一开始就呈现标题"嗨，我有好消息"，以"好消息"为切口打开课堂后，在对"好消息"的不同回应中，探寻到背后的妒忌心理，最后在克服妒忌后，重新表演对"好消息"的回应。这种切口式的标题，要求心理健康教师很好地抓住课堂重点并从学生的角度进行课堂导入，从而拟出引人入胜的好标题。

第二，好标题是亮点，画龙点睛。有一些课堂的标题，并不会在课堂开始就出现，而是随着课堂的推进，让学生眼前一亮，起到画龙点睛的作用。比如，在一节关于"在亲子沟通中学会倾听"的辅导课中，教师通过一个暖身活动引出"听"这个字，接着通过三个活动，让学生层层递进地体验了"耳"听、"目"视、同理"心"后，将"耳、目、心"在板书上拼成了"聽"（"听"的繁体字缺了"耳"字内的"王"），立刻激发了学生的参与热情。紧接着教师追问，"王"在这个字中可以怎么解释呢？学生们提出，"王"代表听的重要性，会倾听才是王道，表示会倾听的人能成为王者等不同观点。教师最后进行小结，在亲子沟通中，学会"聽"，就能看见亲子之间的真情，以"聽，见真情"这个标题收尾本课，使学生深受启发、意犹未尽，成为整堂课最大的亮点。这样的标题，对心理健康教师提出了更高的要求。教师不仅要把握好一节课的整体思路，还要巧妙设计，在标题与活动设计之间找到契合点，从而使标题在恰当的时候出现，将课堂推向高潮。

第三，好标题是资源，借题发挥。标题，何以成为资源？以一节关于"打破思维定势"的课堂为例，教师在课堂开始，就呈现一张中间有小圆洞的白纸，问学生看到了什么。以学生普遍的回答抛出标题"呀！破洞"后，引出思维定势。接下来的活动，所有资源都由这个"破洞"而来。将"四点一笔连成线"和"九点一笔连成线"活动中的"点"改为"破洞",最后课堂回到"美术课上被发到一张有破洞的纸怎么办"的问题思考。在整个活动过程中,"破洞"是所有活动的重要资源,使学生体验到思维定势的打破。

在确立标题的过程中需要注意哪些事项?

第一,标题需代表整节课的中心思想。好标题可以成为主线。用标题代表一节课的主要内容,整节课围绕标题展开心理辅导活动,是比较常见的一种方式。比如,在一节以认识情绪为主要教学目标的小学高年级心理健康教育课上,教师以"导游"的身份,引导学生登上不同的"情绪岛屿"进行体验和分享,于是将标题拟为"情绪岛之旅"。标题具有情境性、趣味性,贯穿了整个辅导过程。要拟出这样的标题,就要求教师对整节课思路清晰且能使每个教学环节环环相扣,使标题不仅具有概括性,还能起到穿针引线的作用。

第二,标题需激发学生好奇心。可以采用困惑句型、探寻秘密型、揭示型、幽默型的标题引起学生的关注和思考,比如,"青春的奥秘",学生见到该标题会产生青春期有什么奥秘和该如何解开的疑问;"一把人际宝箱的钥匙",学生见到该标题会产生这把钥匙是什么和如何使用该钥匙的疑问。也可以采用时尚用词用语来取标题。心理健康教育课的题目也需要与时俱进,在确定标题的过程中可参考一些时下热门的且有益于学生理解的方式,但要注意避免过分追求"新颖"而导致喧宾夺主。

第三,标题应避免学术化和泛泛之谈。心理健康教育课并不是心理学专业课程,心理健康教育课的目的不是使学生掌握心理学专业知识,心理健康教育课所取标题要做到学生能看明白,所以在备课时应当避免在标题中采用某些晦涩难懂的专业化的心理学术用语,面对学生时要尽量采用浅显易懂的语言表达标题。比如,"情绪ABC理论"的标题过于学术化,可改成"情绪的秘密"。另外,心理健康教育课所取标题需避免泛泛而谈。主题和标题不同,不宜用主题代替标题。若用主题代替标题,可能会出现泛泛而谈。比如,"青春期教育"这样的主题不宜直接拿来作为标题,可以取为"迎接'它'的到来"。

第二节 心理健康教育课程的对象分析

学生、教师与教材是构成课堂教学必不可少的三个要素，其中学生作为课堂的主体尤为重要。在学生的"最近发展区"转化中，教师一般会采取支架性教学的方式搭建"学习的脚手架"。这种教学方式能够使学生在教师的帮助下逐步独立完成任务。在搭建"脚手架"之前，首先要了解的就是在什么样的基础上进行搭建，即学生的最近发展区或现有水平。因此，教师在准备一堂心理健康教育课的过程中，根据学生现有的情况进行对象分析，根据分析内容制定相应的课程成为必不可少的环节。对象分析是教学活动的基本环节，也是教学研究的基本内容。

加涅在《教学设计原理》中提到学习者在先天能力、背景知识和经验以及学习动机等方面都存在着巨大的差异，教师在设计教学的过程中必须考虑这些差异。学习者在进行学习之前，并不是一张白纸。事实上，在学习之前，学习者在智慧技能、认知策略、言语信息、态度、动作技能等方面都已有一定的基础。而这些都会影响学习者的学习过程。

虽然对象分析暂时没有公认的界定，但依据教育和心理工作者的研究，对象分析的根本目的是"以学定教"，是从实践和方法论的角度为最终的教学设计与教学目标提供基础和指导。邵燕楠等（2013）提出，从具体教学的角度来说，对象分析是在课前、课中、课后对学生情况的了解，以教师的"教"促进学生的"学"。针对课堂教学的对象分析，其内容框架可以依照两个维度来进行，即影响课堂学习的学生自身的特征和学生学习过程中的因素。而针对学校日常教育的对象分析，则侧重于学生成长的特征和影响学生价值观形成的因素。下文重点介绍对象分析的内容、主要方法和注意事项。

一、对象分析的内容

（一）分析心理发展规律

分析心理发展规律，可以为辅导过程提供基本依据，为调节与生成提供重要反馈。

1. 分析学生的认知发展

认知包括感知觉、记忆、思维和语言等。教师在备课时要注意学生所处的阶段，要认识到思维发展的阶段性、认识事物发展的规律性和学生认知风格的多样性等。根据皮亚杰认知发展阶段理论，中小学生一般处于具体运算阶段和形式运算阶段，教育者需要根据不同阶段学生的思维特点设计符合该阶段学生的课程。例如，在小学阶段设计采用时间长、理解难度高的讲授法的课程，或是在中学阶段仍采用小学的教学方式都是不符合学生认知发展规律的，教学效果难以达到预设目标。

> 拓展任务：请阅读儿童发展心理学相关图书。

2. 分析学生的个性社会性发展

心理健康教育课是促进中小学生心理发展的一个重要途径。针对学生不同阶段心理特征的发展规律进行学情分析是教学设计的前提。学生的发展不仅包括知识的获得，完整、和谐的人格也是心理健康的重要评定标准。埃里克森在心理社会发展理论中提出人格的发展贯穿一生，每一个阶段都存在相应的发展危机，学生一般处于第四阶段和第五阶段，需要心理健康教师了解发展任务，采取合适的教育措施，帮助受教育者顺利发展。在师生双边多向和多种形式的交互作用下，学生的潜力会随时迸发，各种生活经历、奇思妙想和情绪表达会随时涌出。但是无论何种的意外生成，都一定是符合学生当前心理发展特点的。因此，教师在设计辅导思路时，要遵循学生心理特征的发展规律，更好地把握课堂生成。

比如，在一节面向五年级小学生的克服拖延主题的心理健康教育课上，教师做出如下对象分析。

相比低年级的学生，小学五年级的学生已经具有初步的时间管理意识和能力，知道应该合理安排自己的学习与生活。然而，随着学业难度增加，与父母意见出现分歧，加之小学生的自制力相对较差，五年级的学生容易产生拖延行为，主要表现在学业拖延、情感拖延和睡眠拖延三个方面，其中学业拖延表现最为突出。

而小学阶段的学生，正处在学习习惯培养、学习能力发展的关键时期。启发学生思考拖延行为对自身的影响，鼓励和引导学生调整拖延行为，能够帮助他们获得更多的自我效能感，更好地把控自己的学习和生活。（施平蓉，2023）

3. 分析学生的需求

学生在不同年龄阶段或不同环境中有不同的心理需求。心理健康发展的需要包括两个层次。一是一般性需要，指某一年龄段的学生普遍存在的发展需要。二是特殊性需要，指本校、本班或某些特殊学生群体，处在特定环境中或特定情境下产生的解决问题、度过危机的需要。例如，教师了解到部分学生在班上难以融入集体，在处理人际关系问题上存在不足，因此针对性设计"换位思考"的课堂内容，在帮助部分学生加强人际交往能力的基础上，全面提升学生对于人际交往的认识。

比如，在一节面向六年级小学生的情绪主题的心理健康教育课上，教师做出如下对象分析。

课余时跟学生聊天，觉察到他们对"幸福"一词的理解很单一、狭隘，对幸福的感觉很迟钝：有的学生生活中只有学习，显得很单一；有的学生把自己的快乐建立在感官刺激上，要么贪恋游戏，要么沉迷于小说，要么寄希望于感情，对未来和当下关注得少；有的学生整天愁眉苦脸，眉头紧锁，感受不到生活的快乐、学习的趣味；还有的学生喜欢喊口号，沉迷于幻想，一旦落到实处，又成为行动的矮子……鉴于这几类问题普遍存在，我们设计了一堂关于幸福主题的课。（王润 等，2023）

（二）分析已有经验

分析学生已有经验，可以为辅导过程提供重要资源，为教学理论提供丰富素材。

1. 了解原有知识基础

心理健康教育课不同于其他学科课，其最大的原因在于学生获得的成长远比获得学科知识要更为重要，心理健康教育课在教学之前应当更加注重学生的原有知识基础与课堂相结合的个体体验。心理健康教育课的对象分析要在学生现有状态与原有知识的基础上进行，只有找到关键点进行分析才能有效地促进最近发展区的转化。

2. 了解既有生活经验

学生的生活经验是心理健康教育课的重要资源，课堂是基于生活经验最终又服务于生活经验的。学生生活中已有的经验和感悟是心理健康教育课开展辅导的重要基础。有着不同生活背景的学生，对同一生活经验又有着各不相同的观点与解释。了解学生既有的生活经验，就是为教学理论提供丰富的素材，引发学生更多的思考与启发。

3. 了解生活特殊事件

在开展心理团体辅导前，有必要了解学生近期是否有重大的生活特殊事件，一方面可以了解是否有必要开展相应的心理辅导，另一方面也是为了避免二次伤害。生活特殊事件虽然不具有普遍性，其影响力却是巨大的。一旦课前没有了解，课上不小心触及，可能会引发相当严重的后果。

比如，在一节面向初中生的人际关系主题的心理健康教育课上，教师做出如下对象分析。

中学生成为使用智能手机的新生主流力量。调查显示，初中生的手机拥有率高达92.7%，其使用手机的目的包括聊天、学习、看短视频、玩游戏、听音乐、追剧等。手机的使用是把双刃剑，在让学生享受信息便利的同时，也增加了其对手机产生依赖的风险，影响现实中的正常人际交往。

朋友之间的关系是影响初中生情绪和心理健康发展的重要因素。处于青春期的初中生开始有了自己的秘密，他们需要与朋友谈论自己的问题，交流想法。因此，初中生逐渐看重与朋友之间的交往关系，当面临人际交往问题时，部分个体会选择逃避。对此，最重要的是帮助他们以积极的心态坦然地面对人际交往，鼓励其用积极的方式解决问题。

初中生在线上往往更乐于表达，显得直接和开放，但在现实的人际交往中则显得腼腆、害羞、冷漠和疏远，同学间的关心问候显得不足。面对社交，他们似乎更倾向于选择刷手机，而不是选择去关心和了解身边的人。这种选择倾向的背后可能是因为学生在人际关系中缺乏亲近感，因而到网上寻求安全感，缓解孤独感。引导学生关注和传递现实中的温暖，或许能帮助其打破现实人际中的隔阂，拉近人与人的关系，促使学生体验更多的安全感和归属感。（窦伟伟 等，2023）

在一节面向二年级小学生的人际关系主题的心理健康教育课上，教师做出如下对象分析。

本课属于"人际关系"领域，面向二年级小学生。对于这一阶段的学生，最重要的是礼貌、友好等基本交往技能的培养，而这一切的前提是学会倾听。经过一年级的学习，二年级的小学生在上课听讲方面有了一定进步。

但通过长期的一线教学工作实践观察，以及对家长、班主任的调查发现，二年级学生在与人交流的倾听中存在如下现状：一是在听别人说话时，注意力容易不集中，缺乏基本的倾听意识和技巧；二是一些学生往往急于表达自己，爱"接话"和打断别人；三是在与人交流中常常因为没有认真倾听他人说话，或者由于别人没有倾听自己说话，而产生误会和矛盾。本课旨在帮助学生认识到学会倾听是开启人与人友好交流的钥匙，体验认真倾听带来的愉悦感，以及不被倾听带来的消极情绪感受，学会在与人交流中，用眼睛注视对方、不打断对方等倾听他人的方法。（姚志艳 等，2023）

（三）分析团体氛围

分析团体氛围可以为辅导过程提供团体动力，为因材施教提供重要指导。

1. 掌握学生整体特点

一个班级学生整体的特点，对团体动力有着巨大的影响。有些班级举手的氛围特别浓厚，有些班级则喜欢安静思考，有些班级对人际关系感兴趣，有些班级则可能易产生学习压力，只有掌握了不同班级学生的整体特点，才能做出更完整的对象分析，从而促进团体动力的发展。

2. 掌握班级心理环境

班风班貌通常是指班级内部形成的独特空间环境和人文氛围。班级环境对学生的心理体验、身心发展、学习、生活产生不可忽视的心理影响和行为制约。班级心理环境包括班级认同感、班级舆论、班级中的非正式团体等。教师在了解到班级心理环境的前提下，通过教学设计提升班级认同感，树立班级舆论导向，引导非正式团体，从而提升整体的班级心理环境。

3. 掌握个别特殊学生

教师还要兼顾个体之间的差异，做好个别特殊学生的学情分析。人格中包含的气质类型、性格和自我调控系统等是构成个体差异的重要部分。面对不同的学生，教师要尽可能做到因材施教，了解学生的特点，采取恰当的教学措施。例如，在了解到班级有认知风格表现为冲动型的学生时，抓住冲动型学生的特点，在教学预设中准备方案，在学生决策过快造成考虑不全面时，教学生进行自我指导训练，帮助冲动型学生减少今后因冲动决策带来的错误。

二、对象分析的主要方法

（一）问卷法

问卷法是研究者用统一严格设计的问卷，来收集分析对象心理及行为资料的一种方法，是目前运用最广的方法。其特点是标准化程度比较高，避免了收集分析学情时的盲目性与主观性，并通过收集信息对学生进行多元的统计分析，为教学活动提供更进一步的量化与质化数据。问卷设计要满足科学性与有效性的最基本要求，题目要客观、准确、全面地反映出学生的实际心理状况。在编制或采用问卷时，问卷主体应当主题突出且符合学生现有理解水平。题目表述要简洁、准确、通俗易懂，以封闭性问题为主、开放性问题为辅，便于学生回答以及教师统计与分析。

（二）访谈法

访谈法是指通过研究者与被研究者口头谈话的方式从被研究者处收集第一手资料的一种研究方法。它最大的特点在于：在访谈过程中，教师与学生相互影响、相互作用。通过一定深度的访谈，教师可以更加深入地了解学生的心理状况。在学校心理辅导中，前来心理咨询室访谈的学生往往是最需要心理健康教育的，与此同时访谈也为课堂提供了宝贵的资料。为取得客观、全面的材料，访谈前，教师应当充分熟悉访谈内容，确定访谈目的，拟定访谈提纲，选择访谈时间、地点。在访谈过程中，教师应主动建立和谐、民主、真诚的访谈氛围，并通过适当引导使师生自然、和谐地进行"深度交流"。同时，教师应进行适当记录，或在征得被访者同意的条件下进行录音，并对与访谈相关的信息适当保密。此外，运用多元分析方法对所获得资料进行深入而全面的分析，也是访谈资料发挥作用与价值的重要环节。

（三）观察法

观察法是指教师在日常教学活动中，有目的、有计划地对教育对象、教育现象或教育过程进行考察的一种方法。教师在日常教学活动中，在课上要观察学生的行为、态度、情绪在自然环境下的表现，在课后也要经常与学生交流，以便对学生的心理状况有更深入的了解。在观察的过程中要注意：其一，观察要具有目的性，实施教育的教师在观察时要清楚通过观察主要收集什么信息，解决什么问题。例如，研究学生学习问题时，观察课堂上学生对学习的态度，学生与教师的课堂互动频率等。其二，观察要客观，在观察过程中尽量使得学生在自然放松的状态下，处于正常的学习生活中，不要让被观察者意识到自己成为观察的对象。其三，要善于记录与观察目的有关的事件，以便后续处理，并提出更进一步的教学方案。

（四）资料分析法

资料分析法是教师基于已有的文字记载材料间接了解、分析学生基本情况的一种研究方法。文献材料不仅包括现有的文章、图书、研究报告，也包括与学生相关的其他材料，如日记、家庭环境记录、校园咨询档案等，这在面向学生个体或群体的时候尤为重要。除此之外，心理健康教师也可以从日常学生的自我报告中提取有用的信息。

三、对象分析的注意事项

对象分析要注意动态化和客观化。

第一，对象分析要动态化。面对收集到的分析内容，教师们有时因为收集到的大部分是书面资料，因此将关注点聚集在学生当前的心理状态、所获得的知识或者是本堂课的结果，这些都是静态的、现实的描述。发展是一个动态的过程，对象分析还应当关注学生在学习过程中所展现出的心理状态变化。学情分析不仅是对学生发生了的学习进行描述，也是对未发生的学习进行预测。

第二，对象分析要客观化。对象分析是在教师经验基础上的研究，但不能单纯凭借教师的经验来判断。教师的经验是学情分析初期阶段的假设。教师可以利用自己的经验进行假设，分析之后进行验证。教师的教育经验有时是一种主观且模糊的判断，对象分析要求教师对于教学对象的情况有一个准确清晰的掌控。随着对象分析内涵的扩大，教师需要采用一些客观工具进行分析处理。在收集学生稳定性特质（如个性、认知风格等）的资料时，教师可以采用研究人员研发的专业化、标准化问卷。学生具体的、情境的情况，如学生的思考、已有知识等，仍然需要教师在实际教学活动中获取。

第三节　心理健康教育课程的目标设计

在完成主题分析和对象分析之后，要进行教学目标的设计，即分析和确定学生在学习结束时将会发生什么变化，达到什么样的结果。在具体设计教学目标的过程中，教师不仅要参考心理健康教育课的课程总目标，也要结合心理学专业理论和实际教学状况。课程总目标为心理健康教育课教学目标的设计指明了方向，而理论基础和实际状况为教学目标的可操作性与可实现性提供了依据和保障。在制订教学目标的过程中特别要考虑学生的心理特点和实际需要，脱离学生特点的目标制订只会是纸上谈兵，难以实现。只有结合学生的实际特点和需要，才能真正激发学生参与心理健康教育课的兴趣和热情，才真正有助于学生实际问题的解决。本节将介绍教学目标的含义与作用、教学目标的分类、教学目标的基本原则及教学目标表述的注意事项等方面的问题。

一、教学目标的含义与作用

教学目标是师生通过教学活动预期达到的结果或标准，是对学习者在教学之后将能做什么的一种明确的、具体的表述，主要描述预期学习者通过学习产生的行为变化。心理健康教育课的教学目标是心理健康教师通过开展心理健康教育课预期获得的结果或达到的标准，是学生经过心理健康教育课的辅导后所要产生的心理或行为上的变化。在教学过程中，教学目标起着十分重要的作用。一般而言，教学目标具有以下四个功能。

一是导向功能。教学活动以教学目标为导向，且始终围绕教学目标的实现而进行。明确的教学目标为心理健康教育课教学活动的设计和实施指明了方向。教学目标不明确的话，心理健康教育活动会陷入盲目状态，会因为一些无意义或不符合预期方向的事物而受到影响。在明确的教学目标下，心理健康教育活动和过程会自觉地进行，会向着有意义的结果前进。

二是调控功能。教学目标对教学过程起到调节和控制的作用。一切心理辅导活动的安排均紧扣教学目标的实现。教学活动实施的过程即教学目标实现的过程。心理健康教育课的教学目标预先规定了心理辅导活动的类型，也预先规定了心理辅导活动的进程。另外，明确具体的教学目标可以用来检测心理健康教育课的教学效果，帮助教师有针对性地调控心理健康教育课的教学过程，从而保证教学效果的达成。

三是激励作用。心理健康教育课教学目标的确定，可以使学生产生更加明确的预期，激发学生的成长动力。尤其是当教学目标与学生心理发展内在需求相一致时，学生更愿意参与心理健康教育活动；当教学目标难度适中时，学生产生要达到目标的愿望。对教师而言，教学目标的达成也有助于提高教学效能感和教学热情。

四是评价功能。教学评价要以教学目标为依据，教学目标为教学评价提供了指标和标准。心理健康教育课的教学目标一般表述为学生在心理辅导活动后应达到的表现和标准。教学评价的核心是看学生的发展变化是否符合预期的教学目标。学生的表现反映了教学目标的达成度，教学目标的达成度说明了教学效果的好坏和教学质量的高低。

二、教学目标的分类

教学须促进学生多方面、多层次的发展。因此，教学目标往往要同时设置多种不同的目标。加涅根据学习结果的不同将学习分为五类，分别是言语信息、智慧技能、认知策略、动作技能和态度。言语信息是指能用言语（或语言）表达的知识，比如知道长江的发源地。智慧技能主要指运用概念和规则办事的能力，比如运用写作技巧完成一篇作文。认知策略是指运用学习、记忆、思维的规则支配人的学习、记忆或认知行为，并提高其学习、记忆或认知效率的能力，比如运用复述策略提高记单词的效率。动作技能是指通过练习获得的、按一定规则协调自身运动的能力，比如学会背越式跳高。态度是指习得的对人、对事、对物、对己的反应倾向，比如对科学产生兴趣。加涅的这一分类系统为教师在教学中区分不同教学目标和创造相应的学习条件提供了科学的心理学依据。

布卢姆认为教学目标可以分为三种类型，即认知目标、情感目标和动作技能目标，如表4-3所示。这三种类型不是完全独立的，在实际教学活动中，它们往往同时发生。比如，在心理情景剧的角色扮演活动中，学生进行观察和思考（认知层面），对角色任务产生某种情绪反应（情感层面），形成了如何处理问题的技能（动作技能层面）。布卢姆对三种类型目标做了更细致的阐述。认知目标包括知识、领会、应用、分析、综合、评价等6级水平。情感目标包括接受、反应、形成价值观、组织价值观念系统、价值体系个性化等5级水平。动作技能目标包括知觉、模仿、操作、准确、连贯、习惯化等6级水平。

表4-3 布鲁姆的三种类型教学目标

类型	水平	定义	举例
认知	知识	回忆事实性信息	回忆合理情绪疗法中ABC的含义
	领会	把握知识材料意义的能力	用自己的语言讲述合理情绪疗法的假设
	应用	将所学原理、观点正确地应用于新的情境之中	运用合理情绪疗法的理论解释小明焦虑的原因
	分析	区分和领会各种相互关系	区分不同类型的非理性信念
	综合	将所学的零碎知识整合为知识系统	对合理情绪疗法形成完整的知识系统
	评价	对所学材料做价值判断的能力	评价合理情绪疗法的贡献和不足
情感	接受	愿意专注于特定现象或刺激	愿意专注听关于合理情绪疗法的知识
	反应	积极参与活动，以某种方式做出反应	主动阅读关于合理情绪疗法的文章，并体验到满足和乐趣
	形成价值观	对特定对象、现象或行为的价值或重要性的认识	能积极表达"认知改变"的重要性
	组织价值观念系统	组合不同的价值，解决价值间的冲突，以及建立一种内部协调的价值体系等，其重点在于价值的比较、联系和综合	能系统地表达出"认知改变"与其他因素改变相比的重要性及其理由
	价值体系个性化	个体具有了一种价值体系，这一价值体系在相当长的时间内控制着个体的行为，并使他形成独特的"生活方式"	在实际生活中乐于使用合理情绪疗法来帮助同伴调节情绪
动作技能	知觉	通过感官，对动作、物体、性质或关系等的意识能力，以及进行心理、躯体和情绪等的预备调节能力	观看呼吸放松法的演示
	模仿	按提示要求行动或重复被显示的动作的能力	按提示模仿尝试呼吸放松法
	操作	按提示要求行动的能力，但不是模仿性的观察	在进行一段练习之后，能使用呼吸放松法
	精准	练习能力或全面完成复杂作业的能力	能熟练且正确地展示呼吸放松法
	连贯	按规定顺序和协调要求，去调整行为、动作等的能力	能在不同情境中灵活使用呼吸放松法
	习惯化	自发或自觉地行动的能力	能在各种情境中自发使用呼吸放松法

2001年，我国教育部颁布的《基础教育课程改革纲要（试行）》对中小学学科教学提出了三维教学目标，即知识与技能、过程与方法、情感态度与价值观。

知识与技能目标主要包括人类生存所不可或缺的核心知识和学科基本知识，以及信息获取与处理能力、创新精神与实践能力、终身学习能力等。过程与方法目标主要包括人类生存所不可或缺的过程与方法。过程指应答性学习环境和交往、体验。方法包括基本的学习方式（自主学习、合作学习、探究学习）和具体的学习方式（发现式学习、小组式学习、交往式学习等）。情感态度与价值观目标，其中情感不仅指学习兴趣、学习责任，更重要的是乐观的生活态度、求实的科学态度、宽容的人生态度。价值观不仅强调个人的价值，更强调个人价值和社会价值的统一；不仅强调科学价值，更强调科学价值和人文价值的统一；不仅强调人类价值，更强调人类价值和自然价值的统一，从而使学生内心确立起对真善美的价值追求，以及人与自然和谐和可持续发展的理念。

在心理健康教育课中，教学目标一般包括认知目标、情感与态度目标、行为与技能目标等三个层次。认知目标指对有关心理现象和规律的认知。比如，了解什么是个性，知道记忆和遗忘规律，理解考试焦虑如何形成。情感与态度目标是指对自我、他人、社会形成积极的体验、情感与态度。比如，对自我形成自信的态度，对父母产生爱的情感，对人际交往形成积极的态度。行为与技能目标指运用有关行为技能和经验来分析及解决问题，或形成问题解决能力。比如，能正确分析考试焦虑的原因，寻找合适的解决方法；学会选择合适的方法与父母沟通；运用恰当的方法调节情绪。该三层次教学目标符合一般心理过程规律——知、情、意、行，更容易被人理解和接受，也更容易在实际教学设计中操作。比如，"与异性朋友交往"的心理健康教育课，我们可以这样设计三层次教学目标：第一，认知目标——了解什么是异性交往，认识异性交往的重要性；第二，情感与态度目标——体验异性交往带来的快乐，形成对异性交往的积极情感；第三，行为与技能目标——掌握异性交往的技巧，学会在实际生活中开展良好的异性交往。

三、教学目标设计的基本原则

心理健康教育课教学目标设计要符合以下基本原则。

一是学生主体性原则。心理健康教育课教学目标是学生经过心理健康教育课的辅导所要达到的结果，因此，主体是学生。教学目标的设计应该立足于学生，符合学生心理发展特点和发展需求，始终为学生的心理发展服务，而非从教师立场出发。在设计教学目标时，教师要考虑学生已经学会了什么、需要学什么，以此来寻找学生的最近发展区，而不是考虑教师擅长什么、教师要教什么。另外，学生的心理发展和行为表现既有共同性又有个体差异性。目标的制订既要考虑班集体学生的共同特点，也要考虑个体差异。

二是系统性原则。系统性原则是指心理健康教育课的教学目标既要有层次性又要有整体性。心理健康教育课的教学目标层次性是指它包括认知目标、情感与态度目标、行为与技能目标等三个层次。这三个层次反映了不同的心理变量，有区别度。同时，这三个层次的目标又是一个有机的整体。认知是情感与态度、行为与技能发展的基础，而情感与态度、行为与技能目标的达成又有助于认知的形成。情感与态度是行为与技能发展的动力，而行为与技能目标的达成又有助于积极情感与态度的形成。所以，三者相辅相成。教师在设计教学目标时，既要考虑到不同层次目标之间的区分，又要考虑到它们之间的相互联系。

三是可评估性原则。可评估性是指心理健康教育课的教学目标内容是具体的、明确的、可评估的，而非抽象的或笼统的。换句话说，经过心理健康教育课的辅导，学生的心理或行为变化非常明确，可以用客观的指标观测。比如，设计者认为"学生在讨论中能够说出合作的好处"是评价"认识到合作的好处"这一目标达成的标准。教学目标的表述要集中体现出学生可观察和测量的变化。因此，对教学目标的描述也应当显示学生在完成教学任务后所能做的事情，以及如何知道学生能做这些事。具体而言，教学目标的描述包括三个成分：①描述预期中的学生行为（学生必须做什么）；②列出行为发生的条件（如何识别和测量这种行为）；③明确在测验中可接受的一个标准（如何评判学生是否达标）。比如，"在被同伴误会的情况下，能向同伴说明事实并表达自己的心情"。

四是可达性原则。经过心理健康教育课的辅导，学生产生的心理和行为上的变化是可以实现和达到的。可达到原则即设计的目标应该符合学生心理的最近发展区，通过辅导活动的设计能够实现目标。可达性即"跳一跳，够得着"。如果教学目标定得太低，学生"不用跳就能够得着"，那他就会失去发展的动力和兴趣；如果教学目标定得太高，学生"使劲跳也够不着"，那就会给学生和教师都带来挫败感。在教学前，教师会设定好教学目标，然而，在实际教学中，教师可能会发现教学目标不适合该授课班级。因此，需要教师实时关注学生表现，如果发现教学目标对于该班学生过高或过低，就要及时调整教学目标，以确保目标的可达水平。

四、教学目标表述的注意事项

教学目标的表述是否恰当体现了教师对教学目标的认识是否正确，甚至反映了教学是教师本位还是学生本位。教师在表述教学目标时要注意以下事项。

首先，主语是学生。根据主体性原则，从语法的角度上说，教学目标表述的主语是学生。在实际教学工作中，许多人往往忽略该点，常常使用"引导学生……""使学生……""让学生……""培养学生……""促进学生……""提高学生……"等句式。这些表述的主语为教师，而不是学生。比如，有人设计的教学目标为"引导学生认识合作的重要性"，在该目标表述中，"引导"的主语是教师，说明了设计者是从心理健康教师自身行为的角度出发的。

其次，内容符合层次。认知目标一般表述为"了解某现象""认识某变量的危害（或作用）""理解某现象发生的原因""认识自己在某变量上的特点"等。情感与态度目标一般表述为"感受某现象所产生的情绪""体验某变量的重要性""对某现象形成积极的态度""对某现象树立积极的价值观"。行为与技能目标一般表述为"掌握某行为技能""学会运用某技能解决某问题""学会将某技能迁移到自己的日常学习和生活中，解决未来遇到的某问题"。

除了上述两个注意事项，教学目标的表述还需具体明确。教学目标设计要符合可评估性原则。尽管心理辅导涉及的一些心理变量难以直接用行为指标进行客观的表述，在表述时，还是要尽可能地体现出可操作性。越具体明确，对教学方法选择和过程设计越有指导性，教学效果评估也越明确。

举例1：一节以初一学生为对象、以自我悦纳为主题的心理健康教育课，设计的教学目标如下。

一、认知目标

1. 了解正确认识自我、悦纳自我的含义与意义。

2. 认识到"现实自我"与"理想自我"的存在与差别。

二、情感与态度目标

1. 感受自己对于自身缺点的态度。

2. 体验悦纳自我时的感受。

3. 树立合理评价自我的价值观。

三、行为与技能目标

1. 掌握正确认识自己的方法。

2. 能够具体化描绘"现实自我"和"理想自我"。

3. 运用所学方法进行自我相关问题的解决。

举例2：一节以高二学生为对象、以意志品质培养为主题的心理健康教育课，设计的教学目标如下。

一、认知目标

1.了解什么是意志力，什么是自我控制能力。

2.了解自己的意志水平，正视自己的问题。

二、情感与态度目标

1.体验到意志是掌握在自己手中的。

2.形成对把控自己行为的更加积极的态度。

3.增强迎难而上、决不放弃的信心。

三、行为与技能目标

1.掌握自我控制的方法，学会抵抗诱惑、合理分配自己的精力。

2.掌握磨砺意志的方法，自觉制订并坚持培养坚强意志的计划。

3.能够将良好的意志品质应用于高中的学习生活中，保持自律。

举例3：一节以初一学生为对象、以情绪调节为主题的心理健康教育课，设计的教学目标如下。

一、认知目标

1.认识到消极情绪带来的不利影响。

2.了解情绪ABC理论，知道情绪是由信念引起的。

二、情感与态度目标

1.体验到由信念所引起的积极情绪和消极情绪。

2.增强情绪可调节的信心。

三、行为与技能目标

1.掌握改变信念的方法，学会用ABC理论调节情绪。

2.能够将ABC理论的方法运用到实际生活中。

本章小结

1. 心理健康教育课的主题选择可参考政策文件和权威教材，以及调查学生需求。

2. 对心理健康教育课的主题分析需明确主题的概念和内涵、对学生发展的意义、理论基础、促进方法。

3. 心理健康教育课的标题需代表整节课的中心思想，激发学生好奇心，避免学术化和泛泛而谈。

4. 心理健康教育课对象分析的内容包括学生心理发展规律、学生原有经验、团体氛围。

5. 心理健康教育课的对象分析中分析学生心理发展规律包括分析学生的认知发展、分析学生的个性社会性发展、分析学生的需求。

6. 心理健康教育课的对象分析中分析学生已有经验包括了解原有知识基础、了解既有生活经验、了解生活特殊事件。

7. 心理健康教育课的对象分析中分析团体氛围包括掌握学生整体特点、掌握班级心理环境、掌握个别特殊学生。

8. 心理健康教育课的对象分析方法包括问卷法、访谈法、观察法、资料分析法等。

9. 心理健康教育课的教学目标是心理健康教师通过开展心理健康教育课预期获得的结果或达到的标准，是学生通过心理健康教育课的辅导所要产生的心理或行为上的变化。

10. 心理健康教育课的教学目标一般包括认知目标、情感与态度目标、行为与技能目标三个层次。

11. 心理健康教育课的教学目标设计要符合的基本原则有学生主体性原则、系统性原则、可评估性原则、可达性原则。

12. 心理健康教育课教学目标表述的注意事项包括主语是学生、内容符合层次、具体明确。

练习题

一、辨析题

1. 心理健康教育课的选题只要从教材中选即可。　　　　　　　　　（　　　）

2. 心理健康教育课的对象分析要分析授课班级学生的已有经验。　　（　　　）

3. 心理健康教育课的教学目标是指教师预期自己应表现出的教学行为。　　　（　　　）

二、分析题

1. 以给高一学生上生涯规划主题的心理健康教育课为例，请你进行主题分析。

2. 以给初一学生上愤怒情绪主题的心理健康教育课为例，请你进行对象分析。

3. 以给初二学生上学习压力主题的心理健康教育课为例，请你进行目标设计。

三、综合设计题

假设要给初二学生上一节自我认识主题的心理健康教育课，请你设计该课的标题，并进行主题分析、对象分析、目标设计。

参考答案

第五章

心理健康教育课程的教学设计：方法选择与过程设计

学习目标

◯ 掌握心理健康教育课程的常用教学方法。

◯ 学会心理健康教育课程的过程设计。

本章导读

前一章我们已经学习了心理健康教育课的主题分析、对象分析和目标设计。有了明确的方向，接下来就要选择教学方法和设计教学过程，从而实现教学目标，达到教学效果。心理健康教育课与其他学科课相比有许多不同之处，因此，在教学方法和教学过程设计上也有其独特性。那么，在设计一节心理健康教育课时，有哪些教学方法可以选择？如何选择教学方法？如何设计完整的教学过程？这些都是本章要重点解决的问题。

本章共分两节。第一节为心理健康教育课程的教学方法选择，阐述心理健康教育课程的10种常用教学方法，以及论述如何根据教学目标选择恰当的教学方法。第二节为心理健康教育课程的教学过程设计，介绍几种常见的教学设计模式，并重点阐述"三阶五步"教学设计模式。

本章课件

第一节 心理健康教育课程的教学方法选择

确定活动目标之后，就要选择合适的教学方法以实现教学目标和达到教学效果。心理健康教育课和其他学科课相比，有共同之处，比如都是课堂教学，要符合课堂教学的基本要求和基本规律。另外，也有其不同之处，心理健康教育课更侧重于培养健康生活核心素养，强调活动体验、行为训练、经验分享与互动、对自身问题的解决。因此，心理健康教育课除了使用其他学科课常用的教学方法，还要运用一些独特的教学方法。下面首先介绍心理健康教育课10种常用的教学方法，然后介绍如何选择教学方法。

一、常用教学方法

（一）讲授法

讲授法是教师通过口头语言向学生系统地传授和讲解知识的教学方法。在讲授法中，教师可以采取讲述的形式，描述某个事物或现象的特点和发生发展过程，比如，讲述初中生和小学生在异性交往上的区别；也可以采取讲解的形式，对一些复杂的概念、定理和原理、现象的成因、行为操作的方法技巧等进行系统而严密的解释或论证，比如，分析初中生和小学生异性交往差异的原因。

讲授法不是简单地以教师为本位讲授教学内容。教育心理学家奥苏伯尔根据学习的性质将学习分为有意义学习和机械学习。有意义学习是建立新知识与学习者认知结构中已有适当观念的非人为的、实质性的联系。奥苏伯尔主张有意义的接受学习。他提出，教师可以以现成的定论的形式为学生呈现学习材料，让学生接受学习，但必须是促进学生有意义的学习。在讲授法中，教师要遵循逐渐分化原则（指教学内容的安排要遵循从一般到个别的原则）和综合贯通原则（指教学内容的横向组织应该考虑学生认知结构中现有观念的异同），要巧妙使用先行组织者的教学策略（即在正式材料学习之前，向学生呈现与其原有的认知结构中适当的知识相联系的概括性、包摄性的引导材料，它在抽象、概括和包摄水平上应高于正式的学习材料并以学生熟悉的术语呈现）。

心理健康教育课的主要目的是促进学生自我探索和健康成长，而不是传授心理学的学科知识。掌握一定量的心理学科普知识有助于学生自我探索和健康成长，但如果为了掌握心理学科普知识而花费了过多时间，占用了学生进行自我探索的时间，那将不利于学生的健康成长。因此，讲授法在授课过程中要注意使用的时机，且不宜过长时间使用。

比如，在一节"保护阳光行动　向校园欺凌说不"的课上，教师先进行导入活动"植物大战僵尸"，引出校园欺凌主题，然后采取讲授法，讲解校园欺凌的概念和表现。

校园欺凌知多少

师提问：哪些行为是校园欺凌？（学生回答，教师了解学生对校园欺凌的认识，并讲授校园欺凌的概念及具体表现方式。）

校园欺凌是指发生在学生之间的，蓄意或恶意通过肢体、语言、社交或网络等手段，实施欺负、侮辱，给别人造成伤害的行为。

欺凌的具体表现方式如下。

1. 身体欺凌，指直接攻击对方的身体，如推搡、拳打、脚踢、扇脸等。

2. 语言欺凌，指通过语言来对其他同学的心理造成伤害，如语言威胁、恐吓等。

3. 社交欺凌，指联合其他人，通过有组织地排斥或孤立受害人来实施欺凌。该种方式通过群体行动来达到欺凌的目的，使被欺凌者感到身边没有朋友、孤立无援。

4. 财物欺凌，指抢夺、破坏、强行索要财物。

5. 网络欺凌，指将受欺凌者的图像、视频等通过社交软件等网络形式进行传播，使受欺凌者蒙羞。

设计意图：很多学生可能会觉得给别人起侮辱性的外号、搞小团体孤立排挤他人并不是欺凌行为。教师讲述欺凌的具体表现方式，引导学生认识到这些行为都对他人的心理造成了伤害，但是很容易被大家忽略，因此在日常生活中开玩笑一定要有分寸，学会辨别自己的行为是否对他人造成了伤害。（王静，2023）

（二）案例教学法

案例教学法是指通过模拟或者重现现实生活中的一些场景或事件，让学生分析与讨论案例以获得知识和经验的教学方法。心理健康教育课中运用案例教学法可以形象地展现案主的心理行为表现，有助于学生更直观地感知到心理问题的现象和原理，也有助于学生更加明确该课的教学内容和教学目标。比如，教师呈现"考试焦虑"的案例，学生不仅可以直观感知到考试焦虑在学生中普遍存在，认识到考试焦虑的主要表现，理解考试焦虑的一般原因，而且明白了本课聚焦的主题是考试焦虑，这为后续探索自己考试焦虑的经验指明了方向。

关于案例内容的选择，可以选择古今中外经典的案例故事，也可以选择当下热点的事件或者学生身边的故事。以师生关系为例，可以选择孔子与弟子的故事，也可以选择当下教师与学生之间发生的故事。前者因为经典而更具示范性，后者因为贴近学生当前生活而更具吸引性。关于案例的呈现方式，可以以文字呈现的方式平铺直叙，也可以以语音或视频的形式呈现，还可以以角色扮演的形式呈现。以学业压力为例，可以呈现一段话描述案主的学业压力问题，也可以以案主想要向老师寻求辅导的求助信的方式呈现，还可以将剧情拍成录像或写成剧本由学生现场表演。在呈现案例之后，教师需要引导学生讨论问题，比如，案主的问题是什么？案主有哪些表现？出现问题的原因是什么？问题的设计不仅是为了使学生深入理解案例而设计，更要为后续学生探索自己的问题作铺垫。

在心理健康教育课中使用案例教学时，切勿"喧宾夺主"。心理健康教育课旨在促进学生的自我探索。自我探索的主体是学生自己，自我探索的对象也是学生自己。案例的引用是为学生的自我探索提供方向和支架。比如，以一节情绪调节主题的课为例，课堂不宜花太多的时间讨论案例中案主的情绪问题，主要的时间应用于让学生探索自己有哪些情绪问题，以及该如何调节。因此，在实施案例教学时要谨记教学目标，注意使用时长。

比如，在一节"提高注意力有妙招"的课上，教师运用了案例教学法。

案例分析，查找原因

教师给出三个情景案例，引导学生找出导致主人公小岚分心的原因。

情景一

小岚回到家里，伸了个懒腰，将书包往床上一丢，就坐到书桌前。书桌上杂乱地堆放着各种东西，例如游戏机、零食、小说、漫画书、课本、乒乓球等。她打开书本开始做作业，可没过多久，她就戴上了耳机，翻看一旁的漫画书，嘴里还吃着零食。

师：请同学们说说小岚分心的原因。

学生分享。

师总结：同学们在家中复习功课或学习时，要将书桌上与学习无关的书、物品全部清走。空间清净是注意力集中的基本前提。

情景二

小岚收拾完书桌，准备收心学习。正当她静下心来时，父亲在她身边打开了电视，电视里传来了音乐声。小岚心痒痒，不时回过头去看电视，再也没有复习的心思了。

师：请同学们说说小岚分心的原因。

学生分享。

师总结：应创立良好的空间，尽可能拥有独立学习的空间，减少外界的干扰。当然，排除内心的干扰更重要。上课时，同样的学习环境，有的同学能够集中注意力，有的同学则不能，这是因为后者心里头有各种浮光掠影的东西，大家要能去除它们，这个能力很重要。

情景三

明天就是期中考试了，小岚有些焦虑，她不是很自信，总觉得没有学好。于是，放学回家后，她一直忙着复习，终于熬夜复习完了。第二天被父母叫醒，踏上考场后，她昏昏欲睡，大脑一片空白。结果考试很不理想，平时能够做对的题也做错了。

师：请同学们说说小岚分心的原因。

学生分享。

师总结：一些同学因学习负担重，到了晚上便熬夜学习，结果早晨不能按时起床，即便勉强起来，头脑昏昏沉沉，整天没有精神，甚至在课堂上伏桌睡觉。所以同学们不要做"夜猫子"，而要争做"百灵鸟"，按时睡觉，按时起床，养足精神，提高白天的学习效率。

设计意图：让学生在完成该活动的过程中，结合自身的实际情况查找学习时注意力不集中的原因，对照加以改进，为后续通过科学训练提高注意力打下基础。（吕庆燕 等，2023）

（三）心理测验法

心理测验法是指采用标准化的心理测验量表或精密的测验仪器来测量学生有关心理品质的教学方法。心理测验法有助于学生的自我认识。它以量化的方式较客观地反映出学生的心理状态，促进学生直观地了解自己的心理特点。以"考试焦虑"为例，学生感觉自己有严重的考试焦虑，但通过权威的考试焦虑评估量表发现焦虑程度并不严重。通过同伴之间的量化比较，学生也客观地了解到自己的考试焦虑得分在群体中处于什么样的水平。

为了更好地发挥心理测验在心理健康教育课中的作用，在选用量表时，首先，要注意选择符合主题且符合学生年龄阶段的量表，尤其要注意选用经过科学信效度检验的权威量表。其次，在施测时，要按照标准的指导语指导学生填答，并按照量表标准的计分方式进行计分。在结果解释时往往按照标准分或常模进行解释，但需说明测验结果仅仅作为参考，不能成为问题诊断的唯一标准，更不能根据测验得分给学生"戴上有问题的帽子"。最后，基于测验的结果引导学生自我反思和分享。比如，在一节考试焦虑主题的课上，教师引导得分较高的学生分享自己过去考试焦虑的经验和感受，同时引导得分较低的学生分享自己克服考试焦虑的成功经验。

在心理健康教育课中使用心理测验法时，要注意其功能和目的。心理测验往往用于评估学生的心理状态或品质，而原因的分析还需要借助其他方式。心理测验的目的不是给学生的心理状态下结论，而是帮助学生进行自我认识和自我探索。以考试焦虑主题课为例，教师要引导学生不要过于纠结考试焦虑测验的得分，得分仅仅是参考，更重要的是对自己考试焦虑问题的原因探索和经验反思。

比如，在一节生涯规划主题的课上，教师运用心理测量法，采用了迈尔斯–布里格斯类型指标（Myers–Briggs Type Indicator，MBTI）职业性格测试。

师：MBTI是由美国心理学家布里格斯和她的女儿迈尔斯在荣格的人格类型理论的基础上设计的。经过了约70年的研究和发展，MBTI已成为现今全世界权威且应用广泛的性格测试。八个字母E、I、S、N、T、F、J、P可以分为四个维度，分别代表了以下性格类型倾向：外向、内向、感觉、直觉、思考、情感、判断、感知。

做完测验，我们根据每一个维度的得分情况评估自己的性格类型倾向。例如第一个维度E和I，哪一边的得分高，就代表你外向或内向的倾向度高。最终，你的职业性格类型由四个字母组成。（徐佳琳，2018）

（四）叙事法

心理健康教育课围绕学生自己真实的经历而展开，旨在帮助学生解决自己实际的问题。教师可以通过叙事法引导学生讲述自己过去真实的经历，进而进行自我分析和自我完善。叙述自己的经历故事，有助于经验和问题的外化，唤起发生改变的内在力量，从而重构经验，完善情感。学生当事人叙事的过程，不仅仅是回忆这一认知活动，更有丰富的情绪体验。比如，在一节亲子关系课上，一位学生讲述自己与父亲的关系时，泪如雨下。哭泣反映了当事人有着丰富的体验。

在使用叙事法时，首先，教师要明确主题和方向。每个人都有很多经历经验可叙，在引导学生叙事前可以进行典型案例故事的分析，为学生后续的回忆和叙述提供切入点和方向。其次，学生在叙述时会产生情绪反应，教师要积极地倾听，无条件尊重和接纳学生的叙事，并运用情感反映技术或共情技术给予学生反馈。最后，教师引导学生重构经验。比如，可以询问："你现在回想起过去的经历，有何感受？""你现在如何看待过去的这段经历？"也可以让学生听听其他同学的经历，然后询问："听了其他同学的经历，你有什么想法和感受？"

叙事法一方面促进当事人的自我体验和自我探索，另一方面也为其他人提供经验参考。在学生发言时，教师要引导学生重点讲述自己的事件经历，避免空谈道理。教师要以开放的态度面对学生的发言，要对学生的坦诚分享表示肯定，同时也要强调保密。

比如，在一节"保护阳光行动　向校园欺凌说不"的课上，教师讲解校园欺凌的概念和表现后，进入"真心话"环节。

规则：请你以任意一种角色（欺凌者、被欺凌者、旁观者）的视角，分享自己曾经遇到过或看到过的校园欺凌事件，以及当时的想法和感受。分享的同学是因为信任我们才分享的，所以我们要尊重他人的隐私，不要告诉班级以外的其他人。

学生分享。

生1：我的视角是旁观者。有一次，我在回家的路上看到几个我们学校九年级的同学还有几个社会青年在推搡一个八年级的同学。我看了几秒钟，然后其中一个九年级的同学就冲我喊："要是敢告诉别人，你小心着！"我就赶紧跑了。我当时很害怕，心跳得很快，不敢再看，害怕他们打我。我觉得那个被打的同学很可怜，但是不知道怎么帮他。

师：嗯，我非常理解你的感受。每个人面对这种场景都会非常害怕，既想为受欺凌的同学做点什么，但是又不知道如何在保护好自己的前提下施以援手。

生2：我要分享我自己的亲身经历。我长得很胖，小学的时候有几个男生给我起了很难听的外号。开始的时候，我很在意，但他们每次叫外号时我就忍着，结果他们叫得更起劲了。后来，我就假装不在意，但其实我内心是非常难过的。（声音哽咽）

教师轻轻拍了拍该生的肩膀，提供支持，并轻声对该生说：如果你需要帮助，可以课后来心理咨询中心找我。

师：我要谢谢这名同学，她非常真诚地向老师和同学们分享了对她来说很不快的经历，她今天能够在这分享过去的伤痛，是因为当下的环境对她来说是安全的，我们这个集体是值得信任的。同时，她的真心话也提醒我们，你认为起外号是同学之间在开玩笑，却有可能给别人造成伤害，所以大家平时开玩笑要适度。（王静，2023）

（五）想象法

想象法是指在教师指导语的引导下，学生通过想象进入某种情境，并在情境中感受和体验的教学方法。在实际的心理健康教育课中，有很多情境没法创设，需要通过想象的方法使学生进入并感受这些情境。比如，教师通过指导语引导学生想象携带五样物品（比如，金钱、知识、诚信、友谊、健康）乘坐热气球。当热气球遇到狂风暴雨，你必须丢弃某样物品时，你会丢弃哪个物品。通过这样的想象，学生可以体验到自己更加看重哪些物品。

在使用想象法时，首先，教师要通过指导语使学生进入身心放松的状态。在放松的状态下，个体更容易放下戒备和抵抗，体验的感受才更加真实。接着，教师通过指导语引导学生进入与辅导主题有关的情境中。比如，在生涯规划的主题课上可以引导学生想象10年后的自己在哪里工作、做什么工作。然后，引导学生回到现实中。最后，学生讨论和分享自己在想象情境中的经历。在想象的情境中，自己所看到的、所经历的事物或许从未有过，这样独特的经历对学生而言很值得反思。另外，每个人在想象情境中的经历都有所不同，通过讨论分享，也可以让学生看到其他人的不同经历。

想象法的主要目的是引导学生进入想象的情境进行体验。在想象中，学生也在自我探索和自我体验。教师要以开放的态度对待学生在想象情境中的所见所闻。在想象后，不仅要让学生总结自己看到了什么、做了什么，更重要的是引导学生反思自己为什么会看到这些事物以及为何会这么做，从而促进学生深入地自我探索。

黏土创作：面对"泥"时的我

一、冥想

师：每个人都有自己的"泥"，每个人都有"努力想要擦掉泥"的时刻。在今天的创作之前，我们先通过一个冥想走近那时的自己。

（播放冥想音乐）

指导语：请你先选择一个舒服的姿势，放慢你的呼吸，闭上双眼，在刚刚的泥人身上你看到了他什么样的感受和情绪？或许在某一个时刻，你自己也有这样的感受和情绪，这是在哪个时刻？当时的你面对的又是什么？试着走近当时的自己，当时的你是怎样的——处于什么样的状态，有什么样的情绪和感受？当你走近当时的自己，你有什么发现？当时的自己是什么样的身体姿势，有哪些想法？……随着音乐的结束，请大家慢慢睁开眼睛，回到我们的课堂。

二、黏土创作

创作主题：面对"泥"时的我

师：刚刚我们在冥想中走近了曾经面对"泥"时的自己，当时的"泥"具体是什么？你的情绪和感受是什么样的？如果用身体姿态来表达，可以是什么样的姿态？是蜷缩着的，还是其他的姿态？

现在请你选择一个最能表达你当时状态的彩泥，用泥把那个状态表达出来。

（学生开始创作活动，播放轻音乐）

三、学生分享

师：我看到了你选的颜色，这个颜色代表什么？你做的是什么？当时具体是什么情况？这个姿态表达了什么样的情绪和感受？

生：我想用红色的心代表热烈的感觉，蓝色的心代表忧郁的感觉，心上的划痕表示受到的伤害。他的双手伸出，代表着祈求一个怀抱，他的脸上有几行清泪。当时我和朋友之间发生了一些问题，所以会有这种感觉。（王美娟，2023）

（六）讨论法

讨论法是心理健康教育课中十分常用的教学方法，它是指教师指导学生为解决某个问题而进行探讨、辨明是非真伪以获取知识的方法。讨论法可以是小组讨论，也可以是全班讨论。它有助于发挥学生的主动性和积极性，培养学生独立思考能力和口头表达能力，提升学生合作学习的精神和能力。比如，在生涯规划主题的课上，教师提问："据你了解，未来可能的热门职业有哪些？"这是学生感兴趣的问题，学生积极地发表自己对职业的看法，不同学生有不同的观点，这又促进了学生之间的思想碰撞和合作交流。

在心理健康教育课上，首先，教师要提出具有吸引力的问题供学生讨论，以及提出讨论的具体要求，明确小组内讨论的分工合作，比如：谁来收集材料，谁来记录，谁来总结发言。其次，讨论时，要引导所有学生自由分享观点。在全班讨论时，有学生可能因为羞怯而不发言，可采取小组讨论形式，鼓励所有小组成员在组内充分分享。再次，在各小组进行讨论时，教师观察和倾听各小组讨论的内容与进度，对于有偏离方向的讨论，要及时纠正。最后，在小组展示和学生发言时，教师要充分倾听，并对学生发言进行小结，概括讨论的内容。

在心理健康教育课中使用讨论法时，要围绕教学目标，紧扣教学重难点。一节课中可能有很多问题需要讨论，主要时间应花在与教学目标密切相关的问题上。因此，教师需要推敲和提炼所要讨论的问题。另外，心理健康教育课的重点是促进学生的自我探索，讨论的重点也应落在学生自己的问题上，避免出现"讨论案例故事积极发言，分享自己经验闭口不谈"的情况。

比如，在一节合理使用手机主题的心理健康教育课上，教师运用了讨论法。

一、讨论

学生进行角色代入，分别从家人、朋友、老师和自身的角度思考，然后分组讨论：作为学生，你可以请求身边的人做些什么来帮助你控制玩手机的欲望？或者你会如何控制自己玩手机的欲望？

生1：设置屏幕使用时间，到时间手机就自动锁屏。

生2：培养自己的兴趣爱好，做一些其他更有意义的事情。

生3：让家人帮我保管手机；和家人一起去散步，或者做一些其他的事情。

生4：父母应以身作则，不要当着我的面玩手机诱惑我。

生5：和朋友一起去做一些其他的事情，如踢足球、跑步等，让朋友帮忙监督自己玩手机的时间。

生6：和朋友比赛，看谁能先养成适度玩手机的习惯，输的人将受到惩罚。

生7：让老师在每周的班会课上播放一个过度玩手机造成不良影响的视频。

生8：让老师帮助自己分析成绩，设立学习目标，将注意力转移到学习上去。

二、总结方法

联盟法：与家人、朋友、老师约定，形成联盟，利用他人的监督帮助自己抑制玩手机的欲望，例如手机托管、约定玩手机的时长等。

替代活动法：和家人、朋友去外面活动或者做一些其他更有意义的事情，例如全家一起去散步、和朋友下棋聊天、让老师帮忙设立学习小目标等。

隔断法：远离手机的干扰，如设定手机屏幕使用时间、拔掉网线、只在固定的场所玩手机等。

成就奖励法：设立一个成就目标，目标达成后就奖励自己。例如，为自己的学习成绩、兴趣爱好设立成就目标，当成绩达到某个分数或者某方面的才能达到一定高度时，和朋友一起去看一场电影。（陈仪 等，2023）

（七）游戏法

游戏教学法在心理健康教育课中广泛运用。游戏容易创造出自由轻松的课堂气氛，激发学生的好奇心和探索动机，提高学生的参与度，促进学生体验和顿悟。尤其是在暖身环节，游戏有助于快速破冰，启动团体动力。比如，在自我认识的主题课上，暖身活动采用"大风吹"游戏（"吹"到某些特征的学生起立），全体学生都可以参与，通过活动大家都开始关注自己的特点，为在课堂上聚焦于对自身特点的认识奠定了基础。

为了更好地发挥游戏的作用，首先，选用的游戏不仅要符合辅导主题，还要符合学生身心发展的特点。比如，某教师给初二学生设计了"大风吹"的暖身游戏，本以为能激发学生兴趣，但学生觉得游戏过于简单和缺乏新意，参与的积极性很低。其次，在实施游戏时，游戏程序和规则不宜太复杂，一些无意义的程序需简化。这样，学生在做游戏的同时，会用更多的认知资源去思考游戏背后的意义。再次，游戏前一定要明确地讲清楚指导语。在游戏中，学生往往比较活跃，因此指导语不仅要告诉学生该如何操作游戏，而且要告诉学生什么时候开始和停止，否则现场有可能混乱一片，难以控制。最后，在游戏结束后，引导学生反思自己的体会和收获，并与同学交流感悟。

在心理健康教育课中使用游戏法时，要切记游戏仅仅是形式或手段，其功能和重点是促进学生体验和探索。心理健康教育课的游戏不是为了玩而玩，它有明确的教育目的和意义。比如，在一节合作主题的课堂上，教师让学生做了"一起贴图画""三人合作行""共同背单词""两人抬杯子"四个游戏，结果时间都花在了做游戏上，学生只是感到游戏挺有意思，但未能从游戏中深刻反思到合作的真谛。

比如，在一节"提高注意力有妙招"的课上，教师运用了游戏法导入课堂。

师：同学们正值青春年少，反应一定很快。接下来我们玩一个有趣的游戏"一站到底"，要求大家都站着做游戏，做错的请自动坐下。下面介绍游戏规则。

游戏一：教师说口令，学生要做出相反的行为。例如，教师说"点头"，学生应该"摇头"。接下来，教师说一些口令——摇头、向左转、举右手、摸左耳、向前看等。

游戏二：词语反说。例如，教师说出"江河日下"，学生应该说"下日河江"。游戏过程中学生站立，做错的就坐下。接下来，教师说出一些词语——左右、品尝、厌恶、观赏、长年累月、你追我赶、毛手毛脚。

游戏结束后，学生分享成功体验。

师总结：通过刚才的游戏，同学们不难看出，做任何一件事情都要集中注意力。注意力是指人的心理活动指向和集中于某种事物的能力。俄国教育家乌申斯基曾指出："注意是心灵唯一的门户，意识中的一切都需要经过它才能进入。"这节课我们就一起来认识注意力并进行科学训练。

设计意图：让学生体会集中注意力的重要性，并引出活动主题——集中注意力。（吕庆燕 等，2023）

（八）角色扮演法

角色扮演法是心理健康教育课常用的教学方法，它是根据教学内容和教学目的创设一定的情境，通过个体对他人角色的模仿或替代来影响个体心理过程的方法。让学生在情境中扮演他人角色，有助于学生更好地体验他人角色的情感，理解他人角色的处境。比如，在亲子沟通的主题课上，教师创设了亲子沟通的情境，引导学生分别扮演父母和孩子进行沟通。在模拟沟通的过程中，学生体会到父母角色的难处和情感。

在心理健康教育课中运用角色扮演法时，首先，要确定角色扮演的情境。情境既要符合教学主题和教学目标，又要符合学生的实际生活和学习状况，尽量选择学生当前关心或热议的情境进行角色扮演。其次，要选择合适的角色扮演技术。常用的角色扮演技术有心理情景剧、哑剧表演、创意表演、独白、空椅子策略、镜像法、比较法、角色辩论会、魔幻商店等。最后，角色扮演后需要让学生展示、反思和分享。面对同样的情境，不同的人会有不同的认知、情绪体验和行为反应，通过展示可以让学生了解差异、拓宽认知。

在心理健康教育课中使用角色扮演法的主要目的是促进学生体验。角色扮演不仅仅是扮演，更是学生个体内心的表达和展现，是一个自我体验和自我探索的过程。因此，在心理健康教育课中要抓住角色扮演法的这一特点，充分发挥其促进学生在情境中自我体验和自我探索的作用。

比如，在一节校园欺凌主题的心理健康教育课上，教师运用了角色扮演法。

师：故事中的玛雅遭遇了校园欺凌，为了让大家深入体验故事中不同角色的感受，四人一小组扮演三种角色——欺凌者（肯德拉）、被欺凌者（玛雅）、两位旁观者。

一、定格画面

学生体验不同角色的情绪和想法。将嘲笑孤立玛雅的情景通过面部表情和肢体动作表达出来并定格。

二、思路追踪

教师拍打每个学生的肩膀时，学生需要说出自己的内心想法。

欺凌者：我觉得很好玩，又不是只有我一个人这样。

被欺凌者：大家都不理我，排斥我，我真的很难过。

旁观者1：这是别人的事，我不用多管闲事。

旁观者2：我觉得玛雅挺可怜的，但我不知道做什么。

师：在刚才的表演中，大家观察到了什么？玛雅会有什么样的情绪？

生1：我看到了大家都在孤立玛雅，她会很伤心、难过。

生2：我看到了玛雅非常弱小，听到有人嘲笑她，她应该会害怕、生气。

（去角色化，让每个扮演者回归自己的身份，不要代入角色）

师总结：真正体察对方的感受，做到同理心的第一步就是：换位观察我看到＋听到的事实。比如我们观察到玛雅被其他同学孤立，她非常无助、难过。

设计意图：引入教育戏剧，通过对冲突事件的重新演绎，以表演的方式使每一位学生更直观地体会到自己的角色对事件的影响，也了解到被欺凌者及旁观者对这个事件的看法。结合非暴力沟通，迈出同理心第一步。（苏怡怡 等，2023）

（九）绘画技术

绘画创作的过程有助于绘画者表达和释放潜意识中压抑的情感与冲突，有助于绘画者对抽象的自我概念进行具象表达。另外，教师也可通过对绘画作品的分析，引导绘画者解释和分析画中的含义，促进绘画者进行自我认识和自我探索。绘画技术在心理健康教育课上可以有多种表达形式，包括自画像、时间轴、成长树等。比如，在自我认识的主题课上，引导学生画自画像，了解心中的自我；在生涯规划的主题课上，引导学生画生涯彩虹图，探索自己的生涯发展方向。

　　教师在使用绘画技术时，首先，要引导学生绘制作品。教师准备好纸笔材料，明确绘画的主题和要求。绘画不要求表现专业的绘画技巧，重点是表达内心所想所感。可以采取个人创作，也可以采取团体创作。其次，要引导学生交流讨论。学生完成绘画作品后，可以在小组内交流讨论，再向全班分享。分享时，绘画者向其他成员解释自己作品的内容及其含义。再次，要对学生分享做进一步引导。比如，引导绘画者向大家解释在绘制作品的时候是怎么考虑的，引导其他同学反馈听了绘画者分享后的收获。最后，要分析与总结。教师对学生的作品进行分析和反馈，对本次绘画过程进行总结，促进学生的自我成长。

　　在心理健康教育课中使用绘画技术的目的是促进学生自我认识和自我探索。只有学生认真绘画、认真表达、认真体验，绘画技术才能起到心理健康教育的作用。绘画技术的重点不在于画得有多漂亮，而是真实表现内心所思所感，并基于自己所表现的心理反应做进一步的探索和反思。为了更真实地表现内心，在学生绘画前需为其创设安全、自由、信任的课堂心理氛围。在学生分享作品时，教师应无条件积极关注、接纳、理解学生，并及时给予反馈和鼓励。

　　比如，在一节小学生学业拖延主题的心理健康教育课上，教师运用了绘画技术。

　　师：同学们的拖延是什么样子的呢？如果不知道自己的拖延是什么样子的，那事情可不好办了。所以今天探险的第一个任务就是请大家思考：你的拖延是什么样子的，什么形象，什么颜色，它叫什么名字？请大家思考后把你们的拖延画出来吧。有个温馨提示哦：我们不是要举办画画大赛，所以不要介意你的画功好不好，能表达你关于拖延的外在想法就可以了。

　　三位学生的绘画作品见图5-1。

　　经过一系列的教育活动，教师再次让学生绘画。

　　师：那么同学们，你们的拖延有发生哪怕一丝的变化吗？接下来，请完成第三个探险任务，重新思考你的拖延形象和命名，看看是否有变化，并用关键词或简笔画表达出来。

拖延怪　　　　　　慢吞吞　　　　　　乌龟

图5-1　学生关于拖延的绘画作品

一位学生的绘画作品见图5-2。（施平蓉，2023）

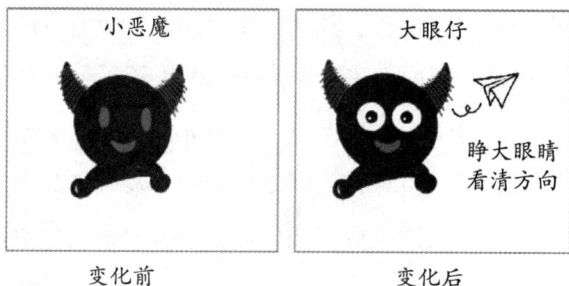

图5-2　学生关于拖延形象变化的绘画作品

（十）行为训练法

行为训练法是指教师根据学生行为的偏差制订相应的训练目标，采用强化、奖赏、惩罚、分化等手段使学生的行为朝预期目标行为的方向转变的方法。行为训练有助于学生改变旧行为习惯、获得新行为方式、习得问题解决的新技能。比如，在一节以合作为主题的心理健康教育课上，教师首先简要地介绍一些合作技巧；然后，让学生完成一项合作任务。在第一次合作中，几乎没有学生能完成任务，说明学生并未真正掌握合作的技巧。此后，教师让学生继续训练，直到掌握了合作的方法和技巧。

教师在运用行为训练法时，首先，要对行为技能进行讲解和展示，清楚地描述某项行为技能的步骤和要领；接着，创设情境让学生尝试练习。在学生尝试的过程中，教师要观察学生是否真正做到了行为技能的要求，对于没有达到要求的学生，教师要及时地予以矫正。在尝试练习结束后，教师组织学生进行讨论，可以请成功完成任务的小组来展示，并分享成功的原因和经验；同时，请未完成任务的小组分析原因并制订下一步改进措施。然后，继续让学生进行练习，直到学生掌握了行为技能。最后，教师还要提供一些练习情境供学生练习，练习可以在课后进行。通过反复练习，促进学生熟练掌握行为技能。

心理健康教育课中使用行为训练法促进学生掌握行为技能，最终目的是使学生学会解决自己的实际问题，达到自我完善和自我成长。一方面，行为技能的真正掌握和熟练使用需要充分的练习。另一方面，学生掌握了行为技能还要学会迁移，即将其应用到自己的真实生活当中，解决真实的问题。因此，练习的情境不仅要充分，还要结合学生的现实而展开。

比如，在一节训练人际交往表达技能的课上，教师设计了行为训练活动。

一、"实话"巧说学习营

师：大家认识到评价他人需要注意时间、场合等问题，那该如何委婉表达呢？我们一起来学习"实话"巧说的"三明治法则"。

1. 教师讲解"三明治法则"

（1）"三明治"的第一层是赏识对方的优点或积极面。

句式：我发现＿＿＿＿＿＿＿＿＿＿＿＿＿＿＿＿＿＿＿＿

（2）中间这一层夹着建议、不同观点。

句式：如果你＿＿＿＿＿＿＿＿＿＿＿＿＿＿＿＿＿＿＿＿

（3）第三层是鼓励和期待，相信对方会做得更好。

句式：我相信＿＿＿＿＿＿＿＿＿＿＿＿＿＿＿＿＿＿＿＿

2. 分享交流

（1）如果莉莉要对白太太的花园进行评价，她可以怎么说呢？

生：白太太，我发现您花园里的花草种类真丰富，如果您能把杂草清除掉，我相信您的花园看上去会更整洁、更漂亮的！

（2）如果你是白太太，这样的话听起来是不是舒服许多呢？

生：如果我是白太太，这样的话听起来让我觉得很舒服。

二、"实话"巧说训练营

师：同学们已经学习了部分"实话"巧说的方法，评价他人时，你会怎么说实话呢？

1. 定格画面

活动要求：小组分角色扮演，把说实话的方法通过1分钟的表演呈现出来，最后以肢体动作定格在一个画面上，老师拍你时回答问题。

情景一：小俊和小力是好朋友，每次他们约好了一起出去玩，小力总是迟到。

情景二：小源的数学成绩很好，每次老师提问，他都不举手就大声喊出来。

2. 分享交流

（1）提问评价者：当你委婉说出实话的时候，你的心情是怎样的呢？

生：我感觉没有压力，也不会觉得很为难。

（2）提问被评价者：听完他人评价，你的感受怎样？接下来，你会怎么做呢？

生：听了这样的评价，我感觉很舒服，我想改变这些不足的地方。

（3）提问观众：你如何看待给出评价的同学的做法？

生：我觉得他做得很好，没有伤害别人。

3. 小结

当我们照顾到别人的心情，评价他人的同时委婉地提出建议，不仅可以帮助到别人，自己也不用担心对方会不开心，可见，"实话"巧说会让我们收获更多友谊。（陈明姣，2023）

二、教学方法的选择

教学方法有很多，如何选择合适的教学方法？首要考虑的因素是教学目标。教学目标指导教学方法的选择，教学方法服务于教学目标的实现。因此，教师应理解各类常见教学方法对应的教学目标。表5-1列出了常见教学方法与三类教学目标的关联程度。其中，"√√√"表示高度关联；"√√"表示中度关联；"√"表示低度关联。在教学设计时，可选择与教学目标关联程度较高的教学方法。

表5-1　教学方法与教学目标的关系

教学方法	认知目标	情感与态度目标	行为与技能目标
讲授法	√√√		
案例教学法	√√√		
心理测验法	√√		
叙事法	√√	√√√	√
想象法	√	√√√	
讨论法	√√√	√√	√√

续　表

教学方法	认知目标	情感与态度目标	行为与技能目标
游戏法	√	√√√	√√√
角色扮演法	√	√√√	√√√
绘画技术	√	√√	
行为训练法		√√	√√√

需要注意的是：①一些教学方法关联某一类教学目标，如讲授法、案例教学法和心理测验法对应的主要是认知目标。②一些教学方法同时关联多类教学目标，如叙事法，学生在叙事的过程中既有自我认识又有自我体验，同时对应认知目标和情感与态度目标。③教学方法关联哪类教学目标取决于内容的设计，比如讨论法，如果是讨论现象和原因，那主要是对应认知目标；如果是讨论学生自己的经历和经验，那主要是对应情感与态度目标；如果是讨论问题解决方法和技巧，那主要是对应行为与技能目标。

在选择了教学方法之后，如何设计具体的教学活动？这需要考虑学生的身心发展特点。要综合考虑不同年级学生在已有知识和经验、能力水平、个性特征等方面的差异。以游戏法为例，对于低年级的学生可偏向于身体活动型的游戏，对于高年级学生可侧重于在思维上有挑战性或能激发好奇心的游戏。此外，也要注意活动设计的创新性。以"抓手指"的暖身游戏为例，教师带领初二学生做该游戏。学生说："我们在小学时就玩过了。"教师立即改变游戏规则，说："以前就是手掌抓手指，我们今天的游戏加大了难度，还要求手指追手掌。"创新后的游戏又激发了学生的兴趣。

第二节　心理健康教育课程的教学过程设计

在明确了一节心理健康教育课的教学方法之后，就需要设计其教学过程，即要考虑有哪些教学环节，教学环节如何排布。不同专家提出了不同的教学过程设计思路，一般从团体发展和活动深化的视角设计教学过程。本教材提供另一种设计思路，即从服务教学目标的视角设计教学过程，并基于此提出"三阶五步"教学设计模式。下文将阐述这两种教学过程设计思路。

一、基于团体发展和活动深化的视角

基于团体发展和活动深化的视角设计教学过程，主要是考虑在心理健康教育课中如何促进团体有效运作以及如何促进学生活动体验和反思。常见的教学设计有"起承转合"的四阶段过程设计、五阶段模式、七环节教学模式等。

（一）"起承转合"的四阶段过程设计

钟志农（2007a，2007b）提倡"起承转合"的团体动力思想，认为心理健康教育课的过程包括暖身、转换、工作和结束四个阶段。

（1）团体暖身阶段是心理健康教育课的初始阶段。在授课刚开始，学生对本节课教学内容和教学目标茫然不知，在动机和情绪上尚未有足够的准备，班级成员之间互动分享的氛围尚未形成。因此，有必要进行暖身活动（也叫"破冰"），降低全体学生的心理压力感和戒备感，促成团体成员互动，增进学生之间、师生之间的信任感，形成一个具有凝聚力、具有共同目标、具有轻松愉快氛围的团体。暖身活动可以通过游戏或其他媒体手段开展，一般5分钟左右。

（2）团体转换阶段是一个过渡阶段，即由"团体凝聚力初步形成"向"运用团体动力解决团体共同关心的某一发展问题"转移的阶段。该阶段的任务是创设情境、提出问题、激发成员探索成长困惑的动机、进一步催化团体动力。教师需围绕教学主题提出团体成员共同关心的问题，鼓励学生积极参与对问题的讨论，引出团体成员对该问题的不同观点，进而产生思想的碰撞和冲突，激发成长的动机。该阶段一般10分钟左右。

（3）团体工作阶段是心理健康教育课的核心阶段，是团体成员进行实质性问题解决的关键阶段。在经历前面两个阶段之后，学生已经明确了问题。团体工作阶段是团体真正开始工作以解决学生自身问题的阶段。该阶段教师需设计更符合学生实际学习生活的情境或活动，引导学生在活动中进一步自我开放、自我体验和自我反思，同时也进一步催化团体动力，引导同伴进行经验分享，促进学生学会有效的问题解决方法以解决自己的问题。该阶段一般20分钟左右。

（4）团体结束阶段的主要任务是引导学生总结本课收获，升华本课主题，同时也鼓励学生将所学运用到自己未来的学习生活中，为本次团体的活动画上句号。该阶段一般5分钟左右。

（二）五阶段模式

俞国良（2013）提出心理健康教育课的实施一般包括五个步骤，即课程的引入—课程的开展—分组讨论—课程的升华—课程的延伸。

（1）课程的引入。教师根据本节课所要解决的中心问题，运用预热方法、澄清方法、介绍方法等起始活动技术，激发学生参与活动的积极性，引导学生进入活动。

（2）课程的开展。教师说明活动的方式与要求，指导学生开展活动。教师要根据学生的活动提出学生普遍关心的热点问题，启发学生在已有心理体验的基础上思考，寻求答案。

（3）分组讨论。在激活学生思维的基础上，分组进行讨论，然后由小组长代表发言，使学生在相互交流中获得领悟。

（4）课程的升华。教师对学生活动所取得的结果进行评价，指出其成功与不足之处，同时将学生获得的感性认识上升为理性认识，升华为心理学上的知识技能与技巧。

（5）课程的延伸。教师联系生活实际拓展学生所获得的心理知识技能与技巧；同时，要求学生课后继续实践，从而使学生的心理素质得到进一步的锻炼与提高。

余迟（2019）在多年实践探索的基础上提炼出"五梯进阶教学法"，即暖场活动—课堂引入—现象探讨—学以致用—课堂小结。

（1）暖场活动——暖身暖心暖氛围。暖场阶段的目的主要在于打破课堂僵局，激起学生的兴趣，吸引学生注意力，创设使学生感到安全、舒适的氛围，创建友好、宽松、互信的学生间关系和师生间关系，为下一阶段活动的开展奠定基础。暖场阶段可以从三个层面开展活动：一是进行暖身体活动；二是进行暖心灵活动；三是进行暖人际关系活动。

（2）课堂引入——激发兴趣，导入课题。教学的起点，首先在于激发学生学习的兴趣和愿望。一堂课的精彩正是从课堂引入开始的。精彩的课堂引入可以使学生迅速把全部精力集中到知识点上来，调动学生思维，激发学生探究问题的欲望。课堂引入的方法有多种，有的直截了当地引出要讨论的主题，此为"开门见山法"；有的提出与主题有联系的问题，此为"发问法"；有的让学生回忆曾经有过的生活经历，此为"引导回忆法"；等等。

（3）现象探讨——自主探究，寻找方法。心理健康教育课要以学生的发展为取向，以学生个体的经验为载体，以活动为中介。学生通过参与、体验和感悟，获得知识，提升能力。在心理健康教育课中，现象探讨环节具有承上启下作用。在该活动环节，教师通过对要探讨的问题或现象的清晰呈现，澄清辅导目的；学生在教师的组织引领下，在活动中去体验、感受，发现问题，探究问题，解决问题。

（4）学以致用——活动体验，训练提升。学生在已有知识、经验的基础上，通过主题活动，将知识运用到解决问题的过程中，提升解决问题的能力，这才是心理健康教育课的最终目的。这一阶段的重点任务是在主题活动中，通过情景模拟、角色扮演、行为训练等，让学生在体验中反思，在回顾中掌握知识与技能，促进学生心理的健康发展。

（5）课堂小结——总结归纳，课后延伸。心理健康教育课的小结，首先通过总结和反思本节课的内容，回顾课堂上的交流和讨论活动，分享所得，增强学生的收获感，强化辅导效果。接着延伸与外化，布置课外作业，加强辅导时间之外的现实行为练习，引导学生将课堂上所学的内容运用到实际生活中，解决生活中的问题，学以致用。

（三）七环节教学模式

七环节教学法，即引入话题—创设情景—展开讨论—树立样板—联系自我—反馈矫正—总结深化。

（1）引入话题。可以采用简单小游戏、动画欣赏、放松操等暖身小游戏，也可以采用"发问法""案例法或故事法""教师自我表露法""学生自我测试法""引导回忆法""角色表演法"等导入主题。

（2）创设情景。可以利用小表演、投影、录像等途径展现案例情境。

（3）展开讨论。通常先提出问题，再分组讨论，引导学生自己得出结论。

（4）树立样板。教师在学生讨论的基础上，提出自己的观点，从正面来引导学生的观念和行为。

（5）联系自我。在树立样板后，要求学生结合自己的实际来分析问题。

（6）反馈矫正。在联系自我时，学生会暴露出一些问题，教师要对这些问题做出及时的反馈。

（7）总结深化。以名言警句的形式将心理健康教育课中涉及的浅显道理从理论上加以提高，去指导实践，最终转变为学生的行为和能力（叶一舵，2015）。

二、基于服务教学目标的视角

基于服务教学目标的视角设计教学过程，主要是考虑心理健康教育课的教学目标是什么，以及什么样的教学过程可以实现教学目标，即教学过程设计取决于教学目标是什么。基于这样的思路，本教材提出心理健康教育课的"三阶五步"教学过程设计。

（一）"三阶五步"教学过程设计的起源

心理健康教育课要以目标为导向系统地设计辅导过程。教学过程是指由若干能够实现预定教学目标的教学环节组合而成的，教师的教授与学生的学习双边互动的活动进程。教学过程是实现教学目标的载体，也是体现教学目标的载体。心理健康教育课的辅导过程亦是如此，辅导过程受辅导目标的指引，为辅导目标服务，紧紧围绕辅导目标而设计。

心理健康教育课的辅导目标可分为三个层次：认知目标、情感与态度目标、行为与技能目标。认知目标是指对有关心理现象和变化规律的认识，以及对自我的认识。情感与态度目标是指形成对社会、自然、他人以及对自我的积极情感与态度。行为与技能目标是指运用有关知识技能和经验来分析解决问题。这三个目标层次明确，清晰易懂，在当前心理健康教育课设计中较为常用。在确定三层次辅导目标的前提下，心理健康教育课的辅导过程就需要围绕辅导目标而设计，然后选择合适的辅导方法和辅导材料来设计辅导步骤或环节。因此，一般情况下，辅导过程可以根据三层次辅导目标设计三个步骤，分别针对和实现三个目标。

曹梅静等（2004）提出"导入—展开—结束"的三阶段教学模型。陈海德（2009）结合他们的设计思想以及以目标为导向的思想，将心理健康教育课过程的设计分为三个阶段五个步骤，简称"三阶五步"，如表5-2所示。三个阶段即"导入—展开—结束"。导入阶段对应的是暖身步骤；展开阶段占据了整堂课的大部分，包括与三层次教学目标相对应的三个教学步骤；结束阶段即课堂总结环节。因此将指导过程概括为"三阶五步"。

表5-2 "三阶五步"教学设计

阶　段	步　骤	时　长
阶段一：导入	步骤一：暖身活动	5分钟
阶段二：展开	步骤二：认知目标达成	10分钟
	步骤三：情感与态度目标达成	10分钟
	步骤四：行为与技能目标达成	10分钟
阶段三：结束	步骤五：总结告别	5分钟

（二）"三阶五步"教学过程的具体设计

1. 导入阶段

导入阶段，即暖身步骤，是一堂心理健康教育课的开始。心理健康教育课需要学生敞开心灵，当教师走进课堂时，学生不仅充满了好奇与期待，同时也存在焦虑与抵抗，这阻碍了学生心灵大门的开放。暖身步骤正是打开学生心灵之门的钥匙。

暖身对团体动力起着开启的作用，是整堂课前进的动力保障。暖身阶段不仅要暖身，更要暖心；不仅要活跃课堂气氛，更要启发学生心灵；不仅要与下一环节密切衔接，更要使整堂课充满意义；不仅要为良好师生关系的建立打下基础，更要促进学生之间相互信任和经验开放。

暖身阶段的设计一般采用的方法是游戏法，游戏的形式可以是让学生身体略微动起来的活动，从而促进放松，也可以是对心理有启发的活动，使学生体验和领悟道理；可以是需要团体间个体相互合作的活动，也可以是不需要合作的个体独立活动。但无论如何，暖身步骤的基本原则是每位学生都应该参与其中。不能只让个别同学参与，其他同学观望，如此起不到整体暖身的作用。另外，游戏结束时，应适当地让学生谈谈感受和启发，教师给予引导和小结，并自然地引出题目和过渡到下一环节内容。一般情况下，该阶段的时间为5分钟左右。

总之，暖身阶段减轻了学生的焦虑感和戒备感，激发了学生的参与兴趣，为整堂课打下了基础。

比如采用抓手指的游戏。

1. 这个游戏的名字叫"抓手指"。伸出你的右手，掌心朝下；伸出你的左手手指，和你左边右边的同学围成一个圆圈。老师接下来会讲一段话，当讲到"情绪"这两个字时，就用你的右手赶快去抓你旁边同学左手的手指，你自己的左手手指争取快速逃脱。

2. 描述的内容：说起"情绪"这两个字，我们就会想到很多描写这方面的内容，像"眉开眼笑、心花怒放"都是形容一个人的快乐情绪的，像"怒发冲冠、勃然大怒"都是形容一个人的愤怒情绪的，像"惊慌失措、惶恐不安"都是形容一个人的惊慌情绪的。一个人"悲痛欲绝"，说明他正处于极度的伤心之中，而"热泪盈眶"则说明一个人的内心是万分激动的。因此，我们可以从一个人的表情、动作看出他情绪的变化。

3. 在刚才的游戏中，你有什么样的情绪体验？

2. 展开阶段

暖身后，进入正式的教学，这个过程需要密切地联系教学目标，以教学目标为指引设计步骤。因此，根据三层目标模式，该教学阶段基本上也可以设计为三个步骤，以对应三层教学目标。

（1）认知目标达成环节

认知目标达成环节，主要是让学生认识普遍的现象与规律和认识自己的活动规律与特点。简单地说是让学生明白"是什么"和"为什么"。因此，在这个环节可以采用认知法教学，包括故事法、讨论法、艺术欣赏法等，即通过摆事实、讲道理、学生相互讨论的方式使学生了解心理健康相关概念、原理和意义。

该环节选用的素材可以来自名人故事、经典寓言，也可以来自学生生活中的实际案例。两者各有利弊，前者对学生有很强的励志作用和榜样作用；后者来自实际生活故事，更符合学生的口味，对学生的启发更大。一般情况下，可以先呈现名人故事，再呈现实际案例，从远到近自然过渡。在故事呈现后，教师需要引导学生讨论故事，可以讨论故事说明了什么现象，以及为什么会出现这样的现象，对学生的回答教师做积极的反馈、引导和总结。一般情况下，该步骤的时间为10分钟。

比如采用剧情表演呈现案例故事。

1. 小品表演——"他落入了情绪的深渊"。

学生A、B各自在看发下的数学考卷。A自言自语："唉，这下完了，79分，爸爸妈妈一定会对我很失望。这道题怎么多扣我2分？×老师从来没对我有过好感。"然后就趴在课桌上闷闷不乐。B叫A："放学了，我们一起走吧。"A不理。B上前看A的考卷说："哎呀，第三道题你不是复习过了吗？怎么做错了，真可惜。"A冷冷地回答："是呀，我脑子笨，有啥可惜？有的人开心也来不及呢！"B安慰说："你不要难过了，我上次测验也只有75分。"A回答："猫哭老鼠，假慈悲。"

2. 学生讨论。

（1）主人公A遇到了什么问题？他的情绪表现有哪些？

（2）主人公A为什么会出现这些情绪？

（3）主人公A该如何调节自己的情绪？

（2）情感与态度目标达成环节

情感与态度目标达成环节，是让学生作为自主、独立的个体体验和探索自己的情感和价值观的过程。简单地说是学生体验"我的感受是什么""我该以什么态度对待"，在不断思考与反复体验中形成积极的态度和情感品质。该环节主要是学生根据上一环节明白了一些现象和原因后，开始试图分析和反思自己身上的问题。教师可以这样引导："在上一环节我们明白了别人身上的一些现象，那么我们自己身上有没有这样的情况呢？"然后请学生将自己的情况和原因分析写在纸上，待学生写好之后也可以请他说出自己的情况、感受及原因。

该环节也可以使用想象技术，即教师通过语言引导，使学生进入想象状态（也可以说是催眠），并跟着教师的指导语回忆过去或者想象未来，在想象中体验各种感受，在想象之后也可以让学生谈谈自己想象的内容和体验到的感受；还可以采取角色扮演的方法，使学生当事人扮演具体生活事件，重新经历生活事件和感受；也可以改编生活故事，体验积极的情绪。此环节的学生讨论尤为重要，同伴之间的讨论有助于同学间相互分享体验感受，有助于当事人形成积极全面的情感品质。对学生的讨论和回答，教师做积极的引导和总结。一般情况下，该步骤的时间为10分钟。

比如，采用自我回忆与报告法。

---

1. 我的情绪问题：听了上述主人公A的情绪故事，你是否想起了过去自己遇到过的类似问题？你当时是什么情绪？当时有什么想法？请具体讲讲自己的心情故事。

2. 我现在的情绪：重新回忆自己过去的这个故事，现在你如何评价自己过去的这段经历？如果现在的你再次遇到类似的事件，你会有什么样的心情？

3. 我的启发：现在听了班级里这么多同学的心情故事，你有什么启发？

（3）行为与技能目标达成环节

行为与技能目标达成环节，是学生思考如何解决自己实际问题的阶段。简单地说，就是学生思考"怎么办"，领悟问题解决方法。在上一环节学生已经体验到了自己身上所存在的问题，也明白了原因，到这一环节他们迫切想知道该怎么解决这些问题。

在这一环节，可以采取讨论法，比如脑力激荡法，即针对某一问题或者某位学生的问题，让大家齐心协力出点子，帮忙解决问题。因为学生提到的问题解决经验对同伴有更好的借鉴作用。教师也可以总结概括学生的问题解决方法，将各种办法写在黑板上，并补充学生没有提到的一些方法，总结成一套问题解决方法集，实现资源共享。值得注意的是，问题解决的方法不能由教师直接呈现和说教，而是由学生讨论、领悟和相互分享，教师可以引导学生思考，概括和总结学生讨论。

然后，留出一定的时间让学生思考自己的实际特点，选择适当的方法，并设计如何在现实中运用这些方法，也可以让学生尝试进行示范训练和行为训练。最后可以让学生谈谈对这堂课的收获，以及以后遇到类似的问题将如何应对。一般情况下，该步骤的时间为15分钟。

比如，采用讨论法和演练法。

1. 同学们讨论自己遇到情绪问题时，都采取了哪些调节方法，并结合具体的例子讲讲自己具体是怎么做的。

（教师将学生提到的调节方法写在黑板上）

2. 创设情境练一练。

（1）假设你今天因为没有很好地完成作业，感到有些沮丧。然后又参加篮球赛，结果比赛输了。这个时候，你怎么调节自己的情绪？

（2）假设你回到家后，妈妈和你唠叨各种各样的事情，你不想听，感到很烦。这个时候，你怎么调节自己的情绪？

3. 结束阶段

一个好的收尾可以对整堂课起到画龙点睛的作用。在结束阶段，教师对整堂课做总结，对学生的反应做总结，并给予学生祝福，也可以让学生对整堂课做总结。

通过整堂课的活动调动，学生可能会依依不舍，因此，需要一定的时间和过程使师生渐渐为课堂拉上帷幕。在结束阶段，教师可以给学生布置一定的课后作业，使学生在生活中运用所学的知识；也可以送给学生一首与主题相关的歌或者诗，以温馨而舒缓的方式给课堂渐渐画上句号。一般情况下，该阶段的时间为5分钟。

比如，采取教师总结、布置作业、音乐欣赏等方法。

1. 教师总结：当我们遇到不快乐的事情时，可以换个角度，试着去寻找生活中的快乐。在寻找快乐的过程中，也许你的不快乐也会减少。快乐可以互相传染，我们也可以去分享别人的快乐。

2.布置作业：以后请你坚持每天写一写《快乐清单》，记录自己的快乐心情故事。

3.音乐欣赏：那让我们一起来唱《拍手歌》。

总之，心理健康教育课程过程设计的基本理念是以目标为导向，即课程活动过程围绕教学目标而展开，"三阶五步"课程活动过程的具体设计则是根据三层次目标而展开的。对一般的心理健康教育课设计，"三阶五步"均适用。对于具体的一堂课来说，如果教学目标层次有所变化的话，那么"三阶五步"的辅导过程设计也要做相应的调整。要灵活运用"三阶五步"指导过程设计，不能生搬硬套。

📖 知识扩展

心理健康教育课的教学模式还包括一些技术取向的教学过程设计。比如，阿德勒团体辅导模式、心理剧团体辅导模式、理性情绪行为团体辅导模式、焦点解决团体辅导模式、非指导团体辅导模式等。阿德勒团体辅导模式的实施步骤包括建立和保持成员的合作关系、探讨和分析成员的生活风格、形成自我觉知与洞察、选择新的生活风格。心理剧团体辅导模式的实施阶段包括暖身阶段、表演阶段、分享阶段。理性情绪行为团体辅导的实施阶段包括团体接纳与理论介绍、驳斥不合理信念、发展合理信念。焦点解决团体辅导的实施阶段包括建立关系与制订目标、寻找资源与启动改变、强化进步与迁移生活。非指导团体辅导模式的实施步骤包括营造团体氛围、设定真实问题、体验式学习、自我评价。设计者可以根据教学目标选择合适的教学模式。

要更具体了解该部分内容，可阅读由刘宣文主编的《学校心理健康教育课程设计与教法》（中国人民大学出版社2020年版）的"第八章　心理健康教育课的教学模式"。

本章小结

1.心理健康教育课常用的教学方法有讲授法、案例教学法、心理测验法、叙事法、想象法、讨论法、游戏法、角色扮演法、绘画技术、行为训练法等。

2.教学方法的选择要依据教学目标而确定。

3.有助于认知目标达成的教学方法主要有讲授法、案例教学法、心理测验法、叙事法、讨论法等。

4.有助于情感与态度目标达成的教学方法主要有叙事法、想象法、讨论法、游戏法、角色扮演法、绘画技术、行为训练法等。

5.有助于行为与技能目标达成的教学方法主要有讨论法、游戏法、角色扮演法、行为训练法等。

6.基于团体发展和活动深化视角的常见教学设计有"起承转合"的四阶段过程设计、五阶段模式、七环节教学模式等。

7."三阶五步"教学过程设计是基于服务教学目标视角的。

8."三阶五步"教学过程设计包括导入、展开、结束三个阶段。展开阶段旨在实现认知目标、情感与态度目标、行为与技能目标，可设计三个教学活动环节。

练习题

一、辨析题

1.心理健康教育课教学方法的选择主要依据教师所擅长的。　　　　（　　）

2.心理健康教育课的教学过程不需要暖身活动。　　　　　　　　（　　）

3.一节心理健康教育课教学的过程设计只要选择一些教学活动填满即可。　（　　）

二、简答题

1.简述有助于认知目标达成的教学方法有哪些。

2.简述有助于情感与态度目标达成的教学方法有哪些。

3.简述有助于行为与技能目标达成的教学方法有哪些。

三、综合设计题

我们在第四章练习题的"三、综合设计题"已经进行了主题分析、对象分析和目标设计。请在此基础上，选择教学方法并设计教学过程。

参考答案

第六章

心理健康教育课程的教学设计：
不同主题的样例

学习目标

- 学会设计自我意识主题的心理健康教育课。
- 学会设计情绪情感主题的心理健康教育课。
- 学会设计人际关系主题的心理健康教育课。
- 学会设计学习主题的心理健康教育课。
- 学会设计生活主题的心理健康教育课。
- 学会设计生涯主题的心理健康教育课。

本章导读

第四章和第五章阐述了心理健康教育课的教学设计思路和要求。本章围绕心理健康教育课的六个主题，每个主题呈现两份心理健康教育课教学设计作为样例。在阅读样例时要回顾前两章所学内容，以更好地理解和掌握心理健康教育课的教学设计。

本章共分六节。第一节为自我意识主题的心理健康教育课设计，呈现了自我认识和自我调控主题的两个教案。第二节为情绪情感主题的心理健康教育课设计，呈现了情绪调节和焦虑情绪调节主题的两个教案。第三节为人际关系主题的心理健康教育课设计，呈现了同伴交往和学会拒绝主题的两个教案。第四节为学习主题的心理健康教育课设计，呈现了学习动机和考试应对主题的两个教案。第五节为生活主题的心理健康教育课设计，呈现了青春期教育和网络使用主题的两个教案。第六节为生涯主题的心理健康教育课设计，呈现了自我探索和职业探索主题的两个教案。

本章课件

第一节　自我意识主题

自我意识是指个体对自己各种身心状态的认识、体验和愿望。它一般包括自我认知、自我体验和自我调控三个成分。本节呈现两个心理健康教育课教学设计教案：一是对初二年级学生开展自我认知主题的心理健康教育课；二是对小学五年级学生开展自我调控主题的心理健康教育课。

教学设计 1：自我认知主题

魔镜魔镜，我是谁？

一、主题分析

自我认知主题属于自我意识的范畴，指个体对自己存在的觉察，包括对行为、心理状态和与周围事物关系的认知。通过自我认知，个体可以更好地了解自己的优点和局限性，增强对自己的接受和尊重。自我认知还有助于个体建立健康的自尊、自信和自我概念，提高情绪调节和应对压力的能力，帮助个体更好地实现个人的成长与发展。

约瑟夫-哈里窗理论认为，通过与他人的互动，我们不断塑造和修正自我认知。该理论认为，自我认知是通过与他人的交流和反馈来形成的，他人的反应对我们的自我概念和自我评价具有重要影响。通过了解他人对我们的观察和评价，我们可以更全面地认识自己，并进行自我调整和发展。

二、对象分析

本课的授课对象为初二年级学生。初二年级学生处于青春期的关键阶段，经历了身心和社会方面的巨大变化。从思维发展来看，他们已经具备了一定的自我认知能力，能运用基本的思维方式和逻辑推理解决问题；从情绪来看，他们对自身和他人情感变化十分敏感。

然而，该阶段的学生仍面临一些问题和挑战。首先，他们可能面临着身份认同和自我价值的探索问题，对未来的发展方向以及自己的身份和角色产生困惑。其次，他们过于依赖外界评价，容易受他人影响。最后，他们在情绪管理方面可能遇到挑战，如情绪波动较大，应对压力和挫折的能力有限。因此，本课旨在帮助初二学生强化自我认知能力，培养积极自我概念，增强自信心，并提供情绪管理和社交技巧指导。

三、目标设计

（一）认知目标

1. 了解自我认知的概念和作用，理解自我认知对自身发展的重要性。

2. 认识个人的思维方式和认知偏差，并了解它们对自我评价和决策产生的影响。

3. 理解全面自我认知的重要性。

（二）情感与态度目标

1. 体验积极的自我概念和自我接纳，培养自尊心和自信心，形成积极的情感与态度。

2. 形成积极的情绪管理和调节策略，提升情绪智力和情绪稳定性，提高情绪适应能力。

3. 树立积极的人生态度，培养应对挫折和困难的心理弹性与自我调节能力。

（三）行为与技能目标

1. 掌握提升自我认知的方法和策略。

2. 学会将自我认知技巧运用到实际生活中，解决现实问题。

四、方法选择

1. 游戏法：采用"击鼓传花"游戏，创造自由轻松的氛围，激发学生的好奇心，提高其参与度。

2. 案例教学法：通过讨论小明的案例，使学生对自我认知的问题有更深入的了解。

3. 讲授法：通过讲授约瑟夫-哈里窗模型来帮助学生更好地了解自己和他人，认识到真实的自己是丰富多样的。

4. 绘画技术：通过让学生描绘自己"未知我"的形象，帮助学生将抽象的概念进行具象表达，促进学生自我认知和自我探索。

五、过程设计

（一）课程导入

1. 介绍游戏规则：音乐开始，从第一名学生开始随机传递玩偶。音乐一停，拿着玩偶的学生要在7秒内说出两个形容自己的词语。如果未在规定时间内说出，或者说出的形容词已被使用，就要接受一个小小的惩罚。

2. 教师小结：在刚才的游戏中，大部分同学能够迅速地想出形容自己的词语。下面我们就深入课堂，全面了解一下自己。

【设计意图：以轻松有趣的方式鼓励学生积极参与，并通过自我形容词的表达，引出"自我认知"这个话题。】

（二）案例分析

1. 教师呈现故事案例：小明是一名初中生，最近他常常觉得自己笨、无能，对自己产生了很多负面评价。在与同学交往时，小明也变得内向、退缩，总是担心自己不够好，害怕被嘲笑或拒绝。渐渐地，他变得很少主动与别人交流，周围的朋友越来越少……

2. 学生分享：

（1）小明所认为的自己是真正的自己吗？

（2）他为什么会对自己产生这样的认识？

3. 教师小结：大家都能发现小明对自己的认识出现了偏差。这些偏差导致他失去了学习动力，成绩下滑，渐渐变得孤独。那么，你有没有遇到过和小明一样的情况呢？我们一起去探索一下吧。

【设计意图：通过案例分析，引发学生对自我认知的思考和反思，激发他们对自己的兴趣和关注。】

（三）活动体验

1. 你误入了一个镜面迷宫，需要发现真正的自己才能走出去。镜子1里面的你，是自己和大家都熟知的；镜子2里面的你，除了你以外，别人都不了解；镜子3里面的你，别人了解，你自己却不怎么熟悉；镜子4里面的你，对所有人来说都是陌生的。你认为哪个镜子里才是真正的你？

2. 介绍约瑟夫-哈里窗模型：其实，这四个都是真正的你！心理学家约瑟夫和哈里曾提出一个"窗模型"。约瑟夫-哈里窗模型将自我认知和他人对自己的认知分为四个窗口：开放我（公开我）、盲目我、隐藏我和未知我（见图6-1）。

为了走出镜面迷宫，大家需要全面了解自己。你可以通过询问迷宫里的魔镜来得知他人眼中的自己——"盲目我"是什么样的。

要求：邀请一些同学在自己学案纸的魔镜上写下对自己的评价。评价可以是你认为的这个同学的特点、性格，或者他所扮演的角色，评价时要真诚，不能使用侮辱性字眼。

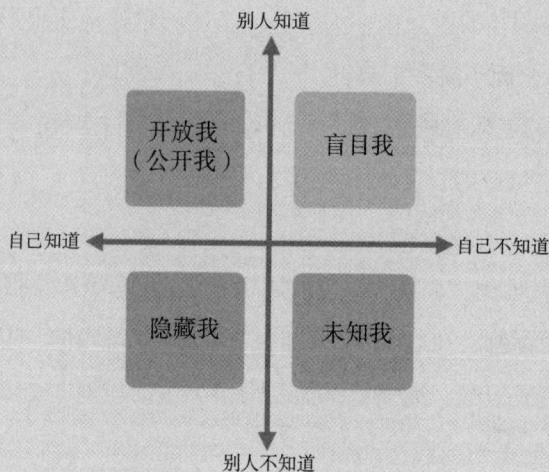

图6-1　约瑟夫-哈里窗模型

3.学生分享：

（1）你从他人的评价中得到了哪些新的认识或想法？

（2）你对他人的评价有什么样的回应或反思？

4.教师小结：恭喜大家走出镜面迷宫！大家正是误入迷宫，才有了全面了解自己的机会。在这个过程中，我们不断进行自我意识的探索，这为大家今后的成长之路积累了很多宝贵的经验。

【设计意图：创设情景，介绍约瑟夫-哈里窗模型，帮助学生意识到真实的自己是丰富多样的，使学生在轻松的氛围中深入探索自我认知。】

（四）自我探索

1.每个人都好像是个多面体，我们只能看到其中一部分。除了开放我、隐藏我和盲目我，还有个很特别的"未知我"等着大家去探索。请大家在学案纸上画出自己"未知我"的形象，并在旁边写下"未知我"的特点。

2.学生分享：

（1）你在描绘"未知我"时遇到了哪些困难或挑战？

（2）你为什么设计这样的形象？

（3）你打算如何进一步探索和了解自己的"未知我"？

3.教师小结：在座的每一位同学都拥有无限的潜能，通过描绘"未知我"，我们可以更深入地思考和了解自己内在的潜力和特质。在这个过程中，我们可能会遇到一些困难或挑战，但正因如此，我们才能更好地认识自己。

【设计意图：用绘画引导学生探索"未知我"，激发他们对自身潜能和特质的了解，使学生形成更全面的自我认知。】

（五）总　结

教师总结：在这堂课中，我们全面地了解了自己。希望大家将本堂课所学内容运用到生活中去，在自己的世界里闪闪发光！

教学延伸：

1. 观察自己的言行和情绪变化，并思考背后的原因和动机。

2. 记录在探索自己的过程中遇到的困难和挑战，以及克服这些困难的经验。

【设计意图：引导学生将所学知识与实际生活相联系，挖掘更美好的自己。并通过观察和记录的方式，促进学生的反思和成长。】

课件

教学设计2：自我调控主题

做自己的"忍者"

一、主题分析

自我调控主题属于自我意识范畴。自我调控是指个体对自己心理活动和行为的调节与控制，是自我意识的行为成分。良好的自我调控能帮助个体抵制各种冲动和诱惑，形成自觉、自主、自制等品质。良好的自我调控不仅能帮助学生取得良好的学业成绩，还能使学生获得亲密的人际关系、健康的身心，以及更好地应对问题的能力。

迈尔塞斯和菲施巴赫在自我调控的两阶段模型中提出，成功的自我调控依赖于识别矛盾和调用策略两个阶段，即学生首先要认识到当前的放纵与高阶目标之间是否存在矛盾。如果存在矛盾，则采用自我调控策略，越过当前的诱惑，追求更高层次的目标。反之，继续追求短期享乐，则无法形成自我调控。学习的过程往往不如娱乐有吸引力，因此教会学生采用自我调控的策略，有利于学生的后续发展。

二、对象分析

本课的授课对象为小学五年级学生。从思维发展特点来看，小学高年级学生思维的概括能力逐渐增强，批判性提高，辩证思维能力逐渐增强，他们能思考问题的两面性，看问题不再那么绝对化。该阶段学生的自我意识逐渐增强，更加渴望自由和独立。

然而，该阶段的学生也面临一些挑战。由于生理和心理发展的不平衡，小学高年级学生缺乏一定的承受压力、克服困难的意志力，容易受到家庭、同伴的影响，进而影响学习生活。在外在因素的影响下，少部分学生开始对不良诱惑产生好奇。因此，本课旨在帮助小学高年级学生加强自我控制能力，以应对生活中的各种诱惑。

三、目标设计

（一）认知目标

1. 了解什么是自我调控，丰富关于自我的体验。

2. 认识在学习生活中自我调控不足会导致的问题。

3. 理解提升自我调控的重要性。

（二）情感与态度目标

1. 体会自身自我调控不足所造成的苦恼。

2. 形成主动提升自我调控的态度。

3. 树立正确的自我观念，追求良好的自我调控。

（三）行为与技能目标

1. 掌握在具体情况下自我调控的方法。

2. 学会将自我调控的方法运用到实际生活中，尝试自主解决在某个方面自身的不足。

四、方法选择

1. 游戏法：采用"快乐木头人"游戏，创造自由轻松的气氛，激发学生好奇心，提高学生参与度。

2. 讨论法：通过分析讨论棉花糖实验，引导学生深入思考自我调控带来的益处。

3. 讲授法：通过讲授自我调控两阶段模型，帮助学生在学习生活中及时辨别矛盾，并对自身行为做出一定的调控。

4. 行为训练法：通过"自我调控大挑战"，帮助学生在任务中运用自我调控的策略，总结自我调控的方法，形成运用良好自我调控能力解决问题的经验。

五、过程设计

（一）暖身活动：快乐木头人

1. 介绍游戏规则：两人一组。一人扮演"木头人"，另一人负责逗乐"木头人"，使其不能保持"木头"状态。"木头人"发生动作改变后，两人交换角色。

2. 教师小结：在刚才的游戏中，尽管"木头人"尽力保持不动，但都或早或晚被同伴逗笑。我们该如何控制自己的情绪和行为呢？下面我们一起来探讨自制力这个话题。

【设计意图：通过"快乐木头人"游戏让学生发现自我调控的不易，活跃班级气氛，引出"自我调控"这一话题。】

（二）案例导入：棉花糖诱惑

1. 展示课件：心理学家米歇尔教授曾进行一项实验，他召集了许多年龄为4岁的孩子，依次把孩子单独放在一个房间里。房间里的桌子上面放着一块棉花糖。他告诉小朋友，他会离开房间一会儿，桌上的棉花糖可以吃掉。但是，如果能等到他回来再吃，会得到两块。

2. 学生讨论分享：

（1）假如你是参加实验的孩子，你会怎么选择？

（2）你会用什么方法来抵制诱惑？

3. 播放视频：不同的孩子采取了不同的策略来应对棉花糖的诱惑，如分散注意力（敲桌子、唱歌、数数、缠头发）或是更换思维（把棉花糖想象成棉球或云朵）。

教师：成功抵御诱惑的孩子用了哪些策略？

【设计意图：通过案例分析激起学生兴趣，使学生交流自我调控的具体措施，加深学生印象。】

（三）自我体验："忍者"练成记

1. 学生分享：自己曾经做过或现在坚持在做的一件极有自制力的事情，可以是短期的也可以是长期的事，可以是情绪、行为习惯、学习等方面的事。请大家在分享时做到以下几个方面：

（1）完整叙述这件事。

（2）你在坚持做这件事的过程中遇到了什么诱惑或者阻碍？

（3）面对这些诱惑或者阻碍，你是如何战胜它们的？

2. 介绍迈尔塞斯和菲施巴赫的自我调控两阶段模型：可以看到同学们采取了不同

的方法来控制和约束自我，克服诱惑最后实现了自己的目标（见图6-2）。

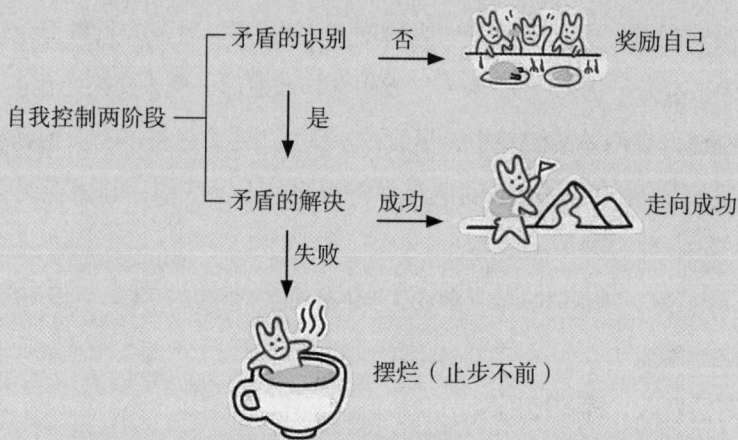

图6-2　自我调控两阶段模型示意

为了实现目标，大家需要辨别当下的放纵是否会阻碍目标的实现，以及你能否为了这一长远目标采取一定的方式克服当下的诱惑。

【设计意图：结合学生的生活实际理解自我调控，更有代入感。借助板书让学生理解自我调控两阶段模型。】

（四）自我提升：调控大挑战

1.介绍游戏规则：

（1）4～5人一组，每组选择一名队长负责记录分数和时间。

（2）设定一轮游戏的时间限制，如5分钟。

（3）游戏开始时，每个小组从事先准备好的任务列表中抽取任务，如绕口令等。任务规定了每个成员需要完成的部分。

（4）组员依次进行任务，但每个成员只能完成自己的那部分任务。在这一过程中，必须遵守一定的自我调控规则，如专注任务、不干扰其他成员等。

（5）队长记录每个组员完成任务的时间，并根据每个成员是否遵守自我调控规则，给予相应的分数。

2.学生分享：

（1）根据自己的得分进行自我反思和评估。

（2）思考自己在游戏中的自我调控能力表现如何。

3.教师小结：虽然我们已经总结了很多提高自制力的方法，但还是有很多同学没表现出最沉着冷静的自己。自制力的养成并非一朝一夕，在一次次抵制诱惑的经验中，我们能找到最适合自己的方法。告诉自己：我能行，我一定能实现期望的那个目标。

【设计意图：让学生在游戏中运用自我调控技巧，将之应用到生活中。】

（五）总 结

教师总结：从古至今，无数科学家和哲学家都注意到，美好的人生建立在自我调控的基础之上。良好的自制力是人们顺利完成学业或工作、取得大小成就的踏脚石，也是建立和谐人际关系、过上愉快生活的助推器。愿同学们都能自觉增强自制力，拥有美好的人生！

课外活动：每周或每月安排一次关于自控力的小组讨论活动，分享在生活中遇到的挑战和解决方案。

【设计意图：引导学生在生活中锻炼自控力，找到适合自己的自我调控策略，应用到生活的各个方面，并相互交流心得，增强成就感。】

课件

第二节　情绪情感主题

情绪情感主题包括情绪和情感两部分。情绪主题，根据过程可包括情绪识别与觉察、情绪表达、情绪调节等的辅导，根据类型可包括学生常见的焦虑、抑郁、愤怒等负性情绪的辅导。情感主题侧重于社会性情感，包括家国情怀、社会责任感、道德感等。本节呈现两个心理健康教育课教学设计教案：一是对小学六年级学生开展情绪调节主题的心理健康教育课；二是对高二年级学生开展焦虑情绪调节主题的心理健康教育课。

教学设计1：情绪调节主题

"想"来的情绪

一、主题分析

　　情绪调节主题属于情绪情感这个大范畴。情绪调节是指个体根据内外环境的要求，在对情绪进行监控和评估的基础上，采用一定的行为策略对情绪进行影响和控制的过程，是个体为保持内外适应的机能反应。情绪调节在人的日常学习生活乃至一生中都起着至关重要的作用，它能够帮助人们更好地应对压力和挫折，提高工作效率和生活质量。因此，我们应该重视情绪调节，学会有效地管理和控制自己的情绪。

　　关于情绪，阿诺德—拉扎鲁斯的认知评价情绪理论强调认知评价在情绪中的作用。该理论认为，情绪是人与环境相互作用的结果，在情绪活动中，个体不仅要接受环境中引起情绪的刺激，同时要调节自己对刺激的反应，即情绪活动中有认知活动的监控和指导。在情绪活动中，个体需要不断评价刺激与自己的关系。这种评价有初评价、次评价和再评价三个层次。关于情绪的调节，美国心理学家埃利斯的情绪ABC理论认为，激发事件A（activating event）指引发情绪和行为后果C（consequence）的间接原因，而引起C的直接原因则是个体对激发事件A的认知和评价而产生的信念B（belief），即人的消极情绪和行为障碍后果（C）不是由某一激发事件（A）直接引发的，而是由经受这一事件的个体对它不正确的认知和评价所产生的错误信念（B）所直接引起的。

二、对象分析

　　本课的授课对象为小学六年级学生。高年级的小学生情绪有时剧烈波动，情感广泛而丰富多彩。小学高年级学生情绪两极性比较明显，很不稳定。他们有时既表现出强烈的情绪情感反应，淋漓尽致地抒发他们的内心感受，有时又会掩饰、压抑自己的情绪。

　　但是由于上述的一些情绪特点，小学高年级学生还不能很好地对情绪进行自我调节，难以在短时间内处理较强的情绪体验，这样势必会影响个人的家庭关系、同伴关系，学习以及生活质量，因此学会调节自己的情绪显得尤为重要。

三、目标设计

（一）认知目标

1.了解看待事情的角度发生改变，结果往往也会发生变化。

2. 认识到情绪可以随着认知的改变而改变。

3. 理解情绪ABC理论。

（二）情感与态度目标

1. 体验认知影响情绪的过程。

2. 培养学生的积极情绪。

3. 形成积极向上的处世和生活态度。

（三）行为与技能目标

1. 学会换个角度看问题。

2. 掌握通过改变认知进而调节情绪的方法。

3. 学会将情绪ABC理论运用到实际生活中，解决自己的情绪问题。

四、方法选择

1. 讲授法：在知识链接部分主要通过讲授法的形式介绍情绪ABC理论。

2. 案例教学法：在故事感悟及"悲观者与乐观者"的游戏中通过介绍案例让学生感悟情绪调节的方法。

3. 叙事法：在"我的情绪清单"这一部分让学生结合自己的实际生活去完成任务。

4. 想象法：在故事感悟、"悲观者与乐观者"的游戏以及"我的情绪清单"中都运用到了该方法。

5. 讨论法：在"悲观者与乐观者"的游戏以及"我的情绪清单"中鼓励小组讨论，集思广益，进而思考出更多的合理想法和信念。

6. 行为训练法：在智慧闯关、"我的情绪清单"及课后作业中不断强化，可以通过改变认知的方法去改变负面情绪。

五、过程设计

（一）课程导入

教师事先准备一些图片，这些图片从不同视角看会得到不一样的景象，如图6-3所示。

1. 从图6-3a和b，你看到了什么？

2. 从图6-3c和d，你看到的是悲伤的脸还是快乐的脸？

3. 大家通过看图有什么收获？

【设计意图：通过观察双歧图，引导学生发现同一事物从不同角度看会有不同的结果。】

图6-3 双歧图样例

（二）案例分析

1.教师呈现故事案例：

有两个秀才一起去赶考，路上他们遇到了一支出殡的队伍。看到那一口黑乎乎的棺材，其中一个秀才心里立即"咯噔"一下，凉了半截，心想：完了，真倒霉，赶考的日子居然碰到这个倒霉的棺材。于是心情一落千丈，进考场后，脑海中那口黑乎乎的棺材一直挥之不去，他顿时文思枯竭，最终名落孙山。

另一个秀才也同时看到了这口棺材，一开始他心里也"咯噔"一下，但转念一想："棺材，棺材，不就是既有官，又有财吗？好兆头！看来我今天有好运了。"于是心里十分兴奋，到考场上后，文思泉涌，果然一举考中。

回到家里后，两个秀才都对家里人说：那棺材真的好灵！

2.教师请学生讨论：两位秀才的心情如何？他们为何会产生不同的心情？

【设计意图：通过两位秀才进京赶考的故事，引导学生发现情绪并不是由某一诱发事件本身直接引起的，而是由个体对这一事件的认知所决定的。】

（三）活动体验

1.海岛商机。

展示一个情境故事：一皮鞋公司派了两位市场调查员到一个海岛去进行市场可行性调查。这个岛上的居民没有穿鞋子的习惯，男女老少一律打赤脚。不久，两位调查员分别向公司做了汇报。A调查员神情沮丧，说道："此岛上的人都不穿鞋子，大家就不会买鞋子，鞋子卖不出去，所以根本没有市场前景！"B调查员神采飞扬、兴高采烈地说道："＿＿＿＿＿＿＿这里大有市场！"

请同学们分享：同样的事情，A和B的心情不同，得出的结论也完全不一样，你觉得B调查员在中间都说了什么呢？

2.智慧闯关。

我们在生活中时常会遇到各种各样不开心的事情。下面有几个情境，你在这些情况下会产生什么样的想法和情绪？

活动规则：前后四位同学为一个小组，从老师给出的情境中选择一个进行观点转换的讨论。在这个过程中尽可能多地写出各种想法，以及所对应的情绪体验。

事件1：你的好朋友说明天要把他的故事书拿给你看，但一个星期过去了，还没有拿来。

事件2：妈妈说周末带你到公园去玩，可是周末到了，妈妈好像根本没有想起这件事。

⋯⋯⋯⋯⋯

（四）自我探索

请同学们根据"我的情绪清单"（见表6-1），回忆最近一个月遇到的不顺心的事情，并且尝试着运用刚刚所学习的方法尽可能多地列出能够改变自己坏心情的想法和信念。书写完毕后，请同学们互相交流讨论分享。

表6-1 我的情绪清单

事 件	当时的想法	当时的情绪及行为结果	替代的想法	替代的想法及行为结果

【设计意图：通过以上活动，帮助学生理解情绪ABC理论并学会应用。】

（五）总 结

1.教师总结：当我们遇到不快乐的事情时，还可以换个角度去思考事情，也许你的坏心情就可以迎刃而解了。

2.课后作业：请同学们在接下来的一周将自己的情绪清单带在身上，每次遇到不开心的事情就可以拿出来写一写，看一看。

【设计意图：引导学生将在课上学习到的知识应用于自己的生活中。】

课件

教学设计2：焦虑情绪调节主题

对焦虑说不

一、主题分析

情绪调节主题属于情绪情感范畴。情绪辅导主题一般包括情绪识别与觉察、情绪表达、情绪调节三个过程。在个体觉察到自身情绪变化之后，情绪调节对于个体来说尤其重要。情绪调节是指个体采用一些方法来调控情绪。情绪辅导对于中小学生十分重要，根据埃里克森的社会化发展理论，中小学生正处于"角色混乱"时期，开始思考"我是谁"这一问题。他们的情绪体验也随之有巨大波动，在日常教育过程中情绪情感波动比较大，有人曾用"强烈狂暴与温和细腻共存"来形容这一时期学生的情绪变化。在学生觉察到自身情绪的转变时，对情绪的及时调节对于学生当前的学业甚至未来人生都有重大的影响。

关于情绪的调节，美国心理学家埃利斯的情绪ABC理论认为，A指的是事情的起因；B为当事人所持的信念及自身对环境的评价；C是当事人遇到事件之后，所表现出的情绪和引发的后果。埃利斯认为，事件A只是引发后果C的一个原因，而真正起决定作用的，是当事人所持的信念（B）。也就是说，在遭遇一件相同的事件之后，当事人由于所持有的信念不同所表现出的情绪和引发的后果也会不尽相同。所以对于情绪的调节，最重要的是对自身信念在认知上的改变。本节课将以常见的由考试和学业压力产生的焦虑情绪为例。

二、对象分析

本课的授课对象为高二年级学生。高中阶段的学生正处于青春期。在这一时期，青少年的身体和生理机能都发生了急剧的变化。身体外形的变化产生的成人感与个体认知能力、思维方法、人格特点，以及社会经验的幼稚性和发展的局限性，使得青春期少年在心理上表现出种种冲突和矛盾，具有不平衡性。总而言之，由于脑和神经的生理机制、性的发育成熟，以及生理变化与心理变化的矛盾性，处于青春期的个体需要面对更多的冲突，同时面临着自我同一性探索的压力，从而可能引发更多的紧张、焦虑状态。

高二年级的学生通常面对巨大的学习压力，如考试和升学等。在这种压力下，学生往往更多地表现出情绪的两极性，体验到烦恼增多，从而更容易产生反抗心理、成瘾行为和内外部失调。内部失调主要表现为情绪上的困扰，包括自卑、焦虑、孤独和抑郁，而焦虑比抑郁在青少年中表现得更为普遍。因此，对于高二年级的学生而言，正确地认识、处理焦虑，特别是学习焦虑，对于学生的身心健康发展具有重要意义。

三、目标设计

（一）认知目标

1.改善对于考试的错误认知；能正确面对每一次考试成绩。

2.学会自我心理调控，构建合理的认知模式，促进心理健康发展。

3.理解情绪ABC理论的运用。

（二）情感与态度目标

1.体验运用情绪ABC理论进行情绪的调节。

2.通过学习，合理调控情绪，使自己保持积极、健康向上的心理状态。

3.学会正确评价自己，克服学习的困难，树立坚定自信的价值观。

（三）行为与技能目标

1.掌握妥善管理自己情绪的技能，学会控制自己的情绪。

2.学会将情绪ABC理论运用到实际生活中，解决自己的问题。

3.能够增强自我调适和自我控制能力，并掌握合理的情绪宣泄技能。

四、方法选择

1.讲授法：教师通过口头语言向学生系统地传授和讲解情绪ABC理论。

2.案例教学法：教师通过模拟或者重现现实生活中的一些场景或事件，让学生分析和讨论案例以获得知识与经验的教学方法。

3.叙事法：教师围绕学生自身的真实经历展开，旨在帮助学生解决自己的实际问题。教师可以通过叙事法引导学生讲述自己过去真实的经历，进而学会情绪调节的方法。

4. 讨论法：学生在教师的指导下学会调节自己的焦虑情绪。

5. 游戏法：课程导入部分采用暖身游戏的方法，创造出自由轻松的课堂气氛，激发学生的好奇心和探索动机。

五、过程设计

（一）课程导入

1. 向每一位同学发放一个气球、一瓶水，以及一段绑气球的线。将学生分成6～8人小组，并提前布置好教室。

2. 教师提问：进入初三，面临中考，你们因为学业压力而焦虑了吗？现在就请你们根据自己进入初三感受到的学业焦虑的程度，把这些学业焦虑和压力吹进气球里。

3. 气球吹好了，请大家互相看看，了解一下你的同学感受到的焦虑程度究竟怎样。

4. 教师小结：相信大家看到之后会发觉，原来并不是只有我一个人感觉到焦虑和承受着学业压力，其他同学也都是如此。今天就让我们来看看该如何去面对紧张的学业生活和焦虑感。

【设计意图：通过吹气球游戏，使学生直观地感受到自己和周围同学的焦虑情绪，进而引出"调控焦虑"这一话题。】

（二）案例分析

1. 教师呈现故事案例：

一位专家在为一群学生讲课时说："我们进行一个小测验。"他拿出一个广口瓶放在桌上，随后取出一堆石块放进玻璃瓶里，直到石块高出瓶口。他问道："瓶子满了吗？"所有学生应道："满了。"专家反问："真的吗？"接着，他从桌下拿出一桶沙，慢慢倒进玻璃瓶，沙子填满了石块之间的缝隙。他第二次问："现在瓶子满了吗？"这一次学生有些明白了："可能还没有。""很好！"专家说着，拿了一壶水倒进玻璃瓶直到水面与瓶口齐平。专家问道："这个例子说明了什么？"一个心急的学生发言："它告诉我们，无论你的时间表多么紧凑，如果你足够努力，你就可以做更多的事！"专家认真地说："不，我不是想说明这个问题。"

2. 教师邀请学生分享：

（1）请同学们想一想，这个专家想通过实验说明什么问题？

（2）如果这些东西放的顺序倒过来，瓶子还能装得下吗？

3.教师小结：石块就像是人生中的目标，沙子代表生命中遇到的无数痛苦、压力等，水则是我们在生活中经历的所有不良情绪，如悲伤、焦虑、自卑等。只有先设计好人生的目标，才能让我们的生活充实，反过来如果我们在人生（瓶子）中先装满压力和痛苦（沙子），或者先装满焦虑、自卑等不良的情绪（水），那么目标（石块）是无法装进去的。记住：不能让过分的焦虑等不良情绪将我们的目标挤出人生之外。

【设计意图：通过一个小故事让学生相互讨论，激发学生思考，加深学生印象，使学生认识到焦虑等不良情绪对于我们的人生是无益的。】

（三）活动体验

1.教师讲述：请同学们想一想，在上次考试的前后几天，自己的情绪是什么样的，是否产生了焦虑情绪。现在重新想一想，焦虑情绪是不是对你接下来的学习造成了困扰，你有没有用某种方法来调节当时的情绪。

2.学生分享：

（1）当时是什么情绪，与平时的你有什么区别？

（2）等到下次考试，你的心情是否有变化？

（3）听完同学们的分享，你是否有了新的体会和调控方法？

【设计意图：结合学生实际生活情景，积极思考，学会更好地应对不良情绪。】

（四）自我挑战

1.让每位学生单手握住水瓶，要求手臂平举，与肩同高，计时5分钟。在结束后请成功及不成功的学生都分享感受和体会，教师则根据学生的表现及时引导。

2.学生讨论分享：

（1）在游戏开始前，你觉得自己能否轻松坚持下来？这和实际结果是否一致呢？

（2）过度的压力会把我们压垮，那么没有压力是否对我们有利，是否就能让我们的成绩高奏凯歌？

3.教师小结：一瓶水我们尚且举不了多久，何况是我们即将面对的焦虑与痛苦呢？问问自己能背负着压力和焦虑走多久：一个月还是一年？要想把水举得久，就要适当地放下，让自己歇歇，才有力气继续举；同样的，要想走得久，就要懂得适当地放下，让自己学会放松前行。

【设计意图：通过参与游戏，让学生直接体验焦虑、压力对于自己前进的阻碍，从而学会情绪调控。】

（五）总　结

教师总结：生活中充满了各种压力和挫折，甚至让我们感到绝望，这些都是正常的现象，重要的是我们要保持一种良好的心态。看到自己的成功，哪怕是很小的成功，也能给我们信心。这种信心会增强我们坚持下去的勇气，当然别忘了要懂得随时寻求周围人的帮助，只有这样，我们的人生路才能走得更远更好。让我们把自己的压力气球拿起来，并告诉自己"我一定可以学会调节自己的情绪"，然后把气球踩爆。让我们充满信心地去迎接未来的挑战！

【设计意图：使学生学会保持良好的心态应对焦虑事件，寻找合适的调控策略，并在生活中进行应用。】

课件

第三节　人际关系主题

人际关系主题根据人际交往对象不同可分为同伴交往、亲子交往、师生交往、异性交往、网友交往等。不管是哪种交往，人际交往的基本技能包括尊重他人、理解与共情、合作与竞争、学会拒绝等。本节呈现两个心理健康教育课教学设计教案：一是对高一年级学生开展同伴交往主题的心理健康教育课；二是对小学四年级学生开展学会拒绝主题的心理健康教育课。

教学设计1：同伴交往主题

同伴加油站

一、主题分析

同伴交往主题属于人际关系类型的范畴。同伴交往是指同龄人间或心理发展水平相当的个体间进行的人际交往过程，我们在其中建立和发展同伴关系。调查显示，同伴关系显著影响在校学生的社会能力、自尊水平、学业成绩等方面。因此，该主题十分重要。教师可以引导学生通过该主题的学习正确认识自己的同伴交往情况，培养支持同伴的能力。

关于同伴交往，哈里斯的理论认为同伴关系对个体的社会性发展存在广泛性影响。在与同伴交往中形成的友谊可以为青少年提供社会支持，促进个体认知的发展和社会技能的学习，以此发展良好的同伴关系。丹尼斯认为，同伴支持的关键特征在于情感性支持、信息性支持和评价性支持。这三种支持方式是同伴支持的核心属性，能够促进受助者更好地社会化。综上所述，教师可以通过同伴支持行为等社会化互助行为，促进学生建立良好的同伴关系，提高他们的人际交往能力。

二、对象分析

本课的授课对象是高一年级学生。研究结果表明，相比于初中生，高中生的同伴关系逐渐稳定，并且保持在一个较高的水平，普遍高于与教师、父母等人交往的水平。在同伴交往的认知发展方面，高中生逐渐接近成人水平，对交友目的和择友标准的认知更加成熟。

学生通过同伴交往学习互助互惠等社交技能，这些社交技能是无法在与父母沟通时学习到的。因此，高中生会在同伴交往中产生许多问题，主要包括：缺乏与同伴交往的方法与技巧，同伴交往主动性不强，以及较容易产生挫折感。因此，本次课旨在帮助学生了解同伴交往的内涵，在面对困难时学会挖掘同伴支持的能量，并且促进学生主动支持同伴，维持积极的同伴友谊。

三、目标设计

（一）认知目标

1. 了解同伴交往的内涵和意义。

2. 认识自己与同伴交往的特点和密切程度。

3. 理解同伴支持的重要性。

（二）情感与态度目标

1.体验同伴支持的美好。

2.形成主动支持同伴的态度，积极维护同伴关系。

3.梳理学生对同伴支持的看法，促进形成人与人之间互助互惠的价值观。

（三）行为与技能目标

1.掌握同伴支持的社会技能，包括工具性支持、信息性支持、情感性支持等。

2.学会在同伴交往过程中建立良性互动。

四、方法选择

1.游戏法：采用猜古文字游戏创造出自由轻松的课堂气氛，激发学生对同伴交往概念的探索动机。

2.案例教学法：通过分析讨论"小杨的一天"的案例，促使学生发现自己身边的同伴支持，感受同伴支持的力量。

3.讨论法：让学生组队讨论自己被同伴支持的例子，通过共享经验，加深对同伴关系和同伴支持的认识。

4.绘画法：通过让学生画自己的朋友"圈"，帮助学生表达和释放潜意识里压抑的感情和冲突，更有利于学生发现自身同伴关系存在的问题。

五、过程设计

（一）暖身活动：说"朋"解"友"

1.呈现"朋""友"的一些古代的文字书写表达（见图6-4），让学生来猜测这是什么字。

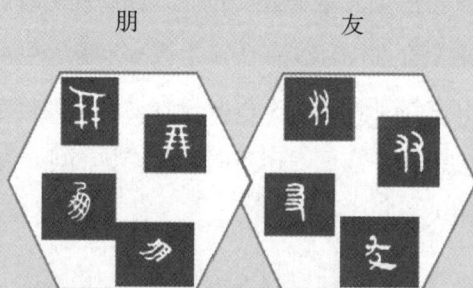

图6-4 古代文字"朋""友"展示

2.教师阐述《说文解字》中"朋友"的意义和内涵，并对学生提问，让学生思考对这些字的理解。

3. 教师：同学们对于心目中的朋友都有自己的期望，但是你们真的了解你和现实朋友之间的关系吗？跟理想中的同伴关系是否一样呢？

【设计意图：通过古文字阐述同伴交往的概念，促进学生对同伴的理解；再通过教师提问，积极启发学生对自身同伴交往现状的思考。】

（二）案例故事："支持"分分类

1. 提供一个剧本预设同伴交往的情境。以"小杨的一天"为例，这个剧本讲述了主角小杨经历了极不顺利的一天，包括遭遇睡过头上学迟到、忘带书包等一系列倒霉的事情，但在每一件事情的背后都有同学默默地帮助小杨，如叫他起床、借给他书本等。

2. 教师利用剧本向学生解释同伴支持行为的分类：情感性支持是指同伴倾听、理解受助者；信息性支持是指向受助者提供可利用的信息；评价性支持则是指同伴通过评价对受助者的行为给予肯定。让学生回忆小杨的情境，对其得到的支持进行分类。

3. 教师小结：虽然小杨经历了很多倒霉的事情，但同伴的帮助使他们之间的友情更加深厚，说明接受朋友的帮助或者帮助朋友都能获得巨大的能量。

【设计意图：学生通过剧本了解同伴支持行为的分类，深刻理解同伴支持的内涵，体验同伴支持带给我们的能量。】

（三）自我体验：探索朋友"圈"

1. 活动指导语：

（1）请同学们准备一张白纸，在上面画一个圈来表示你自己——"我"。

（2）请在白纸上接着画圈来表示你的朋友，每一个圈就代表一个朋友。

（3）请将"我"和朋友们用线段连接起来。

2. 画完后请学生查看自己的画，参考"我"的大小、"朋友"的大小、"朋友"的个数与位置来思考自己与"朋友"的关系。并邀请几位学生来分享自己的朋友"圈"。

3. 学生分享，教师依据预设情境进行总结（见图6-5）。（预设1："我"较大，在中间——认为自己在朋友"圈"中占主导，比较自信；预设2："我"较小，在中间——认为自己在朋友"圈"中占从属地位，比较不自信；预设3："我"把朋友包在里面——将朋友视为重要的人。且预设1和预设2图中线段越短代表与朋友关系越亲密。）

4. 教师：通过这幅画我相信同学们对自己的同伴交往情况有了一个更深入的了解。请同学们结合刚才所学的内容，思考一下如何加深我们与朋友之间的关系。

【设计意图：让学生通过绘画的方式探索自己与同伴的关系，了解自己朋友"圈"的现状，让学生进一步思考自己在同伴交往上可能存在的问题。】

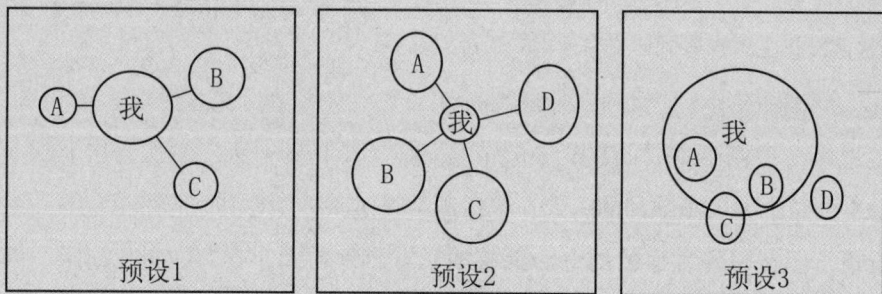

图6-5　情境预设

（四）自我完善：同伴加油"卡"

1. 小组讨论：请同学们回忆一件你被同伴支持的事情，将它分享在朋友"圈"里，并在脑海中为这件事情想象一个配图，将自己得到的支持按照前面所学习的同伴支持知识进行分类。

2. 教师：同学们，现在重新审视之前我们画的"圈"，你有没有觉得自己和朋友之间的连线比想象的要短呢？也希望同学们能够更加积极地支持自己的同伴，获得更加亲密的同伴友谊。

【设计意图：唤醒学生被同伴支持的回忆，有助于学生更好地吸收所学的关于同伴支持的知识，帮助学生在情感上重新体验被支持的力量，将认知和情感相联系。】

（五）总　结

1. 教师总结：同学们，今天我们和身边的朋友一起探索了同伴交往这个主题，同时也学会了如何感知朋友的支持和向朋友提供自己的支持。也许你正在经历一些生活上的困难，或者正在为朋友关系而烦恼，希望今天的辅导课能够给你一些别样的启发，帮助你获得更加积极的同伴友谊。

2. 课后作业：以自己的视角写下10条同伴曾经面临过的困难，以及自己是如何帮助他的，并将自己的同伴支持行为按照课上学习的知识进行分类。

【设计意图：强化学生对同伴支持概念的学习，并促进学生积极主动地向同伴提供支持。】

课件

教学设计2：学会拒绝主题

心理边界——学会拒绝不合理要求

一、主题分析

　　学会拒绝属于人际关系主题。学会拒绝是指个体在面对他人不合理的请求时采取合适的方式表达拒绝。学会拒绝对于学生非常重要。中国社会总体上是一个重联结、轻边界感的社会。随着社会意识的发展，学生更看重朋友间的友谊，但是对于友情中的矛盾处理却不擅长。在日常教学和心理咨询工作中，常有学生反映当朋友提出的不合理要求侵犯自己的边界时，他们会感到纠结和为难。教师应引导学生明白即使是最好的朋友，彼此之间也是有心理边界和原则的，拒绝、否定等都是正常的行为，从而体验自主处理人际关系带来的愉悦感。

　　关于拒绝，有时当我们拒绝了别人，自己却会感到愧疚，其实这是因为我们缺乏坚定的心理边界。心理边界的概念最早由美国心理学家哈特曼提出，它指的是人与人之间内心的自我界限，这种界限用于区别自我、保护自尊，从而保持社交心理舒适。心理边界清晰的人，即使面对再多的问题冲突，也能保持稳定的人际距离。反之，心理边界模糊的人会经常把他人拉进自己的界限内，也常常把自己的意愿强加于人，强行跨越他人的界限。所以，如果对方提出的要求严重侵犯了你的个人边界，要学会拒绝。

二、对象分析

　　本课的授课对象是小学四年级学生。他们正处于形成独立性的重要时期。小学高年级学生已经具有一定的决策能力，掌握了一些基本的沟通技巧和自我表达技能。同时，他们也具备了一定的判断力和自我控制力，能够根据自身价值观做出决策。

　　然而，学会拒绝对于小学高年级学生来说仍然存在一些挑战。一些学生可能会感到难以拒绝他人的要求。另外，一些学生可能会被自己的情感影响，难以坚持自己的决策。因此，学生还需要进一步学习掌握拒绝的技巧和策略。

三、目标设计

（一）认知目标

1.了解人际交往的边界，引导学生发现自己不会拒绝别人的原因。

2.认识到拒绝的必要性和重要性。

3. 理解不敢拒绝会带来的不好影响，从而懂得拒绝他人对个人成长的意义。

（二）情感与态度目标

1. 体验拒绝的心理过程，感受自己的情绪变化。

2. 形成积极面对拒绝的态度，提高自我认知和应对拒绝的能力。

3. 树立坚持自我的勇气和信心。

（三）行为与技能目标

1. 掌握敢于并善于拒绝他人的勇气和技能。

2. 学会将其运用到实际生活中，解决自己的问题。

四、方法选择

1. 讲授法：在讲授时，可以结合拒绝的实例或案例，使学生更好地理解与掌握拒绝的技巧和要点。

2. 游戏法：暖身阶段采用游戏法，使学生体验和领悟道理。

3. 角色扮演法：在教学时，设定一个情境，让学生扮演不同的角色，模拟拒绝的场景，使他们在扮演中体验拒绝的心理感受，并学习如何表达自己的想法和态度。

4. 行为训练法：结合角色扮演，通过行为训练，给出情境，让学生运用恰当拒绝的四要素，体会如何真诚表达自己的想法。

五、过程设计

（一）课程导入：画房子

1. 任务：学生四人为一个小组，每个小组一张A4白纸，每人在白纸上画一座代表自己的房子，请用黑色水笔画。时间为3分钟。

2. 教师：现在每组有一张白纸，接下来我们要用黑色水笔在纸上画房子，小组内每个成员都要参与，这所房子代表你自己，所有组员在3分钟内完成。老师观察到大多数小组都不约而同地将白纸分成了四部分，这两条线有什么作用呢？在人际交往中，也会有这样若隐若现的线，今天我们就一起来探讨一下这个话题。

【设计意图：和学生探讨直接感受，进一步将"心理边界"这个抽象的概念具象化。】

（二）案例分析：认识边界

1. 指导语：现在我们对心理边界有了一定的了解。那么在生活中，当你的心理边界被侵犯时该怎么办呢？我们一起来看一个发生在同学中的故事吧！

2. 播放视频：小王和小郑是一对好朋友，他俩从小一起长大，住在同一个小区，读同一个班级，就像一对形影不离的双胞胎。上个星期五，小王和同桌小周发生矛盾闹翻了，小王提出让小郑也不要跟小周来往了。而实际上小郑和小周是同一个兴趣小组的同学，关系还不错。面对朋友的这个要求，小郑犹豫了……

3.学生讨论并分享：如果我是小郑，我感受如何？我会怎么做呢？

4.教师小结：假设这样一个情景，你的朋友第一次提出不合理要求你答应了，那么第二次、第三次呢？如果感觉到心理边界被侵犯，最好的做法就是说不。

【设计意图：通过案例分析，使学生明白生活中的不合理要求就是在侵犯边界，应该选择拒绝，而不是一味迁就包容。】

（三）活动体验：探索边界

1.指导语：在每个人的抽屉里面都有一个神秘信封，请打开自己的信封，完成其中的内容。如果这样的做法让你觉得不舒服，请在后面的括号里画哭脸；如果这样的做法没有让你觉得不舒服，请画笑脸。

朋友将你的秘密告诉了其他人。（　　　）

好朋友碰了你的肩膀。（　　　）

同学私下为你指出错误，并提出了更好的建议。（　　　）

同学翻看你的私密日记本。（　　　）

2.学生思考并分享：

（1）向大家展示自己的信封，并进行解释。

（2）梳理出边界的特点。

3.教师小结：通过刚才的分享，我们对心理边界有了更加具体的认识，它类似于原则、底线、权利、空间。通过对比，我们发现每个人的感受存在个体间差异。

【设计意图：在探讨过程中，教师除引导学生理解心理边界外，还要让学生通过同学间的对比，明白每个人的心理边界是存在差异的。】

（四）集思广益：守护边界

1.指导语：面对不合理的要求，我们该如何拒绝呢？接下来继续看故事的发展。

2.播放视频：第二天，小郑要跟小王见面了。看着小王远远地走过来，他决定鼓起勇气去告诉对方自己不愿意答应。

3.教师：视频中所展示的就是如何正确地拒绝他人。那么，现在请几位同学分享自己成功拒绝不合理要求的故事，或者面对不合理要求无法解决的情况，求助于其他同学一起解决。

【设计意图：通过现实情境，使学生在扮演中体验拒绝的心理感受，并学习如何表达自己的想法和态度，学会合理拒绝。】

（五）总　结

1. 教师总结：今天我们澄清了日常生活中难以拒绝的误区，体验领悟了恰当拒绝的方法。希望同学们在与他人相处的过程中学会合理拒绝。

2. 课后作业：

（1）把今天学习的课程内容重温一遍。

（2）思考：生活中的哪些情景会让我们感觉到两难？请你想一想，运用拒绝小法宝，尝试一下与对方沟通。

【设计意图：总结升华，使学生学会换位思考，获得人际交往的智慧。】

课件

第四节　学习主题

学习主题包括学习适应、学习态度与动机、学习方法与策略、学习习惯、应对考试、问题解决与创新等方面的辅导。本节呈现两个心理健康教育课教学设计教案：一是对初二年级学生开展学习动机主题的心理健康教育课；二是对初三年级学生开展考试应对主题的心理健康教育课。

教学设计1：学习动机主题

我的学习发动机

一、主题分析

学习动机主题属于学习主题的范畴。学习动机是指由学习需要引起的，激发、推动学生进行学习活动，并达到一定学习目标的直接动力。学习动机对学习行为的作用主要有三个：一是学习动机能够激发适当的学习行为；二是学习动机能够为学习行为定向；三是学习动机能够维持学习行为。由此可见，良好的学习动机是学生正常学习的基础条件。它是学生行为背后的动力源泉，能够激发学生的学习主动性和积极性，推动学习活动持续深入地开展。

自我决定理论将动机按照自我决定的程度看作一个连续的整体：一端是无动机，另一端是内部动机，中间则是外部动机。当学生处于无动机状态时，他们不知道为什么要学习，也不能预测学习行为的结果。内部动机是指学生对学习本身的兴趣，他们出于自我满足的目的而努力学习。外部动机则是指学生为了获得外在奖励或避免惩罚而学习。当个体进行学习时，个体对行为动机的调节程度可以沿着从无动机到外部动机再到内部动机而增强，即内化程度较高的学习动机能够达到高品质的学习效果和高品质的心理健康水平。因此，教师在教育过程中不仅要强调学生的内部动机，也要重视将学生的外部动机转化为内部动机。

二、对象分析

本次授课的对象为初二年级学生。初中阶段是中学生从幼稚向成熟发展的过渡时期，随着生理上的飞速发育和自我意识的高涨，初中生的学习动机在这一阶段有着显著的变化。与小学时期注重的是完成任务和取得好成绩不同，初中生开始认识到学习的意义不仅仅是为了应付考试，更是为了提升自己的能力，为将来的发展打下坚实的基础。

但这一阶段的初中生也面临着一些挑战。首先，随着学科的深入和学习任务的增加，初中生可能会感到迷茫和困惑，不知道如何设定合理的学习目标，导致学习动力下降。其次，初中生可能面临着学习压力和焦虑的增加。升学考试的压力、学业负担的增加和竞争环境的加剧，都可能导致其学习动力受到影响。因此，他们需要更多的指导和支持来提高学习动机的持久性与效果。

三、目标设计

（一）认知目标

1.了解学习动机的含义和作用。

2.认识不同类型的学习动机。

3.理解学习动机在学习生活中的重要性。

（二）情感与态度目标

1.体验到学习的快乐，激发内部学习动机。

2.形成积极的学习态度，激发主动学习的意愿。

3.树立正确的学习动机观，形成内在驱动的学习动机。

（三）行为与技能目标

1.掌握激发学习动机的一些常用方法。

2.运用方法提高自己的内在学习动机，更好地进行学习。

四、方法选择

1.游戏法：采用暖身游戏激发学生兴趣，并引出"动机"这一主题。

2.讲授法：教师通过讲解的方式向学生介绍学习动机的含义和类型。

3.案例分析法：教师以"小王的故事"为基础，引导学生辨别内外部学习动机，并进一步明确内外部动机的不同作用。

4.讨论法：教师引导学生围绕"如何提高学习动机"这一话题展开讨论，鼓励学生表达自己的观点和想法，促进学生交流。

五、过程设计

（一）暖身活动：站不起来的人

1.指导语：一位同学作为志愿者坐在地上，请你想办法在1分钟内让坐着的同学站起来。可以采取语言劝说，也可以用行动。若没有成功，就换一位同学继续努力。

2.学生分享游戏感受。

3.教师总结并引出主题"动机"。

【设计意图：通过热身游戏调动学生的热情，顺势引出"动机"这一主题，并为后面内外部动机的讲解埋下伏笔。】

（二）案例分析：认识发动机

1.指导语：以暖身游戏为例，简单介绍内部动机（自己想站起来）和外部动机（别人把你拉起来）的概念，帮助学生理解不同类型的学习动机。

2.教师展示"小王的故事"：小学时，小王喜欢学习，因为每次学习都能学到新知识。但初中后，他越发感到学习无趣，成绩也一落千丈。他的父母用奖励和惩罚来激励他，但效果不佳。现在他的成绩越来越差。

3.学生思考问题并回答：

（1）小王一开始的学习动机是什么，属于内部动机还是外部动机，效果如何？

（2）小王后来的学习动机变成了什么，属于内部动机还是外部动机，效果如何？

（3）对于小王来说，哪种动机更有用呢？

4. 教师小结：从这个故事中，我们可以发现，不同的动机可能会导致不同的学习行为和效果。内部动机比外部动机更能激发学习动力，获得更好的结果。

【设计意图：帮助学生理解学习动机类型，探讨动机对学习行为和效果的影响，得出内部动机更能激发学习动力和结果的结论。】

（三）活动体验：我的发动机

1. 学生完成"我的发动机"学习单：

（1）促使你坚持学习的动机分别有哪些？

（2）请你将自己写下的学习动机按照内外部动机的标准进行分类。

（3）分别给这些动机对你的学习行为产生的影响进行打分。

2. 学生分享自己的学习单和感受。

3. 教师小结：同学们已经对自己的学习动机进行了总结，也发现了自己存在的问题。那我们到底怎样才能做到真正为自己而学、为自己而活呢？接下来的时间留给大家，让我们一起改装我们的发动机。

【设计意图：通过完成并分享学习单，使学生思考自己的学习动机并相互交流。】

（四）集思广益：改装发动机

1. 小组讨论：采用什么样的方法才能提高自己的内部学习动机，让自己爱上学习？

2. 每个小组派代表进行分享。

3. 教师总结并提供自己的方法——索洛维契克的实验。

学生在学习前进行以下活动：微笑、搓手、哼唱喜欢的歌曲，让自己充满期待；思考学习内容，能理解，高兴学习；提醒自己要努力、细心，因为细心是热爱学习的源泉。

实验结果：积极的态度能提高学习兴趣。

4. 教师小结：当大家遇到自己特别不感兴趣的学科时，不妨试试这几个步骤。我相信长此以往，你们会发现自己渐渐地对这个学科越来越感兴趣，学习起来也就不觉得那么枯燥了。

【设计意图：通过小组讨论和分享，学生思考提高内部学习动机的方法。教师展示索洛维契克的实验，帮助学生了解积极态度对学习的影响，以此提高学生的内部学习动机。】

（五）总　结

教师总结：这节课我们了解了学习动机的类型，也了解了提高学习动机的方法。老师希望同学们在学习生活中能够运用本节课中学习到的有关"学习动机"的知识，找到属于自己的最有效、最长久的学习发动机，让自己的学习生活活力满满！

【设计意图：通过这段话对本节课的学习进行总结，并鼓励学生将所学的学习动机知识应用到实际学习生活中。】

课件

教学设计2：考试应对主题

你好，考试

一、主题分析

考试应对主题属于学习主题的范畴。考试心理主要研究人们在考试过程中产生的心理现象和行为。它涉及考前、考中、考后的心理过程和行为表现。其中，考试焦虑一直是中学生心理课程的焦点话题。考试焦虑是因为考试压力过大而引发的一系列异常生理心理现象，表现为担心、紧张或忧虑，并且可能持续较长时间。严重的考试焦虑会干扰注意力，从而直接影响考试成绩。同时，考试焦虑还会对学生的身心健康造成负面影响，如失眠、情绪波动和身体不适等问题。因此，引导学生全面认识和理解考试焦虑，并为学生提供应对考试焦虑的策略至关重要。

情绪ABC理论解释了考试焦虑的产生。在考试焦虑情境下，A代表触发事件——考试。B代表个体对考试的信念和解释，包括自我要求过高、对失败的恐惧、对他人评价的过度关注等。这些不合理信念使个体对考试结果产生了消极预期。C代表由这些信念引发的情绪反应，如焦虑、紧张等。帮助学生纠正不合理信念，采取积极应对的策略至关重要。此外，耶基斯—多德森定律认为学习效率与焦虑程度呈倒"U"形关系。适度焦虑可提高学生表现，但过度焦虑或放松都可能对考试产生负面影响。因此，良好的心态是应对考试的关键。

二、对象分析

本次授课对象为初三年级学生。初三在整个中学阶段占据重要地位，属于关键时期。该阶段的学生正处于青春期，身体发育迅速，情绪波动明显。与此同时，他们又处于升学决策的关键期，面临着选择高中，初步思考自我认知和未来职业规划。因此，初三的学习对学生未来的学习生涯和成长发展有着至关重要的影响。

然而，初三年级学生面临升学考试和学业压力，常存在考试焦虑问题。他们可能担心自己无法取得期望的成绩，害怕考试失败导致未来发展受限，进而在考前、考中和考后都出现了一系列不能正确应对考试的心理状况。面对重要考试时，学生感受到的压力和不确定性更大，加之青春期情绪波动明显，因此对学业和心理健康的影响也更大。及早识别和解决考试焦虑问题，提供适当的心理支持和帮助，对学生的学习和成长极为重要。

三、目标设计

（一）认知目标

1. 了解考试的作用。

2. 认识考试焦虑的表现及成因。

3. 理解正确应对考试焦虑的重要性。

（二）情感与态度目标

1. 体验考试焦虑的状态。

2. 形成应对考试焦虑的正确态度。

3. 树立以平常心应对考试的价值观。

（三）行为与技能目标

1. 掌握克服考试焦虑的技能。

2. 将克服考试焦虑的方法技能运用到实际生活中。

四、方法选择

1. 角色扮演法：组织学生表演情景剧"考试"，使学生正确理解考试的作用。

2. 绘画技术：引导学生画出自己印象最深的一次考试经历，帮助学生面对和释放考试焦虑，形成应对考试的正确态度。

3. 讨论法：通过"头脑风暴"的方法，使学生相互交流，自主解决考试焦虑的问题。

4. 案例教学法：本节课引用小A的案例，让学生分析和讨论案例以获得知识和经验。

五、过程设计

（一）课程导入：当考试来临

1. 教师假设考试情景：教师走进教室，假装告诉学生心理课临时改为主科考试，请大家收拾课桌。

2. 学生分享：听到要考试了，你有什么样的情绪体验和生理反应？

3. 教师小结：很多同学都分享自己面对考试有焦虑、害怕等情绪，考试焦虑的现象是普遍的。考试为什么会让我们感到焦虑呢？我们来聊一聊这个话题。

【设计意图：通过模拟考试情境，让学生体验和认知考试焦虑，并引导其思考考试焦虑的原因和影响，为后续活动作铺垫。】

（二）案例探讨：情境表演"考试"

1. 教师介绍规则，呈现情境内容并邀请学生表演。情境内容如下：

（1）期末考试前一晚，小A拿着课本自言自语："我肯定考不好，知识点不了解，最近又没有好好准备……"

（2）考试中，小A翻开试卷一看，发现自己很多题不会做，顿时浑身紧张、冒汗、呼吸困难，觉得自己完蛋了……

（3）成绩出来后，小A说："考得太差了，我就不是学习的料，以后注定考不上好学校……"

2. 学生表演。

3. 教师提问：

（1）小A面对考试有什么表现（不合理信念）？为什么会出现这些表现？

（2）考试有什么作用？应该怎样理解考试？

4. 教师小结：没错，过于看重结果，将事实糟糕化、夸大化、概括化等不合理信念让我们产生了考试焦虑。但考试只是检验我们学习的一个过程，不能完全定义我们。

【设计意图：通过情境展示考试焦虑和不合理信念，促使学生思考自己的考试心态和表现，并分析不合理信念的根源，理解考试的真正作用。】

（三）自我体验：画出我的考试经历

1. 教师引导学生回忆考试经历，并画下印象最深的一次经历，包括事件内容、自身感受及原因（可提供参考）。

2. 学生分享。

3. 教师提问：

（1）考试焦虑对考试有帮助吗？（介绍耶基斯—多德森曲线）

（2）应该以什么样的状态面对考试？

4.教师小结：保持适度的焦虑，学习效率最高；过于焦虑会影响状态，降低学习效率。对于一般的焦虑，我们不必过度担忧，有压力才有动力！

【设计意图：通过绘画使考试具象化，既形象反映学生的考试焦虑，也帮助其面对和释放焦虑，同时引导学生形成应对考试焦虑的正确态度。】

（四）问题解决：我的考试锦囊

1.学生讨论如何应对考试焦虑。

2.小组代表分享。

3.教师小结：

考试锦囊：一是正确看待考试以减轻压力；二是做好准备以形成良好的应试状态；三是掌握处理怯场的方法技巧；四是掌握考试答题的策略；五是正确看待考试结果并合理归因。

4.巩固练习。

（1）练习内容：

①考试前几天，小B愁眉苦脸，担心即将到来的考试，害怕考不好。

②考试中，小B被一道题难住了，思来想去都不会写，于是他担心时间不够，写不完整张卷子。

③考试成绩出来后，小B认为考得不理想，感到很挫败，不想再学习了。

（2）学生分享。

【设计意图：引导学生思考缓解考试焦虑的方法，同时训练学生的实际运用能力，将技能落实。】

（五）总　结

1.教师总结：在成长的道路上，大家会遇到无数次考试，今天我们通过心理课深入了解了自己的考试状态，也一起学习到了许多应对策略。考试对大家是一次阶段性的考查，希望大家能以平常心对待，发挥出最高水平。

2.课后作业：写下一句对自己期末考试的鼓励，并在课后积极自我暗示，反思总结，相互支持鼓励（提高效能感）。

【设计意图：引导学生将所学所想落实到生活中，真正解决自己的问题。】

课件

第五节　生活主题

生活主题包括珍爱生命、青春期教育、心理求助、闲暇管理、合理消费、网络使用等方面的辅导。本节呈现两个心理健康教育课教学设计教案：一是对初一年级学生开展青春期教育主题的心理健康教育课；二是对小学六年级学生开展网络使用主题的心理健康教育课。

教学设计1：青春期教育主题

嗨！青春期

一、主题分析

青春期教育主题属于生命与生活范畴。青春期教育是根据个体青春期性身心发展的过程和规律，对其进行性生理、性心理、性道德和性法律等方面的教育。青春期的性心理辅导要运用心理健康的相关理论和技术，帮助学生正确认识自身身心变化，正确对待自己的性心理体验，防止不良的性心理和性偏差行为的产生，最终促进其人格健康发展。初中心理健康教育中青春期教育的内容主要包括认识青春期的生理特征和心理特征，引导学生进行恰当的异性交往等。科学合理的青春期教育对青少年的学习、工作和生活等方面有着重大、深刻与持久的影响，有利于促进学生身心健康发展。

斯普兰卡认为个体在初中时期心理发展最突出的特点表现为自我的觉醒和性意识的觉醒，并称之为青少年的"第二次诞生"。埃里克森认为，自我认同是青少年时期的主要发展任务，由于青少年的社会角色很难确定，他们不是成人也不是孩子，因此常常会产生角色混乱。本课以青春期的生理特征和心理特征为主要内容，引导学生更好地认识青春期，了解青春期过程中自己的变化，更好地面对青春期所带来的一系列困扰，以在青春期获得稳定的自我，形成良好的自我同一性。

二、对象分析

本课的授课对象为初一年级学生。中学生正处于人生发展的"心理断乳期"。随着青春期的到来，他们的独立性、成人感日趋增强，他们发现了一个内心的自我世界。伴随着性意识的萌发，他们对性知识感到好奇与困惑，对异性产生好感。在生理知识方面，他们在小学时已有青春期相关知识的初步认识。他们也通过初一年级的生物课学习，从生理角度对性与生殖部分的知识有一定了解。在心理上，他们对自我充满了探索的欲望，希望像大人一样参与社会，但又缺乏完全独立的能力。

　　青春期的剧烈变化，冲击着处于自我同一性形成期的青少年，带给他们矛盾与困扰。一方面，他们要面对陌生的、逐渐成熟的身体和性意识；另一方面，他们开始尝试独立，想为自己争取更多的自由和自主。但在我国传统文化的大背景下，学校教育和家庭教育中性教育的欠缺，使得他们对性的好奇、对青春期变化的矛盾与困扰，鲜有倾诉对象与解决途径。值得一提的是，随着网络的日渐发展，青少年较之以往更早地接触到相关内容，更需要获得科学的生理知识，以及学会如何面对青春期变化。

三、目标设计

（一）认知目标

1. 科学地认识青春期的生理变化。

2. 正确地理解青春期的心理特征。

（二）情感与态度目标

1. 融入生命教育，以积极的心态悦纳青春期的变化。

2. 重视青春期的重要性，产生热爱和把握青春期的情感意识。

（三）行为与技能目标

1. 学会面对青春期的变化。

2. 能通过科学合理的途径获取青春期相关知识。

四、方法选择

1. 游戏法：通过抓逃游戏，导出本课主题的同时，激发团体动力，创设轻松愉快的活动氛围，促进学生之间相互信任和经验开放。

2. 讨论法：通过讨论青春期的变化，使学生科学地认识青春期的生理变化，正确地理解青春期的心理特征。同时，通过讨论，使他们体验到青春期变化是普遍与正常现象，不必因自己与别人不同而困扰，悦纳自己的成长变化。

3. 想象法：使学生通过把自己想象成种子，体验长成小树的过程，体验成长，能以积极的心态悦纳青春期的变化，重视青春期的重要性。

4. 案例教学法：通过分析同龄人的案例，解决同龄人的青春期困扰，学会面对青春期的变化，能通过科学合理的途径获取青春期相关知识。

五、过程设计

（一）课程导入

1. 指导语："抓青春"游戏规则为，左手掌心朝下，右手食指朝上，放到伙伴的左手掌心下。听到指令"青春"时，争取抓住伙伴的手指，同时自己逃脱。文本内容如下：

大家好，我姓郝，我爸妈给我取了个令人苦恼的名字。家里堂哥堂姐有的叫赫完美，有的叫郝帅，还有的叫郝美丽，偏偏我叫郝青春。爸爸说，人人都希望永葆青春，这多好啊！妈妈说，青春是人一生最美好的年华，她希望我一直拥有这种美好！爷爷还说，青春是奋斗的代名词，希望我好好努力！可是，有没有人考虑过我的感受啊？从婴幼儿时期就是"好青春"，到老年了还是"好青春"，这也太夸张了吧！

2. 教师：同学们，你们喜欢这个名字吗？如果只是"青春"这个词呢？今天，我们就来和青春期说"嗨"。

【设计意图：通过课堂约定，创设安全的课堂氛围。通过游戏，创设轻松愉快的活动氛围，促进学生之间相互信任和经验开放，引出关于青春期的话题。】

（二）案例分析

1. 教师：郝青春与她的表哥——八年级的郝帅，也正经历着这样的变化，而且心理上也有很大的变化，我们一起去看看。

2. 案例内容如下：

郝帅：发现自己有这么多变化，不知怎么，就变得更沉默寡言了，有时自己都不能理解和接受自己了。

郝青春：我也有同感。我总在父母面前理直气壮地说："我已经长大了！"但是，在心灵深处却总是非常羡慕那些在妈妈怀里撒娇的小孩。这是成人的自豪，还是长大的悲哀？

郝帅：哎，我也有很多矛盾，为什么我总觉得自己事事处处不如人，却又感觉自己比谁都聪明？我到底是太自卑，还是太自负？

郝青春：是有很多矛盾，有时我觉得父母不理解自己，想把自己封闭在一个狭小的"壳"里，然而在彷徨之时又会毫不犹豫地投向他们的怀抱。我究竟是想逃离他们的束缚，还是留恋他们怀抱的温暖？

郝帅：我和你一样，也有这种经历，爸妈还怪我，说我不理解他们。其实，我自己都很烦躁，有时情绪突然就上来了，哎！

郝青春：哥，我能理解你，我前几天也烦躁着。为买衣服的事，和妈妈逛街时突然就不开心了。我总想通过衣着打扮展现自己的个性和与众不同，却又会情不自禁地模仿周围的同学。好烦，又不想和妈妈说。

郝帅：我比你更烦。和你说个秘密，最近我总想跟同桌的那个女孩说说话，心里却总是忐忑不安、无所适从、羞于开口。我也不想这样啊！

3. 小组讨论并汇报：郝青春和郝帅有哪些心理变化？除此之外，青春期可能还有哪些变化？如何面对这些变化？

4. 教师小结：我们要认识到这些变化都是很正常的，应该坦然接受、积极面对，不需要有任何心理负担。

【设计意图：使学生科学地认识青春期的生理变化，正确地理解青春期的心理特征。同时，通过对案例的讨论，使他们体验到青春期变化是普遍与正常现象，不必因自己与别人不同而困扰，要悦纳自己的成长变化，正确处理和面对变化。】

（三）活动体验

1. 教师：请同学们想象自己的生命树。青春期的变化是成长的标志，青春期是我们人生的关键期、黄金期，我们要好好把握青春期。请把自己比作一棵成长中的树，从一粒小小的种子开始想象，到如今的青春期，体会自己的成长。

2. 学生分享感受。

【设计意图：通过想象种子长成小树的过程，体验成长，能以积极的心态悦纳青春期的变化，重视青春期的重要性。】

（四）技能训练

1. 教师：在轻音乐的陪伴下，思考并完成个人课堂任务单。

进入青春期后，我体会到自己有（　　　　）的变化，我的感受是（　　　　），我想对青春期的自己说——面对变化我可以（　　　　）。

2. 学生分享交流如何面对变化，以及如何了解青春期知识。

【设计意图：思考自身的青春期成长，学会面对青春期的变化，能通过科学合理的途径获取青春期相关知识。】

（五）总　结

教师总结：青春期是汲取营养的快速成长期，希望同学们能在这一关键期默默向下扎根，努力向阳生长。无论长成低矮的灌木，还是高大的乔木，我们都要以生命的翠绿证明自己的价值，实现生命的意义！

【设计意图：将青春期融入生命教育，激发热爱和把握青春期的情绪情感，深华本课的情感与态度目标，为本课画上圆满句号。】

课件

教学设计2：网络使用主题

掌心的那个朋友

一、主题分析

网络使用是指用户登录网络后发生的一系列行为，包括网络使用内容、程度与形式等，属于生命与生活范畴。手机是网络使用的重要载体之一。调查显示，在互联网大流行背景下，大部分小学生拥有手机，手机使用已渗透到小学生生活的方方面面，对其学习和生活都产生极大影响。然而，手机使用是一把"双刃剑"。虽然它在获取学习资源、优化生活品质、丰富精神世界等方面起到了重要作用，但是过度或非理性使用手机会给小学生带来一系列负面影响，例如身体健康受损、学业成绩下降、家庭冲突、心理问题凸显等。因此，引导小学生合理使用手机，预防手机依赖尤为重要。

关于手机依赖的产生机制，心理需求网络补偿优势理论认为，每个人都有心理需求，例如爱和尊重、欣赏和赞美等。当个人的心理需求无法在现实中得到满足时，便可能转向网络补偿自己的心理需求。强化理论认为，这种补偿强化了个体使用手机这一行为，容易形成手机依赖。小学生的心理需求比以往更强烈，不可避免地会面对一些心理需求无法满足的困境。面对父母的"忽视"或同伴的"不友好"行为，他们的情感需求无法获得满足，这时他们倾向于通过网络来获得补偿，满足建立良好人际关系的需求，他们在这一过程中会获得极大的满足感。因此，个体便会更加频繁地使用手机来获得这种需求，进而形成手机依赖。

二、对象分析

本课的授课对象为小学六年级学生。生理上，高年级小学生身体迅速发育，体内机能高度发展，趋于成熟。思维发展上，高年级小学生思维概括能力和辩证思维能力逐渐增强。自我意识上，高年级小学生自我意识逐渐高度发展，追求独立的意愿日益强烈。人际交往上，高年级小学生逐渐克服团伙的交往方式。该阶段学生各方面全面发展，心理需求比以往更为强烈。手机作为多功能软件，能满足学生各方面的心理需求，这使得手机使用成为一种普遍现象。

该阶段学生生理的变化使其产生成人感，但在现实中容易受挫，对其心理活动产生冲击。由于小学生身心发展还不完善，他们不懂得如何正确处理这些冲突，手机便轻易地成为他们的关注对象。他们试图在网络中补偿自己缺失的心理需求，以此来获得"虚假"的满足感。长此以往，会对其身心健康造成负面影响。

三、目标设计

（一）认知目标

1. 认识到网络使用是一把"双刃剑"，有利有弊。

2. 了解过度使用手机的特征和危害，理解合理使用手机的重要性。

3. 认识自己依赖手机的原因，以及过度使用手机对自己的学习和生活造成的影响。

（二）情感与态度目标

1. 体会手机依赖的危害。

2. 体验控制手机使用的自我效能感。

3. 对手机使用形成合理的态度。

（三）行为与技能目标

1. 掌握降低手机使用频率的方法。

2. 学会把减少手机依赖的方法运用到实际生活中，应对手机过度使用。

四、方法选择

1. 案例教学法：引导学生从案例中正确认识手机使用。

2. 角色扮演法：教师通过表演形式引导学生就手机使用的利弊进行讨论，使学生认识到手机使用是把"双刃剑"。学生可以站在家长和教师的角度思考学生玩手机这一问题。

3. 讨论法：学生在教师指导下就如何应对手机依赖进行探讨。

4. 游戏法：课程导入部分进行游戏互动，在轻松的氛围下为课程开展作铺垫。

五、过程设计

（一）课程导入

1. 教师在课件上展示"心有灵犀——你来比画我来猜"的游戏规则。

2. 邀请五位学生上台比画，全班同学猜词，限时3分钟。词语的选取与网络使用有关，如微博、网络游戏等。

3. 游戏结束，教师邀请学生谈谈游戏过程中比画的词语与什么有关，并询问学生会在什么情况下使用手机，而后指出本节课主人公也有类似的故事。

【设计意图：通过暖身游戏，引出"手机"环节。】

（二）案例分析

1. 教师呈现故事案例：大家好，我的名字叫手手机，很高兴认识你们！我有一个好朋友，她的名字叫美美。刚开始，我与她不太熟悉……后来，我发现她有些孤独。于是，我常常陪伴她。（图片举例）慢慢地，我和美美成了最好的朋友。她变得非常依赖我，晚上经常不睡觉也要偷偷陪我一起玩……有一天，美美偷偷把我带去了学校……虽然我不理解美美为什么不愿意把我大大方方地介绍给老师和同学，不过没关系，美美一定是有理由的！一次晚自习，美美正在让我帮她拍照，她的班主任进来了……第二天，美美的爸爸来到学校……

2. 教师邀请学生分享：美美爸爸来到学校以后，可能会发生什么？而后邀请两组同学进行角色扮演。

【设计意图：通过美美和手手机的故事，引出后续内容。课件内容应尽量少，避免学生认知疲劳，同时将学生注意力持续吸引到课程内容上。】

（三）活动体验

1. 教师通过手手机视角讲述美美的变化：尽管这样，美美回到家后，依旧和我难舍难分。有一天，美美好像发生了一些变化……

家庭冲突（看图说情景）。

社会比较（连词成句：她常跟我念叨别人 自己 伤心 漂亮 白净 丰富 单调 丑陋 自卑）。

睡眠障碍（填空：记忆力＿＿＿＿，视力＿＿＿＿，情绪＿＿＿＿，身体＿＿＿＿）。

成绩下降（看图说情景）。

2. 教师邀请学生进行分享：自己是否也出现过和美美类似的情况？除了以上，过度使用手机还有什么危害？

【设计意图：使学生了解过度使用手机的危害，并思考自己是否过度使用手机。】

（四）集思广益

第一幕

1. 教师呈现故事：手机感觉美美完全变了一副样子。她意识到，美美是自己的好朋友，她应该因为自己变得更优秀，而不是如此消沉。于是她给美美写了一封信，提议双方适度交往。同学们，如果你是手手机，你打算给美美写什么内容？写作的开头可以参考以下例子。这部分给大家3分钟时间。

当父母忙碌不能陪伴你时，你可以……

当你写作业遇到困难时，你可以……

当没人陪你吃饭逛街时，你可以……

当你心情不好时，你可以……

2. 教师邀请三位同学分享自己的观点。

3. 教师小结：大家都为手手机提供了自己的建议，也希望大家能把这些提议运用到自己的生活中。

【设计意图：引导学生思考在不同的场景中可以通过哪些不同的方式满足自己的需求，而不是一味依赖手机。】

第二幕

1. 教师讲述：美美给手手机回信说自己已经离不开她，只有跟她在一起时，自己才安心。

2. 教师引导学生思考有哪些合理使用手机的方法可以提供给美美。小组讨论3分钟。

3. 教师邀请三个小组进行分享。

4. 教师播放视频，分享合理使用手机的方法。

5. 教师小结：希望大家能把在课堂中学习的方法运用到现实生活中，做手机的主人！

【设计意图：引导学生思考如何运用所学的知识解决手机依赖的问题。】

（五）总　结

教师总结：在大家的帮助下，美美终于摆脱了对手手机的依赖。她发展了许多兴趣爱好（图片展示）；同时，她也非常感谢大家：除了玩手机，我的生活竟可以如此多彩！我相信你们一定也可以与手机适度交往！

【设计意图：引导学生将所学理论知识应用到生活中，并增强学生独立解决问题的信心。】

课件

第六节 生涯主题

生涯主题包括自我探索、职业探索、规划与行动三个方面的辅导。自我探索包括对自己理想、兴趣爱好、个性特征、能力特征、价值观、外部资源等方面的探索。职业探索包括对专业和职业的关系、职业变迁、职业发展路径等方面的探索。规划与行动包括为自己制订目标和计划并采取行动。本节呈现两个心理健康教育课教学设计教案：一是对高一年级学生开展自我探索主题的心理健康教育课；二是对高三年级学生开展职业探索主题的心理健康教育课。

教学设计1：自我探索主题

我的能力星球

一、主题分析

自我能力探索主题属于生涯规划范畴。自我能力探索是指个体主动地对自身能力进行评估的过程，以便更好地发现自己的优势、弱势和发展潜力。自我能力探索是个体实现个人成长和职业发展的重要过程，在生涯规划过程中具有重要作用。学生通过深入了解自己的能力，可以建立起更为全面的自我能力认知，可以更好地制订职业目标，最终选择最优的生涯发展道路。

加德纳的多元智能理论认为，智能并非单一、综合的概念，而是由八种相对独立的智能组成的。该理论强调每个人在不同智能类型上具有不同的天赋和潜力，以及个体探索自我多元智能类型的重要性。学生探索自己的多元智能可以更全面地认识自己，发现自己的优势、兴趣和天赋，以此增强自信心并找到适合自己的学习和工作方式。

二、对象分析

本课的授课对象为高一年级学生。高中时期正是青少年自我意识迅速发展、开始思考自我价值和人生方向的特殊阶段。在自我探索方面，该阶段的学生对新事物充满好奇，愿意挑战新事物；倾向于主动尝试不同的活动，愿意通过实践来了解自己；更加深入地思考自己的价值观和优势，并进行自我反思；意识到自己在不同智能类型上存在的潜力，并努力开发不同领域的能力。

然而，该阶段的学生在自我能力探索方面可能面临以下问题：部分学生唯成绩论，忽视自身其他潜在能力的发展；面临对未来的不确定感，感觉迷茫又焦虑，在自我能力探索过程中找不到明确的方向；缺乏自信心，怀疑自己的潜力和价值；在尝试新事物和接受挑战的过程中担心失败或受到他人的负面评价。

三、目标设计

（一）认知目标

1.了解自我能力探索在生涯规划中的重要性。

2.理解加德纳多元智能理论，意识到个体间智能类型分布具有差异性。

3.认识自己在各个智能类型上的优势和发展需求。

（二）情感与态度目标

1.体验探索自我能力带来的乐趣和成就感，增强自信心。

2.培养对自我探索的积极情感与态度。

3.树立正确的智能观，相信自己可以在不同领域中取得成就。

（三）行为与技能目标

1.掌握运用自我能力探索的方法和工具开展自我探索活动的技能。

2.学会制订并实施多元智能发展计划。

3.探索并尝试不同的智能活动以增强自己的多元智能。

四、方法选择

1.游戏法：通过"我超会……"游戏创造轻松的课堂气氛，激发学生的参与度，增强探索自我带来的乐趣，使学生展示自己的能力并增强自信心。

2.讲授法：通过讲解多元智能理论，帮助学生发现多元智能的重要性，使学生意识到每个人都有自己独特的智能组合，没有绝对的优劣之分。

3.心理测验法：通过绘制能力雷达图，帮助学生客观地认识自己的能力，并在评估和分析的过程中进行自我反思，进而激发学生探索自我的动力。

4.讨论法：通过小组内相互讨论交流对自我能力的新发现，发挥学生在探索自我方面的主动性，从其他组员的经验中汲取灵感，并在讨论中得到他人鼓励。

五、过程设计

（一）暖身活动：我超会……

1.指导语：伸出双手握拳，游戏中每念到一个"我超会……"时，符合自己的情况就伸出一根手指，最后看看自己伸出多少根。例如：我超会唱歌，我超会打篮球，我超会察言观色，我超会安慰别人，我超会打游戏，我超会交朋友……

2.教师小结：在这个游戏中，每位同学都伸出了不同数量的手指，发现了自己身上的闪光点。其实，这里只列举了一部分"超会"，相信同学们"超会"的远不止这么多。大家对自己的"超会"足够了解吗？

【设计意图：引导学生初步思考自己身上拥有哪些能力，增强学生自信心，引出"自我能力"话题，活跃班级气氛。】

（二）案例导入：驰援星球计划

1.教师介绍故事背景：随着科技的发展，人类开始向宇宙边缘探索。为了确保人类的繁荣和生存，人们决定建立一个由八个星球组成的联盟系统。在星球开拓初期，亟须选拔一批身怀异能的人来应对挑战。

教师介绍八个星球。举例："言语星球的工作人员需要具备出色的口头和书面沟通能力，能够清晰、准确地传达信息，并理解他人的意图和需求……"

2.学生分享：

（1）你觉得你最适合向哪个星球递交工作申请呢？

（2）你还能去哪个星球兼职，为宇宙探索计划贡献更多力量呢？

3.播放视频——多元智能理论。

教师：看到大家这么积极地报名，我要给我们的同学点赞，大家都是身怀异能的英雄！其实八个星球所需的人才正符合心理学家加德纳提出的多元智能理论（见图6-6）。

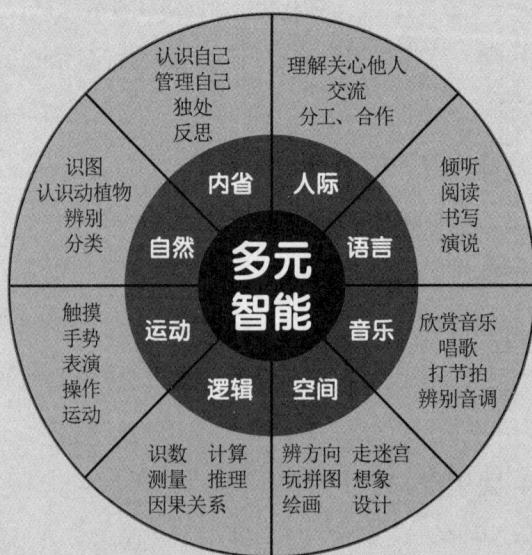

图6-6　加德纳多元智能理论

【设计意图：创设情景，使学生理解多元智能理论，并认识到能力不是简单地以有或无、高或低区分，每个人的能力都是多元的。】

（三）自我测验：我的能力雷达图

1.绘制能力雷达图：宇航局的招聘人员现在要求大家绘制一张能力雷达图。首先给自己的各项智能打分（0～48分），再将各个标记点相连（见图6-7）。

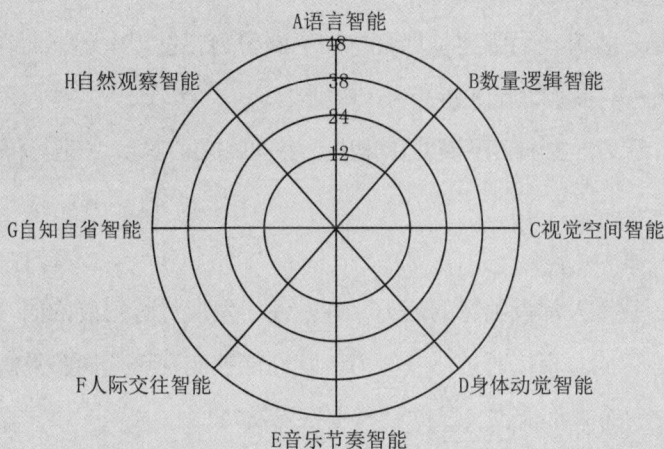

图6-7　能力雷达示意

2.学生分享：

（1）你的能力雷达图是什么样的？

（2）你的前三个优势智能是什么？它们是如何发展起来的？

3.送你一颗小星星：刚刚我们自评了八项能力，接下来请小组成员交换雷达图，对小组内同学某一项能力比较欣赏或者认为可以有更好的分数，则在上面贴一颗星星。

4.学生讨论：观察现在自己的能力雷达图，你有哪些新发现？

5.教师小结：每位同学都完成了自己的能力雷达图，八种能力在每个人身上都存在，但表现形式、程度各有不同。每个人都有自己独特的技能和擅长的领域，发现并展示自己的优势智能非常重要。

【设计意图：帮助学生客观认识自己在各个智能类型上的优势和发展需求，同时培养对自我能力探索的积极情感与态度，从他人的反馈中增强自信心。】

（四）自我提升：能力进阶计划

1.教师：通过同学们画的能力雷达图以及他人的反馈，可以发现每个人都具有突出的能力，当然也有相对弱势的能力。现在大家即将入职，宇航局相关部门要求大家根据自己的弱势能力制订一份"能力进阶计划"。

2.学生制作能力进阶计划。

3.学生分享：

（1）你最想提升哪个能力？

（2）你会如何提升这一能力呢？

4.教师小结：提升能力需要长期坚持和不断努力，过程中还会面临各种困难。但正是通过这些挑战，我们才能不断成长和进步！

【设计意图：引导学生正确看待自己的弱势，并尝试挖掘潜能，将弱势转为优势，以增强自己的多元智能。】

（五）总　结

教师总结：每个人都有独特的能力，在专注于发展优势智能的同时，也不能忘记提高自己的弱势智能。相信通过持续努力，我们能够实现更全面、平衡的发展，并取得更大的成就，每个人都能在自己的星球上发光发热！

课后作业：请根据自己的理想职业制作一份修炼能力手册。

【设计意图：引导学生将能力与职业规划相联结，找到目前需要努力的地方，并制订相应的学习和实践计划，最终朝着自己的职业目标不断前进。】

课件

教学设计2：职业探索主题

我的未来不是梦

一、主题分析

职业探索主题属于生涯规划范畴。职业探索是一种与职业发展相关，整合探索行为和认知行为特征的过程。个体通过对自身和职业发展的相关环境进行探究，从而形成某种技能，并得到相应的认识和情感回馈，以实现自身发展和整合的目的。职业探索主题非常重要。职业探索不仅是个体确定职业兴趣和偏好认同的必经之路，也是自我建构过程的一部分。因此，个体在寻求职业目标的过程中往往还伴随着对于自身能力的发现、了解和完善。

关于职业探索，霍兰德人—职匹配理论认为职业选择是个体人格的反映与延伸。个体因过去经验的积累和自身人格特质的影响而选择某种职业。职业上的适应、满足和成就取决于其人格与工作环境的一致程度。霍兰德将职业类型分为六种。每一特定类型人格的人，便会对相应职业类型中的工作感兴趣。当人格类型与职业类型相匹配时，人们就能充分施展自己的能力。

二、对象分析

本课的授课对象是高三年级学生。高中阶段是人有意识发展自我的开端，对人的一生起着关键作用。在这一阶段，高中生需要根据生理、心理、社会和其他指标的综合状态，对学习的适应性或者现实活动进行整体性评价。这个时期的青少年力图更多地认识自我，并做出尝试性的职业决策；同时，在尝试的过程中通过经验的不断积累，不断地调整自我的职业期待以增强职业的满意度和促进适应性。

然而，实际上这一时期的高中生对自身特点尚不明晰，对职业概念也是懵懵懂懂，缺乏主动进行职业生涯探索的意识，更谈不上职业生涯探索的行为和方法。学生们面对繁重的课业压力，很少有时间思考未来从事什么职业。这种情况迫使高中生在几周甚至几天内做出人生的重大抉择，这在很大程度上将导致他们没能选择适合自己的专业，毕业后也无法找到一份符合自己特质的职业。

三、目标设计

（一）认知目标

1. 了解基本职业及其内容。

2. 理解不同职业对人有什么不同的要求。

3. 认识自己的能力与特质适合什么样的职业。

（二）情感与态度目标

1. 体验不同的职业带给自己的感受。

2. 形成初步的职业理想，用积极的态度对待未来的职业发展。

3. 树立未来取向的价值观。

（三）行为与技能目标

1. 掌握自我探索和职业探索的能力。

2. 学会运用长远的眼光看问题，尽早为自己的未来做规划。

四、方法选择

1. 游戏法：采用职业竞猜抢答游戏创造出自由轻松的课堂气氛，激发学生对职业探索的好奇心和动机，提高学生的参与度，促进学生体验和顿悟。

2. 案例教学法：通过分析讨论埃利斯（Alice）的案例，帮助学生从中获得启示和参考，促使学生发现自己的兴趣，制订相应的目标并为之努力奋斗。

3. 讨论法：让选择相同岛屿的学生组队讨论，共享经验与观点，互相启发借鉴，加深对职业兴趣类型的认识；通过互相激励和支持，增强学生的信心和动力。

4. 想象法：通过让学生想象未来10年的奋斗之路，让学生感受实现自己职业目标的过程，激发他们的内在动力和目标感，并为自己的未来做好准备。

五、过程设计

（一）暖身游戏：职业竞猜抢答

1. 将学生分成几组，组与组之间进行职业竞猜抢答游戏。教师逐个念出职业的提示成语，学生抢答。

例：山珍海味—如法炮制—垂涎三尺（答案：厨师）。

2. 教师对回答正确的小组计分，对前三名进行适当奖励。

3. 学生思考：游戏中出现了哪些职业，你对它们的印象是什么样的？

4. 教师小结：通过刚才的游戏，同学们对这些职业也有了一定的了解。这节课，就让我们走进生涯规划系列课之"我的未来不是梦"。

【设计意图：通过抢答互动游戏热身暖场，激发学生对本节课的兴趣，同时激发他们关于职业的思考，引出本节课的主题。】

（二）案例分析：迷茫的未来

1. 埃利斯的故事：视频播放一段关于高三学生埃利斯根据自身兴趣制订计划，设定职业目标，并为理想目标而努力，最后被重点大学理想专业录取的故事。

2. 学生思考：

（1）主角的选择是对的吗？她做得如何？

（2）她今后将从事什么样的职业？她的职业道路会顺利吗？

3. 指导语：埃利斯在了解到自己的兴趣后，将兴趣转变成学科优势，最终实现了自己的职业目标，这就是"人—职匹配"。其实，美国心理学家霍兰德提出过"人—职匹配"的观点。

4. 教师讲解霍兰德职业兴趣类型与职业类型匹配表（如表6-2所示），分别介绍不同职业类型对人的要求。

表6-2　霍兰德职业兴趣类型与职业类型匹配示例

职业兴趣类型	类型特征	适合的职业类型	不适合的职业类型
现实型（R）	实际、注重物质、顺从、温和、有恒心	电子、机械、建筑、农事等工作	社交类工作
……	……	……	……

5.教师小结：职业兴趣在未来职业活动中很重要，选择适合自己的职业将规避不少风险，大家想不想知道自己的职业兴趣属于哪种类型呢？

【设计意图：通过观看短片，引发学生共鸣，使学生形成对职业、职业兴趣的基本认识，引出下文对自身职业之路的探索。】

（三）自我探索：我的职业兴趣岛

1.教师：假如你获得了一次"度假"机会，可以从下面六个岛屿中选择一个前往，请大家仅凭个人兴趣挑选出最想在上面生活和工作的岛屿。

举例：A号岛屿又叫美丽浪漫岛，遍布音乐馆、美术馆，弥漫着浪漫的艺术气息，居民能歌善舞，许多文艺界的朋友前来寻找灵感。

2.小组讨论：选择相同职业岛的同学自动成组，组内讨论适合该职业岛的职业，并分享自己在岛上工作的情景。

3.学生分享：讨论交流自己的兴趣与特质，以及为什么选择该岛。

4.教师小结：这六个岛屿分别对应于霍兰德提出的六种职业兴趣类型，对它们的选择暗示着同学们的职业兴趣倾向所在。然而，职业兴趣是多元化的，同学们要综合考虑自己的兴趣、能力和价值观，做出适合个人的职业选择。

【设计意图：通过兴趣岛之旅，帮助学生思考自己的兴趣与特质，寻找适合自己的职业方向。】

（四）自我完善：规划未来的我

1.创设情境，让学生谈一谈需要通过哪些努力才能从事向往的职业。

指导语：假设你乘坐时光列车经过时光隧道，要经过哪些地方，才能成为你10年后的模样呢？

2.小组讨论：想想自己可以怎么做，才能实现自己的职业梦想。

3.讨论完毕后，请学生思考以下问题，并填写答案。

（1）你是否对自己的未来职业做过设想？

（2）目前你生活中最具体的目标是什么？

（3）为了实现你的梦想职业，你认为必须实现的近期目标有哪些?

【设计意图：唤起学生对未来的憧憬，使学生自己去体味要获得成功该怎么去努力，发挥学生的主体性。】

（五）总　结

1. 教师总结：今天我们对职业选择进行了一个初步的探索。职业选择是一个动态的过程。我们的兴趣和目标可能会随着时间和经历的改变而发生变化。因此，我们还应该继续保持这种积极的探索精神。

2. 课后作业：

（1）请上网搜索或是访谈身边人，进一步了解自己心仪的职业。

（2）音乐欣赏：《我的未来不是梦》。

【设计意图：通过布置相关作业使学生学会用长远的眼光看问题，尽早为自己未来的职业做好规划，最后以音乐点题，结束本次课程。】

课件

本章小结

本章呈现了12个关于自我意识主题、情绪情感主题、人际关系主题、学习主题、生活主题、生涯主题的教案。

练习题

1. 请在本章12个教案中，任选一个，对其进行点评。评价其做得好的地方和有待改进之处。

2. 请自选主题和教学对象，设计一节心理健康教育课的教案。

参考答案

第七章

心理健康教育课程的实施

学习目标

◎ 学会在心理健康教育课授课前做好充分的准备工作。

◎ 学会在心理健康教育课中有效开展教学活动。

◎ 学会在心理健康教育课中运用个别辅导和团体辅导
技术。

本章导读

如何上好一节心理健康教育课？除了要设计好心理健康教育课的教案，还要掌握心理健康教育课授课的教学技能。教学效果的真正产生源自实际教学活动的实施。即使是相同的教案，由不同的教师来上，也可能会上出不同的教学效果。心理健康教育课与其他学科课相比具有特殊性，在教学实施中也有一些特别需要注意之处。在心理健康教育课授课前，教师要在场地、教具、课堂约定等方面做好充分准备。为了更有效地促进活动的实施，教师需做好学生分组、活动安排、分享等工作。为了促进师生之间和生生之间的交流，教师还需运用个别心理辅导和团体心理辅导的技术。

本章共分三节。第一节为授课前的准备，阐述心理健康教育课在授课前要做好场地安排、教具准备、课堂约定等工作。第二节为课堂组织与活动开展，阐述心理健康教育课如何更好地分组，以及开展活动与分享。第三节为心理辅导技术的运用，阐述个别辅导技术和团体辅导技术的应用。

本章课件

第一节 授课前的准备

心理健康教育课和其他学科课一样在授课前要做好课件、板书设计、案例、练习题与作业等准备。除了这些方面，心理健康教育课的教学尤其要注意场地安排、教具准备、课堂约定。

一、场地安排

心理健康教育课可以在学生的班级教室里进行，但有条件的话最好是能在专用的心理健康教育课教室里开展。

第一，专用教室的环境氛围更好。专用教室一般与班级教室有一定距离，学生到了专用教室可以全身心地投入心理健康教育课堂中。另外，专用教室的环境布置，比如墙上展现的心理健康教育课的规范与要求，也会让学生快速感受到心理健康教育课的氛围。

第二，专用教室的空间有利于学生开展活动。专用教室的桌椅方便移动，有利于学生分组、小组讨论和小组合作开展任务。另外，有些专用教室不设讲台，空间更加宽敞，有利于学生上前展示游戏、角色扮演、绘画作品等。

第三，专用教室的黑板墙有利于学生作品的展示。由于课堂时间限制，不一定所有的学生作品都能在课堂上得到展示和分享。在这样的情况下，专用教室的黑板墙可以用来展示所有学生在课堂上制作的作品。学生的这些作品也可以一直留在教室里，供其他学生参观学习。

第四，专用教室有利于学生心理问题的自助和求助。在专用教室里一般会摆设心理健康自助的图书，学生感兴趣的话，可以借阅。另外，在心理健康教育课上，一些学生可能会自我暴露一些较严重的心理问题，但在课上没能得到深入辅导。专用教室一般设在心理咨询室边上，这样学生可以很方便地预约个别心理咨询。

专用的心理健康教育课教室也可以是心理健康教育的团体活动室。2015年，教育部颁发的《中小学心理辅导室建设指南》对团体活动室建设提出了一些要求。

一是面积与设备。团体活动室面积要求每间20平方米以上，基本设施配有可移动桌椅、坐垫、多媒体设备。可根据条件配备团体心理辅导箱、游戏心理辅导包等。

二是位置选择。应选择建在相对安静又方便进出的地方，尽量避开热闹、嘈杂区域。楼层不宜太高。

三是环境要求。应充分考虑心理健康教育工作的特殊性和青少年身心发展特征，体现人性化设计和人文关怀，富于生机。可选择亲切、生动、贴近学生心理、易于被学生接受的名称。室外可张贴轻松的欢迎标语，图示图标简明醒目。内部环境应温馨、整洁、舒适，以清新、淡雅、柔和的暖色调为主，合理运用色彩、灯光和装饰物，光线适中，自然光、灯光强度合理。

> 2015年7月29日，教育部办公厅印发《中小学心理辅导室建设指南》。更多了解，请见网站https://www.gov.cn/xinwen/2015-08/11/content_2911069.htm。

二、教具准备

心理健康教育课和其他学科课一样需要教具，比如多媒体设备。除了通用的教具，心理健康教育课还会用到一些特定的教具。

一是用于学生绘画和展示的彩笔、贴纸、卡纸等道具。绘画和展示是心理健康教育课中十分常用的环节。教师可以为每个小组准备一盒彩笔、一张大卡纸，给每位学生准备特定形状的彩色纸张或贴纸。比如，让一个小组的学生在一张大卡纸上画一棵树，给小组每位成员发放一张灰色和一张绿色的树叶形状的贴纸。引导小组成员将自己遇到的问题或困惑写在灰色树叶上，将自己的问题解决方法或成功经验写在绿色树叶上，都贴在树上。这样可以形象地展示学生的创作。

在一节生涯主题的课上，教师引导学生运用彩笔等道具进行绘画。

活动规则

1. 请在学习单上写上姓名，并在学习单上的"性格葡萄串"（见图7-1）中用黑色水笔在你认为最符合自己的性格特质下面画圈。

2. 如果你拥有的特质未列出，可自行补填在空白葡萄内。

3. 填完之后，请从你的右手边开始传，拿到的同组成员请用红色水笔把他在你眼中的性格特质画上圆圈，如果该特质未列出，可自行补填在空白葡萄内，直到自己的学习单又回到自己手里为止。

4. 看看自己的"性格葡萄串"，黑色是"主观我"，红色是"客观我"，同时被圈的代表主客观相吻合的性格特质，和同组的同学讨论分享。（课后也可以让老师、父母等勾选）（徐佳琳，2018）

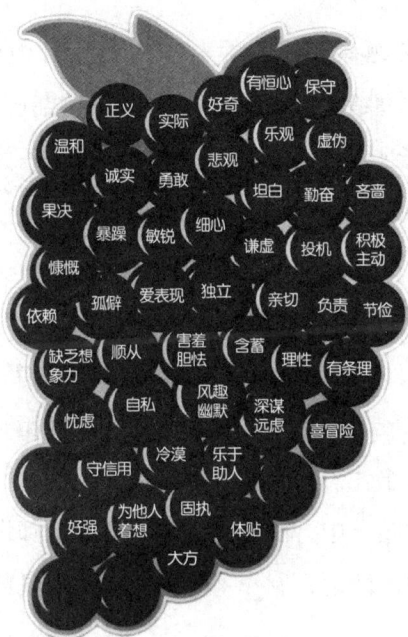

图7-1　性格葡萄串

二是用于优化板书的贴纸或卡纸。心理健康教育课中会有很多学生现场生成的内容，教师可以制作特定形状的卡纸，将学生现场生成的内容记在卡纸上，然后进行汇总和展示。比如，一位教师开展情绪辅导的课，标题是"情绪的宝盒"，课件上呈现了"被锁上的宝盒"的图片。教师引导学生讨论情绪调节的方法有哪些。当学生讲到一个方法时，教师就拿出事先设计好的由彩色卡纸剪成的一把钥匙形状，在钥匙上写上学生所讲的方法，然后贴在黑板上。最后，教师说这些都是打开情绪宝盒的钥匙。这样可以形象地展示学生现场生成的内容。

三是促进活动开展的背景音乐。心理健康教育课设计的活动需要学生参与和体验。在进行活动时，配上轻音乐有助于营造轻松的氛围，学生可以放开地表达和展现自己。背景音乐可以选择舒缓的轻音乐，不宜选择带歌词的歌曲，也不宜选择节奏太快的音乐。另外，也可以将背景音乐作为"计时器"。活动实施往往要设定时间，教师如果没有准备计时器，也可以告诉学生活动的时间即音乐播放的时长。音乐播放停止，活动即结束。

例子1：设计传递夸奖同伴的活动，教师可以说："等音乐一开始，你可以将你刚刚写好的多封夸奖信送给你的同学；音乐结束后，立刻回到自己的座位。然后看看你收到了多少来自别人给你的夸奖信。"

例子2：在情绪辅导主题课上，教师对学生进行分组，分成四个大组分别讨论"喜""怒""哀""惧"四种情绪。教师播放背景音乐以烘托气氛，与"喜"对应的音乐为《口哨者之歌》（Whistler's Song），与"怒"对应的音乐为《战神》（War Gods），与"哀"对应的音乐为《二泉映月》，与"惧"对应的音乐为《梦魇》（Nightmare）。背景音乐大大提高了学生活动和发言的积极性。

四是特定活动所需要的道具。比如箱子。有教师发现学生不愿意分享自己的故事，他就让学生将自己的故事以匿名的形式写在纸条上，放到箱子里，然后教师从箱子里随机抽选纸条来分享学生的故事。另有某教师设计了"烦恼回收站"的活动，学生将自己的烦恼写在纸上，然后扔到箱子中，由教师带走。还有教师设计了合作的任务，制作了拼图材料；设计了角色扮演的活动，制作了不同角色的面具或角色牌；设计了价值拍卖的游戏，制作了代币券。

比如，在一节"价值观澄清之旅"的心理健康教育课上，教师准备了特别的道具——音乐、拍卖锤、价值拍卖清单（用于黑板张贴和学生使用）、摇铃、记号笔等道具。具体活动如下。

活动1：价值观赋值（时间：15分钟）

师：首先进入我们的第一个活动——价值观赋值，为拍卖做准备。现在每位同学都拥有10000生命币，这些生命币象征着我们一生的时间和精力。如果用它们来购买清单上的商品，你想购买哪些商品？请你在要购买的商品后面填写购买的价格。注意你的10000生命币不能超额使用。好，现在开始购买。（3分钟）

师：我看到同学们都完成了购买。下面请同学们以组为单位围坐成封闭圆圈，由组长组织成员轮流分享："你花费生命币最多的三样商品是什么？为什么是这三样？"（背景音乐响起，5～8分钟）

师：刚才我看到同学们在组内讨论得很热烈，接下来请每个小组推荐的代表说一说："你一生中愿意花费最多生命币的三样商品是什么？为什么？"（4～7分钟）

在学生分享过程中，教师适时追问并积极引导正向价值观。

……

活动2：价值观拍卖（时间：20分钟）

师：接下来我们将依次拍卖刚才清单上的22件商品。请同学们了解以下拍卖规则：①每位同学依然拥有象征我们一生的时间和精力的10000生命币，用来购买拍卖的商品，同样不能超额。②拍卖过程中，同学举手的同时喊出价格，否则视为无效叫价，价高者得。③每件商品起拍价1000生命币，每次叫价不低于500生命币。④只要参与了竞拍的同学，不论是否竞拍成功，都要把自己最终的出价写在拍卖清单上对应商品的"竞拍出价"一栏内。但竞拍不成功的出价不计入"10000生命币"的竞拍花费上。⑤如果同一件商品多人出价相同，由最先举手叫价者拍得。⑥每个人自由分配自己的生命币，竞拍自己认为重要的商品。如果生命币用完了，就只能旁观其他同学竞拍，不能继续参加竞拍。（石婧，2022）

三、课堂约定

心理健康教育课本应是学生倾吐心声的场所，但如果没有得到同伴的尊重和认可，那么自我分享很可能会变成伤害事件。看下面的一个例子。

在"未来的自己"一课上，一位学习成绩中等、平时不爱发言的学生站起来说："我的理想是成为一名优秀的科学家，我觉得我会成为医学领域的专家。"他的发言很自信，同时眼神中又透露出希望得到老师和同学的肯定。然而，班里传来了喝倒彩的嘘声。班级同学的反应给他带来了伤害。

在心理健康教育课的课堂上，教师与学生除了遵循基本的课堂要求之外，还须在以下方面共同达成约定。

第一，保密。在心理健康教育课上，学生会分享自己的隐私。教师和全体学生都有为当事人保密的义务。在未经当事人同意的情况下，全体成员不得在课后议论和转告他人。

第二，倾听和尊重。在听某一个学生分享自己的经验或想法时，教师和其他学生必须认真地倾听，避免插话或打断他人发言。不管当事人分享什么内容，其他人都必须无条件积极接纳并尊重当事人的分享，切勿嘲笑、攻击他人。

第三，真诚和坦诚。学生须积极参与讨论，客观地分享自己的经历和经验，真诚地分享自己的想法和感受，不得弄虚作假、编造事实，也不可以故意挑衅和破坏课堂氛围。

这些约定，一般会在第一次上心理健康教育课时，教师和学生共同商议得出。然后所有成员进行签字，相当于签订共同的课堂约定。在之后的心理健康教育课上，教师可以在每次课前展示课堂约定以提醒学生，也可以在课中和课后提醒学生。下面介绍一位教师的做法。

情境1

在一次关于社会支持的心理课上，我问一位学生："当你感到孤独的时候，你最希望谁陪在你的身边？"此时，他边上的一位男生大声吼出了班上一位同学的名字，于是，我及时转向该男生："这位同学，你是根据什么得出这个结论的呢？""他俩玩得很好，形影不离。""嗯，这是你的看法，那我们听听这位同学本人的答案是什么。"我回应。

"我希望是我的妈妈。"这时我转向同学们："看来，我们这位同学的答案跟你想的有些不太一样。同学们，为什么这位男生的答案跟我们这位同学回答的不一样呢？""因为他们两个人想法不同。""因为他不是当事人。"我接着问："所以，当他人分享的时候，我们可以代为发言吗？""不可以！"

最后强调课堂约定中的"认真倾听"原则。这样，学生不仅认识到自己刚刚违反了课堂约定，也能感受到打断、代替他人发言的不当之处。

情境2

对于一些屡次违反课堂纪律的学生，课后还需要进行约谈，了解其行为背后的动机。我任教的一个班级，有一位男生在课上经常打断他人讲话，动来动去。多次提醒后依然收效甚微，这一次提醒了，好了几分钟，不一会儿又出现同样的问题。于是，自习课的时候，我让他去心理辅导室找我。我问他为什么老师多次提醒、点名，没过一会儿，他还是会继续打断别人。该生回答说，小学的时候就一直这样，还吃过药，现在已经好很多了。该生言语之中透露出的态度是，自己认为这些行为是理所当然的，还给自己贴上了"病态多动"的标签。我继续追问："在老师指出问题后的几分钟时间里，你是怎么做到安静听讲的呢？"该生认真思考了一番："老师说完，我认识到自己违反约定了，就在桌子上趴一会儿，不看大家，好像就可以忍住不乱讲话。""所以，你是可以做到安静听讲的，是吗？""或许吧，我也不确定。"

听到这里，我感觉该生有所松动，于是趁机提出要求："既然在不看同学的时候，你是可以忍住的，那么，以后当你意识到自己忍不住要打断他人的时候，你可以把自己的目光收回到自己的课本上。"同时，由于该生随意打断他人的行为存在时间久，一时之间难以彻底改变，因此我与该生另外做了一个属于我们两人之间的约定：在接下来的两周，如果每次课他打断别人发言的次数控制在两次以内，会得到相应的奖励。到学期结束，每次课能将打断他人发言的次数控制在一次以内，可获得更高的对应奖励。（李义双，2023）

第二节　课堂组织与活动开展

一、分　组

心理健康教育课分组讨论的组织需注意小组数量和人数、组间布局、成员构成、小组长等事项。

（一）小组数量和人数

一个班级分几个小组，每个小组多少人，都会影响分组讨论的效果。一个班不能分太多小组。在大组交流时，一般每个小组都要发言，小组太多将导致用时过长，影响教学进度。如果分组数量过少，那么每组人数就会太多，从而影响组内交流的充分性，甚至导致组内难以控制纪律。一般情况下，一个班级的小组数量宜在6个左右，不超过8个。每个小组的人数宜在6人左右，不超过8人。

（二）组间布局

小组在教室内布局良好，有助于教师从整体上观察和管控所有小组。所有小组的整体布局可以采用马蹄形或半椭圆形（如图7-2所示），教师可以观察到每个小组的情况，也可以和每个小组对话。每个小组展示时，其他小组也可以清楚看到。另外，各个小组之间也要保持适当间距，太近的话容易相互干扰，太远的话不利于展示和分享。

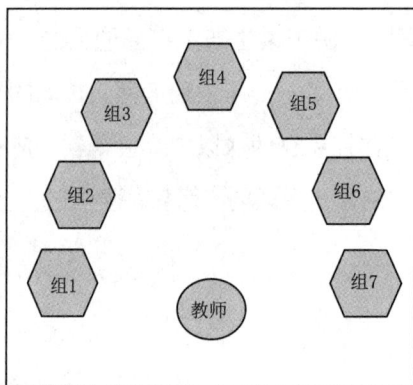

图7-2　小组组间布局示意

（三）成员构成

根据小组成员的相近性，小组类型可以分为同质型和异质型。如果没有明确分组的规定和要求，让学生进行自由组合，往往会出现几个要好的、熟悉的朋友或者是相似相近特征的学生组成一个小组，这样就构成了同质型小组。如果是随机分组，那可能就会组成小组成员特征有差异的异质型小组。相比于异质型小组，同质型小组内成员更熟悉，有更多共同的话题，这有利于学生内部的交流和小组内纪律管理。但他们的话题往往局限于他们的小圈子，不利于他们拓展思路。

从组间差异的角度看，如果是按同质型小组的方法进行分组，不同组之间的差异会比较大。小组代表在全班进行分享时，不同组所表达的内容会有较大差异。因此，小组内的交流时间可以短一些，但全班分享时需要有充分的时间。如果是按异质型小组的方法进行分组，不同组之间的差异会减少。小组代表在进行全班分享时，不同组所表达的内容会比较接近。因此，小组内交流时间要更充分，全班分享时间可以短一些。

同质型小组的组建，可以由教师根据学生的特点事先分好，上课时要求学生按照分组名单就座；也可以由学生自由组合，彼此熟悉或关系要好的人会坐一起。异质型小组的组建，需要采取完全随机的方法。教师可以事先采用随机法对学生进行分组，确定分组名单；也可以采用游戏法进行随机分组。常见的有制作数字卡牌（或者动物卡牌、诗歌卡牌），学生进入班级时随机抽取一张卡牌，最后抽到相同数字卡牌的组成一个小组。

表7-1展示了"寻找老乡"趣味活动的随机分组。以48人的班级为例,一个班分为8个小组,每个小组6人。事先按如下内容制作48张卡片。学生进入教室时随机领取一张卡片。之后,由学生寻找"同一地区"的同伴组建成一个小组。

表7-1 小组分组游戏

	1	2	3	4	5	6
1北京组	京	天安门	故宫	长城	烤鸭	海淀区
2山东组	鲁	济南	曲阜	青岛	泰山	德州
3江苏组	苏	南京	苏州	无锡	扬州	徐州
4上海组	沪	黄浦江	徐家汇	东方明珠	外滩	杨浦区
5浙江组	浙	杭州	温州	宁波	西湖	嘉兴
6福建组	闽	福州	厦门	福鼎	鼓浪屿	泉州
7河北组	冀	石家庄	唐山	承德	邯郸	邢台
8河南组	豫	郑州	开封	洛阳	嵩山	许昌

(四)小组长

小组长在开展小组讨论和合作任务中发挥着至关重要的作用。小组长不仅起到协调组内关系的作用,还是小组的"窗口",起到联结各小组的作用。心理健康教育课各小组的小组长,不一定学习优秀,但要有较强的责任心,有服务组内同学的意识,善于有序组织成员发言,懂得鼓励组内成员多发言,善于倾听和记录小组成员的发言,善于在全班分享和发言。小组长的确定可以采取组内推选或竞选的方式,也可以采取征求班主任的建议来拟定。另外,考虑到担任小组长也可以促进学生综合能力的提高,为了让更多学生得到锻炼,小组长也可以采取轮值的方式来确定。

二、开展活动与分享

(一)布置活动任务

教师要通过指导语讲解活动任务的程序和要求。指导语讲解的目的是使学生明白活动要求,因此在设计指导语时一定要站在学生的角度。

第一,指导语要明确,避免有歧义。比如,讲解跳绳游戏的指导语:"每个小组选出两个人来甩绳子,其他人都跳过绳子计1分,看看哪个小组跳得最多。"这个指导语中

"都跳过"有歧义，它是指小组成员依次跳过还是几个人同时跳过？指导语不明确，很可能引发学生的混乱，最后计分也会出现问题。

第二，指导语要简洁。简洁的指导语有助于学生快速记住活动要求。比如，在一个"了解别人眼中的自己"的活动中，编写的指导语为："一写：在不同的便利贴上分别写下你眼中的组内其他成员有何特点。二贴：每个人背后贴上一张空白的A4纸。三再贴：转身背对其他成员，其他人员依次将便利贴贴在其身后的白纸上。四看：全部成员都贴完便利贴后，将自己背后的白纸拿下来，查看上面的内容。"这样的指导语，用"写—贴—贴—看"四个字简洁地概括出了操作动作，后面又具体介绍了要求，既简洁又具体明确。

另外，有些任务程序比较复杂，要求比较多，需要通过一大段指导语才能讲清如何操作，而事实上，学生在短时间内不一定能记住和理解指导语。在该情况下，教师可以以图文并茂的形式展现活动操作，也可以亲自示范活动操作，还可以先进行一次尝试或练习，等学生都理解指导语之后再进行正式活动。

活动：回忆近期体验最明显的一种情绪，请试着用水彩笔描绘出你的情绪表情包，并给你的情绪小人命名，积极分享。

师：以老师为例，我近期感到最明显的一种情绪就是焦虑。我为了准备这堂比赛课，花了很多的精力，想把最好的一面展现给大家。我用了一团乱麻、汗水、皱眉这样的符号来绘制我的情绪表情包，我给它命名为"焦虑小主播"。

（教师把画好的焦虑表情包贴在情绪小人的脸上）

学生绘制并分享。

师：从同学们绘制的表情包中，我发现你们对情绪已经有了一定的认识。主播要将直播间第一个链接的福袋送给你们。

请一个同学展示福袋内容：情绪种类繁多、千变万化，体验和感受因人而异。（谢福泉 等，2023）

该环节需要注意的是，有时候学生很喜欢参与游戏活动，一看到有游戏活动，就跃跃欲试。在课堂上还没等教师把指导语和规则说完，一些学生就会活动起来。若教师在嘈杂的环境中继续讲解，就会导致一些学生听不清活动规则。教师要敏锐地发现这一点，做好预防，即要求全体学生都认真听完每项活动规则，教师说开始后才能开始活动，教

师说活动结束时就要立刻停下来。

（二）开展活动任务

在教师明确布置任务之后，学生开始开展活动任务。开展活动任务可以是个人执行，也可以是小组合作执行。在学生开展活动或者执行任务的过程中，教师要观察和记录各个小组或个人的操作情况。

第一，教师要及时发现学生操作是否得当。根据班杜拉观察学习过程的理论，教师的指导语或教师示范是学生观察学习的注意过程和保持过程，学生的具体操作属于复制过程，即学生将头脑中有关榜样情景的表象和符号概念转化为外显的行为，然而该过程很容易出现错误。如果教师发现个别学生操作有误，就要帮助学生及时进行矫正。如果教师发现大多数学生操作有误，就要重新进行指导语讲解和示范，或者请已经正确掌握操作要求的学生来示范。

以下是开展活动任务时教师进行控场的样例。

一、活动规则介绍

教师演示视频，并同步解说活动规则。

游戏1：找朋友

1. 每人背后随机贴一个数字纸条。

2. 本着双方自愿的原则，在全场范围找人组成两人组，让两人背后数字相加之和尽可能大。

3. 在找朋友的过程中，每个人保持安静，不说话，不暗示数字。

4. 用手势表示邀请、接受与拒绝。举起一个大拇指表示发出邀请，举起两个大拇指表示接受，用双手在胸前交叉表示拒绝。

5. 双方达成一致后，一起找个邻近位置坐下，并帮助对方取下便利贴。

6. 男女组合可获得小礼品。若总人数为单数，可与老师结对组合。

游戏2：朋友互动

1. 选择一种植物或动物代表自己，并说明选择的理由。

2. 认真倾听对方的介绍，并转述给对方听，用句式"我听到……"；把现在及以前发现的对方的优秀品质告诉他，用句式"我发现……"，在时间允许的情况下，可将其优秀品质简要地写在对方的便利贴上，送给对方。

3.时间：每人1分钟。

二、活动开展中的教师控场

1. 教师观察学生是否规范粘贴数字，及时纠正偏差，如有无被帽子、长发遮挡，没贴牢的要加固。

2. 教师观察学生的手势动作，大致估算发出邀请、拒绝他人的人数。

3. 教师观察学生活动的表情与行动：是主动还是被动？是开心还是为难？

4. 教师记录并把控活动时间：找朋友的活动要体验充分，不催促，朋友互动环节严格控制，计时2分钟。（李美华，2023）

第二，教师要了解学生的表现，为后续分享和展示做准备。在活动完成之后，要让学生分享和展示。在学生主动分享的情况下，因为教师在开展活动的过程中已经事先了解到学生的表现，面对学生的分享，教师也可以从容地回应。另外，教师可以邀请有代表性的学生进行分享和展示，这样能更好地发挥学生的示范作用，促进团体动力。

在"筑起心灵的防火墙"一课中，我创设了一个校园欺凌的情景：班级内某一小团体孤立学生小A，并且要求全班同学都不能与其来往。我邀请学生通过分组讨论的方式，分别讨论小团体成员（欺凌者）、小A（被欺凌者）、班内其他学生（旁观者）在认识到这是校园欺凌的情况下应该怎么做。在巡视过程中，我发现学生对于"旁观者"这一角色能够采取的行动有不同看法。有的小组认为，当自己已经意识到这是校园欺凌的情况时，如果不制止这样的情况发生，会影响班级的整体氛围，所以作为旁观者，应该告诉老师或者主动去沟通。有的小组的观点是，虽然不认可这样的行为，但是如果把这样的情况告诉老师或者主动去和小A沟通，会担心自己成为被孤立的对象，所以保持沉默是最好的选择。个别小组成员在表达自己的观点时，看向老师的眼神是小心翼翼的，脸上出现害怕老师不认同的表情。为此，我在倾听时鼓励他们积极表达："我认为你的顾虑是有道理的，如果我是你，我可能也会这么想，谢谢你把自己的真实想法告诉我们。"采用共情的方式消除学生的顾虑，为之后组织全班分享作铺垫。

在组织全班分享时，我特地邀请两组成员派代表上台就"旁观者"角色的做法进行讨论，台下的学生也纷纷表达了自己的看法，认为其实双方的观点都有合理性。最后，作为课堂主导者的教师，我总结和肯定了学生的发言，并表达了自己的观点："旁观者相较于被欺凌者来说，其实是强者。我认为强者是应该保护弱者的，不是因为他弱他有理，而是因为有一天当你成为弱者的时候，你会有'我也会被照顾和保护'的踏实感。"课后，有学生特地跑过来说："老师，其实我小学的时候就遇到过类似的情况，谢谢你刚刚没有否定我想要保持沉默的看法。另外，你课上那句''"我也会有被照顾和保护"的踏实感'触动了我。"（顾婷婷，2022）

（三）分享与展示

心理健康教育课主要通过活动和情境，促进学生体验和感受，使学生在互动交流中顿悟和反思。活动后的分享和展示是心理健康教育课的一个重要环节。分享和展示的形式与时间视具体情况而定。

第一，可以使用开放式的问题，引导成员自由开放地发表意见。比如："通过刚刚的活动，你们小组有哪些收获？"需要注意的是，教师要提炼问题，一般一次就提一个问题，不宜一次提过多的问题。

第二，面对学生的发言，教师要持开放和积极的态度。首先，不管学生发表什么内容，对于学生主动向全班同学真诚发言的行为，教师需持肯定的态度。其次，对于学生发言的内容，应保持中立态度。教师不要对某一部分人的发言表示特别好感，而对另一部分人的发言表示反感。尤其在遇到学生意见分歧而引起争论时，要接纳双方的不同观点。

第三，当学生的分享不利于教学效果或有碍于教学目标达成时，教师要灵活应对。比如，学生发言偏离主题或滔滔不绝时，应及时限制他的长篇大论，可以说："你刚刚讲了很多内容，能否请你用最简洁的一句话表明你刚刚想表达的观点？"或者说："关于这个问题，你表达了自己的想法，让我们再听听其他人有什么看法，看看他们的看法与你有何不同。"

第四，教师和学生互动时的站位，应尽量既关注发言学生，也兼顾其他学生。有些教师为了重点表达对发言学生的倾听，习惯于走到发言学生面前，或者直接和他单独交流，导致把其他小组抛在后面，无法顾及他们的反应。在全班交流的过程中，教师应尽量站在马蹄形或椭圆形小组布局的中间，尽可能顾及所有学生。

以下是开展活动与分享环节的样例。

探索与觉察情绪——曼陀罗绘画活动

一、活动要求

请用你喜欢的颜色，画出你最近一周的情绪。①每个人拿到的曼陀罗模板可能是不一样的，但这并不影响你对情绪的表达。②不要从和谐或审美的角度考虑，只要遵从内心感受绘画即可。③填写"绘前思考"与"绘后思考"。绘前思考：你近期体验过哪些情绪？对你情绪影响最大的事情是什么？绘后思考：你的作品让你想到了什么？请给你的作品取个名字。

二、绘画过程

播放轻音乐，创设出放松舒适的绘画环境，引导学生伴随音乐逐步投入其中，完成曼陀罗绘画作品。

三、作品展示

小组内展示：请同学们从以下几个方面分享自己的作品。①你作品的名字是什么？②你画的每种颜色都代表哪种情绪？产生这种情绪的时候发生了什么事情？对你情绪影响最大的事情是什么？③你的作品让你想到了什么？

全班展示：每个小组选一名代表，用投影仪将自己的作品展示给全班同学。

生1：我作品的名字叫"无烬"，意思是希望我所有的情绪都化为灰烬。（边说边笑）

师：好，那你能说一下作品里的每种颜色都代表你哪种情绪吗？当时发生了什么事情呢？

生1：这一点点灰色是我心里很不舒服的一部分，比较难过吧。因为我和我的好朋友闹矛盾了，不过我会处理好的。

师：与同学闹矛盾当然会心里不舒服，但正是这种不舒服的感觉提醒你该做点什么了。里面的深绿色呢？

生1：这些深绿色的部分代表我内心一些沉重和压抑的情绪。出现这种情绪的时候，刚刚考试结束，我考得不太理想，感觉心里闷闷的。

师：嗯，心里闷闷的确实不太舒服，但是尝试接纳它，和它在一起待会儿，会不会好一些？浅绿色呢？

生1：浅绿色代表我比较放松的情绪。当时恰好是周末，我和爸爸去爬山了，感觉放松了很多。

师：适当的户外活动可以促进积极情绪的产生。那这些深紫色呢？

生1：其实，这些深紫色和浅紫色都代表一种愉悦的情绪，只是愉悦程度不同，是我和宿舍里的同学一起玩闹后的心情。

师：好，看来良好的人际关系也利于激发积极情绪。此外，我看到你的曼陀罗作品中有大面积的橙色，那这些橙色又代表你的什么情绪呢？

生1：我觉得这些橙色就是我情绪的底色，是一种积极向上的情绪吧，因为我觉得我虽然有时候有烦恼，但大部分时间是快乐的。

师：你的分享太棒了，通过绘制曼陀罗作品，你不仅觉察和看到自己的各种情绪，还将每种情绪表达了出来。做完这些，你的感受怎样？

生1：我感觉放松了很多，心里明朗了很多，挺舒畅的。

师小结：觉察到情绪是管理情绪的开始，刚才大家通过曼陀罗绘画活动，已经很好地探索和觉察到了自己的情绪，接下来让我们一起探索管理情绪的奥秘。那么，究竟是什么造成了我们情绪上的变化呢？我们一起进入下一个环节。（宋金枝，2023）

第三节　心理辅导技术的运用

为了促进师生间高质量的互动和班级团体动力的运作，心理健康教育课需要运用个别辅导和团体辅导的相关技术。

一、个别辅导技术

个别心理咨询常用的技术可分为参与性技术和影响性技术。参与性技术包括倾听、鼓励、重复、简述语意、共情、具体化等。影响性技术包括解释、自我揭露、面质、指导、情感表达、内容表达等。在心理健康教育课中常用的是参与性技术，尤其是倾听、简述语意、共情和具体化。

（一）倾　听

倾听技术是教师进入学生内心、理解学生内心的基本途径。倾听不仅仅是用耳朵来听学生讲话，还需要全身心地去感受学生在讲话过程中表达的言语信息和非言语信息。与个别心理咨询类似，在心理健康教育课上，教师在倾听学生发言时，同样要做到身体面向发言学生，身体姿势自然开放，略微前倾，保持良好的目光接触和微笑，适当地点头等。与倾听的身体表现相比，在心理健康教育课上，教师在倾听时最难做的是控制好自己内心的活动。

首先是专注。倾听的前提是专注，即教师要专注于学生的发言。然而教师在授课时，要关注和思考本节课的教学目标、教学任务、教学时间等问题，要考虑如何回应学生的发言，还要观察其他学生的反应。因此，有时教师看上去是很专注在听，却不一定是在倾听。尤其是新手教师，备课的时候往往会事先准备好自己的发言词，所以在倾听学生发言的时候，会考虑自己下一步的发言词。

其次是克服主观偏见，不要轻易评判。在心理健康教育课上，教师提出某个问题，往往会预设"标准答案"或者有自己想要的答案。在听学生发言时，容易带着答案框架来评判学生发言是否正确、合理，对于所谓"不正确"的发言，教师很可能会做出评判，甚至直接打断学生的发言。比如，在一节恋爱主题的课上，学生提出中学生可以恋爱的观点，教师打断了学生的发言，说："中学生真的可以恋爱吗？"这其实就是带着自己认为中学生不能恋爱的框架来评判学生的观点。

（二）简述语意

简述语意技术是指教师用自己的话提纲挈领、简单扼要地概述和表达学生所叙述的内容。教师所简述的语意，一般不超越学生所叙述的内容，也不减少当事人叙述的重要观点。在心理健康教育课上，教师使用简述语意技术有诸多功能。一是有助于建立良好的师生关系。在听教师简述语意时，学生能感觉到教师有否倾听其发言。二是有助于教师确认自己是否理解了学生所表达的内容。三是有助于话题聚焦于重点内容。四是有助于其他学生更好地理解学生所表达的内容。

使用简述语意技术时，要注意使用的时机。当发言者叙述冗长、内容繁多，发言内容让大家难以确定发言重点时，教师有必要使用简述语意技术，以确定发言者发言内容的重点，尤其是要确定是否理解了当事人所表达的内容。另外，要注意不要加入教师自己的解释或评判。比如，某学生在表达自己所经历的事件和情绪反应。教师听后需概述学生所述的事件和情绪反应，而不是解释他为什么会有这样的情绪反应。

以下是使用简述语意技术的样例。

师：同学们，在刚才的游戏中，动作全部做对的同学请举手。你是如何做到的呢？

生1：我很仔细地听。

生2：我一直看着老师，专心听。

师：是的，专心让你们成功完成了任务。（教师板书：专心）

师：那其他同学，能说说是什么原因导致了动作的失误吗？

生3：我在看视频中的小魔怪。

生4：小魔怪的叫声太搞笑了，我只顾着笑了。

师：原来是这些"小魔怪"干扰了你，让你分心了。

师：同学们，在学校，在家里，无论是在听课、做作业，还是在考试、阅读等学习任务上，什么事情导致了我们在学习时分心呢？你能说说自己的例子吗？

生1：我在家做作业的时候，爷爷在外面看电视，我就停下来听。

生2：有一次上语文课，突然教室里飞来了一只小蜜蜂，我们都被吸引了。

生3：我不喜欢上数学课，上着上着就神游了。

师：听出来了，电视的声音、可爱的小蜜蜂、对数学课没兴趣等导致你们学习分心了。（许婷婷，2023）

（三）共 情

共情技术是指教师在倾听学生叙述的基础上，设身处地、感同身受地理解和体验学生的内心，然后准确地表达对学生内心的想法和情绪的理解。在心理健康教育课上，教师使用共情技术可促进学生感到自己被悦纳和理解，进而快速地建立良好的师生关系；有助于叙述的学生更好地进行自我表达和深入地进行自我探索；促使其他学生向教师学习如何共情他人，进而营造良好的班级氛围。

教师使用共情技术时，所表达的内容通常包括两部分：一部分为简述学生经历的事件；另一部分为事件背后学生的需求、想法和感受。下面呈现三个共情表达的例子。

案例1

生：有一天我的几个朋友没等我就去聚餐了，我以后再也不想理他们了。

师：你朋友没等你一起就出去了，而这件事情让你觉得自己被忽略了，有种受伤的感受，其实你很重视和朋友之间的关系，你很想和他们一起交往。

案例2

生：老师，我最近几次模拟考试都是差20分左右才过线，我感觉自己没戏了。如果正式高考考不好，我都不知道该怎么活下去。

师：最近的几次模拟考试没有达到你的预期，你现在感到担忧、恐慌和不知所措。你是把自己的未来甚至整个人生道路都寄希望于高考的成功。因而你感到一旦失败的话，就不知如何才能活下去。

案例3

生：三年前，我父母离异了。这些年他们也没来关心我，我很多事情都只能靠自己。（说着就哭了）

师：你父母分开的这些年，你独立自主地生活和学习，但你也经历了很多辛苦，承受了很多压力，一想起这事，你感到很心酸。

在心理健康教育课上使用共情技术时，需要注意以下事项。

第一，放下教师自己的参照标准。要表达共情，就是首先要放下自己内心的标准和参照。将自己放在学生的地位和处境，来感受学生的需求、想法和情绪，体会学生行为产生的原因。教师放下自己的主观看法，设身处地思考问题时，共情往往会自然而然地出现。尤其注意不要直接地指导和引导，比如"我认为你应该这样做"；不要简单地判断和评价，比如"我认为那个事情主要还是你的错"；不要空洞地说教和劝告，比如"作为学生，你首要的任务是好好学习"；不要贴标签和诊断，比如"你有些有自大"；不要为学生做虚弱的保证，比如"你明天一定会更好"；等等。

第二，用真诚的态度和探索性的语气来表达共情。共情的表达是为了促进学生的成长，而不是表现教师的技能。在心理健康教育课上，教师向发言者表达共情，是为了促进发言者自我探索，是为了帮助其他学生学习如何表达共情。教师切勿卖弄共情技术，刻意向学生展示自己能深入挖掘学生内心需求和想法的能力。此外，教师切勿盲目自信——自认为已经深入感受和准确理解了学生，要带着尝试性和探索性的语气与学生对话，同时要求学生做出修正，比如"我刚刚这样的理解，对吗？"如果不对，可以进一步倾听学生的说明和解释。

第三，注意适度和保护原则。共情可分为初级共情和高级共情。高级共情比初级共情更加深入。在个别咨询中，随着咨询的深入，教师要使用高级共情。但与个别咨询不同，在心理健康教育课上，毕竟还有其他学生在，教师如果过于深入共情发言者并表达发言者深层次的需求和想法，有可能会让发言者觉得自己的隐私过于暴露，进而产生反感。

（四）具体化

具体化技术指教师协助学生清楚且准确地表述观点、所用的概念、所体验到的情感，以及所经历的事件。学生在叙述事件、想法、需求和情感时，常常会出现模糊、混乱、矛盾。使用具体化技术可以澄清学生所表达的那些模糊不清的概念、观念和问题。教师以"何人、何时、何地、有何感觉、有何想法、发生什么事、如何发生"等问题，协助当事人更清楚、更具体地描述其问题。这样一方面促使发言者厘清自己的所思所感，促成自我认识；另一方面也让教师和同伴更准确地理解发言者，促成准确的共情。

一般在以下情况下，教师要使用具体化技术。第一，概念不清。学生使用了一些不恰当或者模糊的概念。比如，学生说："我妈妈不关心我。""关心"具体是指什么？对于这个概念，不同人会有不同理解。教师可以询问学生："能具体说说妈妈做了什么事情让你感觉到不关心吗？""能具体说说关心是什么意思吗？"第二，问题模糊。学生使用了一些含糊或笼统的字眼来表述自己的问题。比如，学生说："我烦死了。"教师可以说："你能说说具体发生了什么事情吗？"第三，过分概括。学生把个别事件泛化为普遍现象，把对个别事件的看法上升为一般性的结论，此时教师需要用具体化技术进行澄清。比如，学生说："他们都不理我。""不理"具体是指什么？"都"具体是指什么样的程度？或许经过澄清之后，学生会发现他们也不是都不理，只是有时候不理。

在心理健康教育课上使用具体化技术时要注意以下方面。第一，在使用具体化技术之前，教师要专注倾听发言者的叙述，并在专注倾听的基础上对一些关键的概念和问题进行澄清。第二，尽量使用开放式提问。与封闭式提问相比，开放式提问更有助于发言者表达更多的信息，有助于其进行自我探索和自我剖析。第三，避免追问、审问、质疑式的提问。比如，"你为什么要这么做？""你觉得这样做有意义吗？"这样的提问显得咄咄逼人。应该用邀请式、开放式、共情式、语气温和的方式提问。比如，"能具体说说当时发生了什么让你想到采取这样的行动吗？"第四，注意保护发言者。在个别心理咨询中，随着咨询的深入，咨询师会使用具体化技术进一步促进当事人探索。但在心理健康教育课上，当涉及一些隐私性问题时，发言者可能不愿意在全班同学面前坦诚分享，此时要保护和尊重发言者。

以下是使用具体化技术的例子。

师：你的害羞是什么颜色呢？让我们用手中的画笔把它画出来吧！接下来开始我们的绘画。

学生先在小组内交流，再在全班分享。

师：请分享你害羞小花的颜色，这个颜色表达了你什么样的感受？

投影学生的作品，学生讲述。

生1：我的害羞小花是黑色的，它让我紧张。

师：请具体说说是什么事情带给你这样的感受。

生1：有一次演讲比赛，快上场了，我特别害怕讲得不好，紧张，感觉天都黑下来了。

生2：我的害羞小花是白色的，它让我很恐惧。我的学习成绩不好，每次课堂提问，我都特别害怕老师问我。

生3：我的害羞小花是红色的，它就像我在紧张时的红脸蛋。以前家里来了陌生人，我不敢主动打招呼，紧张得满脸通红。（印建霞，2023）

二、团体辅导技术

在心理健康教育课上教师除了使用个别辅导技术之外，还需要使用团体辅导技术。最常用的团体辅导技术有催化互动、示范、调停和聚焦、总结等。

（一）催化互动

催化互动技术是教师采取行动增进学生之间有意义交互的一种途径。催化互动技术贯穿团体辅导整个过程，包括热身、小组合作、讨论等。当班级的学生之间缺乏互动或者一些较害羞的学生沉默而不敢发言时，教师有必要催化学生之间的互动，以促进团体动力发展。比如，在一节亲子关系主题的课上，教师请学生分享自己和父母的故事。

生A：我讨厌我妈妈。上个星期五，我放学后留校打了半个小时的球，就因为晚到家半个小时，我妈妈就凶我，说我怎么这么迟才回家。我听她啰唆了好几句之后，也开始感到不爽，后来就摔门而出了。

师：谢谢你真诚地向大家分享了你和妈妈的故事。我们看看其他同学对此有什么样的看法。

生B：A做得不对，妈妈再怎样也是爱你的，你不可以摔门而出。

生C：我不同意B的说法，我理解A的感受和做法。就迟到了半小时，妈妈没必要凶他。我们理解父母，父母也得理解我们。

师：我不评价B和C的看法，但我想你听了他们的看法之后肯定会有一些启发。

教师的该做法，催化了学生A、学生B与学生C三者之间的互动。

在使用催化互动技术时，教师促进学生表达不同的观点和建议是有益的，但要注意避免学生之间的强烈冲突，甚至是恶意攻击，还要注意可能会产生全体学生对着某一个学生的事件进行热议和评论。如果该学生乐于听取大家的评议，那可以继续。如果该学生不乐于自己的事件被大家评议，那么教师要及时地调停和转移。

（二）示　范

示范技术是指通过创设榜样人物，为学生行为的习得提供样板。在心理健康教育课的实施过程中，学生明白了自己的问题，但不知道该如何解决，或者不知道该如何操作，而榜样示范有助于学生直观地了解行为如何操作。榜样人物可以是电影等作品中的人物，也可以是心理健康教师本人和同班同学。班集体中的学生往往具有相似的经验和背景，邀请班集体中的学生作为榜样，能起到较好的示范作用。

师：妙方无处不在。你的身边一定有不害羞的同学，他活泼开朗、热情大方，他上课积极举手、大胆发言，一点也不害羞。那他是谁呢？

生：小A。

师：请小A起立，让老师认识一下你。

师：同学们，你们说他不害羞，具体有哪些表现？

生：积极举手发言，大声朗读。

师：（注视小A）大家觉得你各方面都做得特别好，一点也不害羞。你的方法是什么？

小A：坚持练习，不怕出丑……

学生总结克服害羞的妙方：向人学习。（印建霞，2023）

在使用示范技术时，要注意榜样的选择。首先要考虑榜样行为本身是否具有示范性。在上述例子中，教师有目的性地选择了小A作为榜样人物，就是因为其行为具有较强的示范性。其次要考虑榜样人物是否具有代表性。越有代表性的榜样人物越能引起学生模仿，不具代表性的榜样人物，学生常常会拒绝模仿。

（三）调停和聚焦

调停和聚焦技术是指当出现班级学生活动和发言不利于心理健康教育课顺利进行时，教师采取行动以控制课堂。调停和聚焦的目的在于保证心理辅导活动顺利进行，最大限度地保证团体动力的运作，保证全体成员体验和成长。具体而言，在出现以下情况时，教师有必要采取调停和聚焦技术。第一，当班级团体动力发展过快，多数学生不适应或难以忍受团体氛围时，教师需采取调停技术调整团体氛围和动力。第二，学生的活动和发言偏离主题方向。尤其是有学生漫无边际地聊天、高谈阔论时，教师需引导学生集中话题，使团体讨论回到有意义的内容上。第三，班级学生之间有严重冲突，甚至产生敌意。比如，在初中生人际关系主题的课上，学生A站起来分享自己被同桌误会和冤枉的事件。同桌没等他说完就站起来打断了他的发言，并指出是他自己平时常常言而无信。随后班级里另有几位同学也指出了学生A的问题。学生A辩解了几句，但还是放弃了争论。在这种情境下，教师要及时地调停。

教师在使用调停和聚焦技术时，态度要真诚，语气要温和，表示是针对事情而不是针对学生个人，避免给学生贴标签。比如，在一节亲子关系主题的课上，教师创设的讨论话题是"如何向父母表达你的爱"。

生A：我父母都不关心我。

生B：我的爸爸也是，他经常在外地，我都见不到他。

生C：我爸妈在身边，但他们经常批评我。

师：我听到了大家和父母关系的现状，我们现在的话题是如何向父母表达你的爱。你们感觉到父母不关心你，那现在如果给你机会向父母表达爱，你会怎么做呢？

多位学生在发言时表达的是父母不关心自己。教师要及时采取调停和聚焦技术，使团体共同的话题转移到"如何向父母表达爱"上。

（四）总　结

总结技术是指教师把所有发言者所叙述的内容进行综合整理和概述，以提纲的形式向全体学生表达出来。在心理健康教育课上，学生常常有许多不同的观点，教师需要适时地对各种观点做出总结。这样有助于凝聚课程的核心内容，有利于全班学生聚焦学习方向，有利于团体动力发展。总结可以用于几位发言者发言之后，也可以用于一个活动结束之后。比如，关于学习动机一课，教师询问学生学习的意义在哪里。

生A：我父母对我未来的发展有很高的期望，我希望通过学习达到他们的期许和要求。

生B：我考试就是为了拿到高分，这样我就可以在班级里排名靠前了。

生C：我很想考好，我想超越我姐姐。

师：你们几个对学习的看法很接近，希望通过学习获得他人赞许、排名靠前、超越他人等一些外部的东西。

在心理健康教育课堂上进行总结时要注意一些事项。第一，要在充分倾听和采集到学生观点之后再总结。如果全体学生发言不充分，那教师的总结会有偏差，不能代表全班学生的想法。第二，教师在总结时，要放下自己的框架和偏见。有些学生的发言可能不符合教师的预期，教师在总结时需保持客观的立场，对全体发言者进行总结，不可选择性地总结。第三，注意使用的时机，比如，当好几位学生所讲述的内容有重复时，为了控制课堂的时间，教师有必要对几位学生的发言做一个精练的总结，然后引导学生思考还有哪些不同的观点。

本章小结

1. 心理健康教育课与其他学科课一样，在授课前要做好课件、板书设计、案例、练习题与作业等准备。除了这些方面，心理健康教育课的教学尤其要注意场地安排、教具准备、课堂约定等。

2. 心理健康教育课的场地最好是在专用教室，比如团体活动室。

3. 心理健康教育课会用到一些特定的教具，包括用于学生绘画和展示的彩笔、贴纸、卡纸等道具，用于优化板书的贴纸或卡纸，促进活动开展的背景音乐，特定活动所需要的道具，等等。

4. 心理健康教育课上，教师要和学生达成共同的约定，尤其要做到保密、倾听和尊重、真诚和坦诚。

5. 心理健康教育课分组讨论的组织需注意小组数量和人数、组间布局、成员构成、小组长等事项。

6. 心理健康教育课上，教师在布置活动任务时要通过指导语讲解活动任务的程序和要求，有必要时进行示范。

7. 心理健康教育课上，教师在开展活动任务时要巡查学生表现，及时发现学生操作是否得当，了解学生的表现，为后续分享和展示做准备。

8. 心理健康教育课上，教师在分享与展示时要注意以下问题。第一，可以使用开放式的问题，引导学生自由开放地发表意见。第二，面对学生的发言，教师要持开放和积极的态度。第三，当学生的分享不利于教学效果或有碍于教学目标达成时，教师要灵活应对。第四，教师和学生互动时的站位，应尽量既关注发言学生，也兼顾其他学生。

9. 心理健康教育课上，教师要使用个别辅导技术，尤其是倾听、简述语意、共情和具体化等参与性技术。

10. 心理健康教育课上，教师要使用团体辅导技术，尤其是催化互动、示范、调停和聚焦、总结等。

练习题

一、辨析题

1. 心理健康教育课对教学场地没有要求。 （　　　）

2.心理健康教育课上，教师要强调课堂约定。　　　　　　　　　　（　　）

3. 心理健康教育课上，学生在操作活动时，教师不用做什么。　　（　　）

二、简答题

1.简述心理健康教育课教学一般需要准备的教具。

2.简述心理健康教育课的分组教师需要考虑的问题。

3.简述心理健康教育课的分享和展示环节教师需要注意的问题。

三、应用题

一位学生在心理健康教育课上发言说："我在考试前特别容易紧张，常常出现头脑空白。这次期末考就是这样，考卷一发下来，我脑子就一片混乱，原来会做的题目，都想不起来了。"请运用至少三种个别辅导技术或团体辅导技术给予回应，并加以阐明。

参考答案

第八章

心理健康教育课程的教学评价

学习目标

◉ 理解教学评价的意义、原则、内容和形式。

◉ 掌握心理健康教育课程学生学习效果的评价方法。

◉ 掌握心理健康教育课程教师教学工作的评价方法。

本章导读

　　心理健康教育的基本目标是促进学生心理健康和提高学生心理素质。心理健康教育课程教学是否达到了这个目标以及达成的程度，即课程教学在多大程度上促进了学生心理健康和发展，这是心理健康教育课程评价要关注的重点。同其他学科课一样，教学评价是心理健康教育课设计和实施的重要环节。教学评价为检测教学目标达成度、教学内容设计合理性和教学方法与过程实施的有效性提供了依据。教学活动是一个不断改进的过程。教学评价既是一次教学活动的终点，更是下一次教学活动的起点。因此，它是实现教学活动持续改进的基本路径。本章围绕心理健康教育课程的教学评价展开介绍。

　　本章共分三节。第一节为教学评价概述，阐述教学评价的意义、教学评价的原则、教学评价的内容和指标、教学评价的形式。第二节为学生学习效果的评价，阐述评价的指标、评价的技术、研究设计等。第三节为教师教学工作的评价，阐述评价指标与标准和教学评价表建构。

本章课件

第一节　教学评价概述

　　教学评价是依据教学目标对教学过程及结果进行价值判断并为教学决策服务的活动，是对教学活动现实的或潜在的价值做出判断的过程。与其他学科课一样，教学评价是心理健康教育课教学活动的重要环节。教学评价对教学活动具有导向、反馈、调节、激励等基本功能。对于一般学科课程而言，教学评价还有选拔或筛选功能，即按照一定的标准对学生排序并给排名靠前者提供更好的荣誉或发展机会。然而，心理健康教育课程是提高全体学生心理素质的大众教育，不强调选拔或筛选功能。下面将具体介绍教学评价对心理健康教育课的意义及其原则、内容和形式等。

一、教学评价的意义

（一）心理健康教育课设立及持续开展的保障

　　在实际的学校教学中，和基础学科课相比，心理健康教育课的地位并不稳定。学校往往优先安排基础学科课。甚至有一些教师或校领导质疑心理健康教育课设立的必要性。有人质疑说："心理健康教育课就是玩玩游戏和做做活动而已，学生在课上是很开心，可是课后也不见得有多大的收获和成长。"因此，有必要开展教学评价，尤其是评估心理健康教育课对学生心理健康和发展的作用，从而证明心理健康教育课的有效性及价值，进而保障其设立和持续开展。

（二）心理健康教育课改进和完善的依据

　　任何工作都会有持续改进的空间。通过教学评价，心理健康教师可以更全面地了解自己和学生在教学中的表现，更客观地看到心理健康教育课存在的问题和不足之处，更深入地诊断和分析问题背后的原因。在评价结果的基础上，教师可以调整教学内容和教学目标，重新制订教学计划，改进教学方法和教学过程。因此，教学评价为心理健康教育课的改进和完善提供了依据，也为心理健康教师的专业发展提供了动力和方向。

📖 知识扩展

吉斯伯斯（Gysbers，2001）对美国密苏里州的22601位七年级学生的调查发现，在控制了社会经济状况、学校规模后，心理健康教育工作开展良好的学校，学生报告了更高的学校安全感、学校教育满意度、学业成绩、学业对于自身未来发展重要性的积极评价，更少的身体健康问题和人际关系问题。

惠斯顿等（Whiston et al.，2011）梳理了1980—2004年间共325篇有关心理健康教育效果的文献，其中117篇采取了"实验组—控制组"的实验研究方法。经过元分析发现如下结果（见表8-1），效应量越大，说明越有效；99%置信区间不包含0，说明效应显著。结果说明了心理健康教育课程的有效性。

表8-1 不同干预方式效应量对比

活 动	效应量	99%置信区间
辅导课程	0.31	0.23～0.39
团体活动	0.41	0.26～0.57
个别咨询	0.07	−0.34～0.47
团体咨询	0.36	0.25～0.47
导师指导	0.34	0.04～0.64

二、教学评价的原则

学校心理健康教育课程教学评价应遵循以下基本原则（聂衍刚，2012）。

（一）客观性和实用性

对心理健康教育课程的评价，首先应该持有实事求是的科学态度，根据学校心理健康教育课程的特点设定客观的评价标准和评价指标体系，以客观公正地考察其过程与成效，尽量避免主观偏见或其他因素的影响。同时，各项指标内容应具有可测性或可操作性，观察和问卷的项目应该清晰明了，避免模棱两可的语言表述。评价的指标体系应该切实可行，符合当前心理健康教育课程的发展现状，而不能设置过高的目标或花费大量的人力、物力和时间。评价所得的信息要易于分析与处理，这就要求指标体系各项目之间相互独立、层次上下细化分明，尽量减少指标体系内部的矛盾与冲突。

（二）发展性和开放性

因为学校心理健康教育课程着眼于提高学生的心理素质，而学生的心理素质是处于不断发展变化中的，所以对心理健康教育课程的评价也应充分体现发展性和开放性原则。第一，对教学效果的评价要着眼于学生心理发展规律，着眼于学生心理素质的发展变化，以及各种能力发展变化的动态评价。第二，课程评价的内容是开放性的，将随着社会的发展、学生的年龄特点而进行相应调整。

（三）形成性和主体性

心理健康教育课程对活动过程中师生的情感体验非常重视，注重过程评价，强调在教学活动中利用自主评价调控教学活动以达到理想的教学效果，注重形成性和主体性。第一，尊重学生的主体地位，鼓励学生对教学进行客观的评价。第二，鼓励教师在活动中对自身的情感投入、活动组织的掌控程度、学生的参与积极性进行自评。第三，提倡师生自评与其他评价人员（如专家、校领导等）的评价相结合。

（四）特殊性和灵活性

当前心理健康教育课程在各地区各学校开展的情况很不一致，对它的评价要考虑各个学校的实际情况和个别需要，不能整齐划一，评价项目与方式需要保留弹性。同时从微观层面上说，心理健康教育课程的效果评价也要考虑到个人差异，不能要求班级里的每一名学生都达到统一的发展标准。所以对它的评价还要考虑特殊性，保持灵活性。

三、教学评价的内容和指标

一般而言，心理健康教育课程评价大致可以分为对教师教学活动的评价和对学生学习活动的评价。曹梅静等（2004）提出心理健康教育课程的教学活动评价指标包括教学指导思想与设计，教学目标的达成，教学内容的适切性，教学方法的多样性，教学组织的合理性、顺畅性和灵活性，教学准备，教师的基本素质，学生的反应（满意度）等八个方面；学生活动评价的指标包括对学习活动的态度、能力表现、知识技能及应用等三个方面。

陈佑清等（2016）总结了我国各级教学研究部门和学校制定的课堂教学评价标准，

提出国内传统的课堂教学评价标准所具有的典型特征是主要从教师教学角度出发设计评价指标体系，比如从教学目标、教学内容、教学方法、教学手段、教学效果等五个方面评价课堂教学的优劣，具体如表8-2所示。

表8-2 从教师教学角度出发的教学评价

评价项目	评价要素（每项要素占5分）
教学目标（10分）	1.知识、技能、情感目标明确、具体 2.具有本学科特点，符合课标要求和学生实际
教学内容（25分）	1.概念讲授正确，原理教学清晰 2.教学容量恰当，主次分明，突出重点 3.能抓住关键，突破难点 4.把握自身内在联系，小结归纳适时、恰当 5.选取例子典型恰当，重视学科基本能力培养
教学方法（25分）	1.选取的方法恰当，创设的情境能激发学生主动学习和探究的兴趣 2.充分创设问题情境进行启发式教学，问题设计由浅入深，并充分体现本学科特点 3.把学科教学方法渗透在教学之中并适时总结，学法指导得当，体现个性差异 4.因材施教，分层指导，能根据学生反馈信息适时调整教学进度和难度。 5.能采取积极、多样的反馈评价方式，促进学生进一步学习的愿望，鼓励表扬得当
教学手段（15分）	1.教态自然，运用普通话教学，语言表达清晰简练、准确、生动，有感染力、有节奏感 2.板书工整，脉络清晰，布局合理，用图规范 3.电教媒体或挂图选用恰当、合理、有效；课件设计的字体大小、颜色搭配能关注学生眼睛健康
教学效果（25分）	1.学生在讲、学、练等活动中参与度高，学习情绪饱满，思维活跃，讨论和回答问题积极 2.师生相互尊重，互动交流顺畅，学习气氛和谐 3.时间利用合理，按时完成教学任务 4.大部分学生"双基"（基础知识、基本技能）落实，课堂上检测或运用的正确率高 5.能力、思想渗透得当，不同程度学生都有所获

陈佑清等（2016）进一步提出，以教导所引起和促成的学习行为的表现、状态，来评价教师教导的效果和质量。学生学习行为的表现或状态是决定学生学习与发展效果的直接控制变量，教师的教导行为只有作用于学习行为才能影响学生学习和发展的质量或效果。他们提出了"以学评教"（即从学生学习角度出发）的教学评价指标体系设计，具体如表8-3所示。

表8-3　从学生学习角度出发的教学评价

一级指标	二级指标	三级指标
1.学习行为的针对性	（1）满足学习目标实现的需要	①学习目标定位准确、全面 ②学习行为与目标实现的匹配程度
	（2）符合学习内容的特性	①把握学科特性 ②内容解读准确（合理确定教学的重难点） ③学习行为符合学科特性及对具体内容的解读
	（3）切合学生学情	①学习行为与学生的经验基础相适应 ②学习行为与学生的知识基础相匹配 ③学习行为与学生的思维能力相适应 ④学习行为符合学生的学习需求
	（4）基于教学条件的可能	①学习行为与教学的时间相适应 ②学习行为与教学的空间相适应 ③学习行为与教学的设备条件相适应
2.学习行为的能动性	（1）参与学习活动的积极性	①学生参与学习活动是否主动热情 ②学生在学习过程中是否专注投入
	（2）内部思维过程的能动性	①学生在学习过程中是否积极思考 ②学生在学习过程中是否主动质疑 ③学生在学习过程中有无内化理解 ④学生在学习过程中是否主动建构
	（3）能动参与学习的学生面	能动参与学习的学生的比例
3.学习行为的多样性	（1）满足多种学习目标实现的需要	①准确把握本堂课应实现的多种目标 ②设计与多种目标相对应的多种学习行为
	（2）符合多种学习内容的特性	①全面把握本堂课内容的类型或板块 ②设计与不同内容相匹配的多种学习行为
	（3）适应教学条件的可能	本堂课设计的多种学习行为是否都有相应的时间、空间及物质条件保障
4.学习行为的选择性	学习行为切合不同学生的学情	①有无分层设计目标、内容、进度、作业要求 ②不同层次或特点的学生是否可以选择不同的学习行为

四、教学评价的形式

心理健康教育课程的教学评价有多种形式。

（一）总结性评价、形成性评价和诊断性评价

根据评价功能的不同，心理健康教育课程评价可以分为总结性评价、形成性评价和诊断性评价。心理健康教育课程的总结性评价一般是在课程结束之后对学生学习结果或

教师教学行为进行评价，以了解教学成效。总结性评价为制订新的教育目标提供了依据，为师生后续的教与学活动提供了新起点。形成性评价是在心理健康教育课程教学过程中对学生和教师进行的评价，目的是改进和完善教学活动。形成性评价类似于"单元测验"，教师或学生都可以基于单元测验的结果调整自己教与学的计划。心理健康教育课程的诊断性评价旨在探明教师教学和学生学习过程中存在问题的原因或考察影响因素。诊断性评价可以在课程设计或教学实施的任何阶段进行。

（二）自评和他评

根据评价实施主体的不同，心理健康教育课程评价可以分为自评和他评。心理健康教育课程的自评是指心理健康教育课程的设计者或授课者作为评价者，对自己设计或实施的心理健康教育课程在教学理念、教学目标、教学方法、教学效果等方面进行评价。自评有助于设计者或授课者的自我觉察和自我反思。另外，由于自评的对象就是自己设计或实施的心理健康教育课程，自己对其也更加熟悉，因此评估可以更加深入。然而也正因为此，自评可能会有主观性或者评估偏差。心理健康教育课程的他评是指由课程设计者或实施者之外的他人或机构作为评价主体进行评价。他评时，评价者可以从不同的视角提出新的建议，可以为课程提供新的思路和理念。然而，也可能因为评价者未深入理解教学设计者或实施者，而提出了一些无效的建议。

（三）微观评价和宏观评价

根据评价范围的不同，心理健康教育课程评价可以分为微观评价和宏观评价。微观评价是对课程的细节内容进行评估，比如教学活动设计和操作、学生分组和任务布置、教学场地和课时安排等具体性问题。宏观评价是指从课程管理和建设的角度进行评估，比如心理健康教育课程实施的保障体系、课程研发的教学团队、心理健康教育课程对全校育人氛围的影响等问题。微观评价更有助于教师改进心理健康教育课程教学设计和实施，而宏观评价更有助于学校建设和推进心理健康教育课程。

（四）系统测验评价和日常观察评价

根据评价方式的不同，心理健康教育课程评价可以分为系统测验评价和日常观察评价。系统测验评价是指运用标准化的测验手段、测验工具对教师教学活动和学生学习效果进行测量与评价。日常观察评价是指通过观察学生日常生活和学习活动状态或者观察教师日常教学状态的方式对学生和教师进行评估。系统测验评价比日常观察评价更加严谨，所获得的数据和资料更加标准化，能进行标准化的数据分析和结果解释。但日常观察评价比系统测验评价更加具有生态性，其收集的数据和材料更加真实，也更加全面。

（五）静态评价和动态评价

根据评估时间点的不同，心理健康教育课程评价可以分为静态评价和动态评价。静态评价是指在某个特定的时间点对心理健康教育课程的特点和状态进行评估，它可以在同一时间点对不同心理健康教育课程或授课教师进行比较。动态评价是在一段时间内的多个时间点连续对心理健康教育课程进行评估以获得其发展变化的规律，它可以对同一心理健康教育课程或授课教师在不同时间点的表现进行比较。静态评价和动态评价类似于横向研究设计和纵向研究设计。动态评价比静态评价更加费时费力，但能获得更多的数据和资料。

（六）量化评价和质性评价

根据评价数据和资料性质的不同，心理健康教育课程评价可以分为量化评价和质性评价。量化评价是指将教师的教学过程和学生的学习活动转化为数量，然后对数量进行数据分析。量化的数据可以有称名变量、顺序变量、等距变量、等比变量。最常用的量化方法是心理测量法。质性评价是指通过访谈、作品分析、田野调查等方法，收集质性材料，描述与解释教师和学生的教学活动。量化评价比质性评价更加客观，可以进行群体性统计分析，也可以进行差异显著性比较。但量化的过程中也丢失了很多信息和资料，因此质性评价比量化评价更加生动具象。

（七）常模参照评价和标准参照评价

根据评价所依据的标准和解释方法的不同，心理健康教育课程评价可以分为常模参照评价与标准参照评价。常模参照评价是将受评者分数在常模中进行比较，获得其在团体内的相对位置而衡量其水平。标准参照评价是将受评者分数与某一标准分进行对比，衡量其是否达到了某一绝对水平。心理健康教育课程的常模参照评价有助于直观地看出受评者在所在团体中的位置，但难以得知其掌握了什么或没有掌握什么。心理健康教育课程的标准参照评价有助于直观地看出受评者与客观标准之间的差距或优势，但其缺陷在于较难把握标准制定的科学性。

第二节　学生学习效果评价

　　教学评价是研究教师的教和学生的学的价值的过程。教学评价一般包括对教学过程中的教师和学生，以及对教学内容、教学方法手段、教学环境、教学管理等诸多因素的评价，但主要是对学生学习效果的评价和教师教学工作过程的评价。因此，教学评价包括两个核心环节：学生学习效果的评价和教师教学工作的评价。学生的成长是心理健康教育课的直接目的，也是根本目的。教学评价首要考虑的是学生的学习效果。对学生学习效果的评价以学生参与教学活动的表现为对象，评价的主体是教师和学生。本节重点介绍对学生学习效果评价的指标、技术和研究设计。

一、评价的指标

　　在对学生学习效果进行评价之前，需确定评价的指标，即"评什么"。

　　关于心理健康教育课学生学习效果的评估，曹梅静等（2004）提出学生活动评价的指标包括对学习活动的态度、能力表现、知识技能及应用等三个方面。第一，对学习活动的态度，主要涉及学生对心理健康教育课教学问题的关注与责任感，学生带着责任感或兴趣投入学习活动，在活动中积极思考和探索。第二，能力表现，主要涉及学生在活动中表现出来的人际交往与合作能力、自主与创新能力、领导与被领导能力、搜集资料与操作能力等。第三，知识技能及应用，主要涉及学生对新知识和新技能的接受、理解及综合运用等方面的表现。刘宣文等（2020）提出心理健康教育课评价包括辅导目标、内容与方法的评价，辅导活动、过程与作业的评价，对教师表现和学生反应的评价，辅导效果评价等四大方面的评价指标。其中，辅导效果评价从集体和个人两方面开展，在个人方面包含学生学习效果，具体评价指标有：①学生是否通过辅导达到了预期的具体辅导目标？②学生能否把知、情、行三个维度上所获取的辅导效果整合起来并促成自我成长？③学生对心理健康教育课有无形成积极兴趣与态度？

　　在心理咨询领域，研究者提出了过程—效果模型（胡姝婧 等，2008；Hill et al.，1999）。该模型指出评估心理咨询的三类效果：即时效果、会谈效果、治疗效果。即时效果是指在咨询师的某一些反应后当事人的感受，通常以当事人对咨询师反应的帮助性评价、满意度来表示。会谈效果是指一次会谈结束后当事人的变化，通常以当事人对会谈的评价和会谈结束后的体验来表示。治疗效果是指会谈全部结束后当事人的变化，通常以对当事人某些症状或总体状况前后测得的差值来表示。

基于此，心理健康教育课的学生学习效果评价可以分为两个维度的指标。

第一个维度是时间。根据课堂前、课堂中、课程后三个时间点，学生学习效果评价可分为三类：活动效果、课堂效果、课程效果。活动效果是指教师在开展某项活动或师生互动之后学生的感受和收获。课堂效果是指一节课结束后学生的变化。课程效果是指一个学期或一个学年课程全部结束后学生的变化。

第二个维度是学生心理变化。学生心理变化可分为总体主观感受和心理健康与素养。总体主观感受是指学生对活动（或课堂、课程）的喜欢程度、认为活动的有用程度，以及对活动或教师的满意程度。心理健康与素养是指心理健康状态、心理健康素养、人格发展等方面。

这两个维度就构成了3×2的二维表，如表8-4所示。

表8-4　心理健康教育课学生学习效果评价指标

时间维度	心理变化维度	
	总体主观感受	心理健康与素养
活动效果	A1	A2
课堂效果	B1	B2
课程效果	C1	C2

比如，在一节人际关系的心理健康教育课上，在开展角色扮演的教学活动之后，教师请学生评估："1. 你对该活动的喜欢程度是多少？（1～10计分）""2.该活动对自己人际交往的改善有多大帮助？（1～10计分）"。这就是对活动效果的总体主观感受评估（A1）。此外，教师通过创设新的人际交往冲突情境，询问学生会如何处理。通过学生的回答，教师评估学生的人际交往技能是否有提高。这就是对活动效果的心理健康与素养提高作用的评估（A2）。

在该节课结束之后，教师询问学生："1. 你对这节课的喜欢程度是多少？（1～10计分）""2. 这节课对自己有多大帮助？（1～10计分）""3. 你对这节课教学的满意程度有多少？（1～10计分）"。这就是对课堂效果的总体主观感受评估（B1）。此外，教师通过布置作业（如，撰写人际交往日记）或课程结尾进行人际交往能力测验，来评估这节课对学生人际交往能力的促进作用（B2）。

在一个学期课程结束的时候，教师进行问卷调查，询问学生："1. 你对这门课程的喜欢程度是多少？（1 ~ 10计分）""2. 这一学期的课对自己有多大帮助？（1 ~ 10计分）""3. 你对这一学期课程教学的满意程度度有多少？（1 ~ 10计分）"。这就是对课程效果的总体主观感受评估（C1）。此外，教师在学期初和学期末，采用心理健康量表、积极心理品质量表、主观幸福感量表等对学生进行测量，通过前后测分析得出一学期课程对学生心理健康与素养的作用（C2）。

这样的划分对心理健康教育课程的设计和实施有着积极的意义。

一是增加时间维度的作用。有人质疑说："一节心理健康教育课上完后，学生并没有实质性的变化。"事实上，学生心理健康与素养的发展具有潜伏性。一节心理健康教育课的效果并不一定能随后立刻显现出来，甚至不一定能产生效果，但我们要相信一个学期的心理健康教育课一定能产生积极作用。即使当前显现不出来，未来当学生发展到一定程度时就可能会体现出来。因此，区分活动效果、课堂效果、课程效果，有助于我们更好地看待心理健康教育课的效果。

二是增加学生心理变化维度的作用。区分总体主观感受和心理健康与素养两个方面，有助于心理健康教师更加谨慎地对待学生的变化。学生对课堂活动的总体主观感受良好是课堂促进其心理健康与素养发展的前提。然而，有些学生在课堂活动中表现积极优秀，对心理辅导活动非常感兴趣，也自感有效，但如果他们不在日常生活中迁移和训练心理相关技能，那么在心理健康与素养上也不一定会有显著的成长。因此，区分总体主观感受和心理健康与素养两个方面有助于心理健康教师更加全面地看待学生的心理变化和成长，以及评价自身教学工作。

二、评价的技术

在确定了指标之后，接下来是如何获取评价数据的问题。对学生在心理健康教育课上学习效果的评价有诸多技术。

（一）问卷调查法

问卷调查是社会调查研究中收集资料的一种常用方法。其实质是为了收集人们对于某个特定问题的态度行为、价值观点或信念等信息而设计的一系列问题。教师可以运用统一设计的问卷向学生了解情况或征询意见并收集信息。问卷可以设计选择题，也可以设计开放式题目。比如，教师在上完情绪调节一课后设计了"心理健康教育课学生反馈单"（见表8-5），在课后发给授课班级学生。学生进行不记名方式的自评。

表8-5 心理健康教育课学生反馈单示例

指导语：以下问题旨在了解你上完这节课后的感受和收获。请根据你的真实感受做出评价。分数从1到5，表示程度不断增加。					
项 目	①	②	③	④	⑤
1.通过这节课我明白了积极情绪的作用					
2.通过这节课我学会了情绪调节的方法					
3.我觉得上这节课所取得的经验很有意义					
4.我喜欢老师设计的活动					
5.我喜欢老师对待我们的态度和方式					
6.这节课我最喜欢的环节是：					
7.我认为这节课需要改进的方面是：					

（二）心理测量法

心理测量是通过科学、客观、标准的测量手段对人的特定素质进行测量、分析、评价。心理测量最常用的工具是量表。量表的编制经过科学的信效度检验。因此，和问卷相比，它往往具有更好的可靠性和有效性。在评估心理健康教育课的学习效果时，可以采用测量心理健康水平、心理素质、人际技能、学习能力等方面的量表。在选择量表时尤其要注意选择适合学生年龄发展特点的量表。

比如，采用研究者编制的"中学生心理素质问卷（简化版）"评估中学生的心理素质变化（胡天强 等，2017；武丽丽 等，2017）。该量表由24个题项组成，包括认知品质、个性品质、适应性（能力）三个维度，每个维度设8个题项（见表8-6）。量表采用5级计分，从"非常不符合"到"非常符合"，分数越高，表明被试的心理素质水平越高。研究者对量表的信效度进行了检验，表明了具有良好的内部一致性、重测信度、结构效度和效标效度。

（三）行为观察法

行为观察法是根据一定的目标和计划，教师对学生日常的学习与生活活动状况进行观察和记录。行为观察法的优点是能够真实地描述学生在自然情境中的行为表现。教师

表8-6　中学生心理素质问卷（胡天强 等，2017；武丽丽 等，2017）

指导语：下面的题目是对个人的一些描述，请在最能反映你实际情况的那个数字上打"√"。1=非常不符合；2=比较不符合；3=不确定；4=比较符合；5=非常符合。					
1.做题前，我常会有清晰的做题步骤	1	2	3	4	5
2.我常督促自己，以便如期完成该做的事情	1	2	3	4	5
3.我是一个比较受欢迎的人	1	2	3	4	5
4.我能合理安排自己的娱乐活动，控制娱乐时间	1	2	3	4	5
5.我对新知识很感兴趣	1	2	3	4	5
6.我与我的老师保持着良好的关系	1	2	3	4	5
7.我通常独立完成自己的事情	1	2	3	4	5
8.在群体活动中，我能扮演好自己的角色	1	2	3	4	5
9.在学习上，我一般会制订好适合自己的目标和计划	1	2	3	4	5
10.我常常能有效化解尴尬	1	2	3	4	5
11.解题时，我通常能够意识到自己用了哪种定理和方法	1	2	3	4	5
12.我能勇于面对挫折，不灰心不气馁	1	2	3	4	5
13.无论情况多么紧急，我都能沉着应对	1	2	3	4	5
14.我总是能做到今日事今日毕	1	2	3	4	5
15.我善于把新旧知识联系起来学习	1	2	3	4	5
16.当学习情况发生变化时，我会调整自己的学习方式	1	2	3	4	5
17.我总能约束自己按计划行事	1	2	3	4	5
18.我与同学相处融洽	1	2	3	4	5
19.我能够独立解决问题	1	2	3	4	5
20.我善于寻找各种资源解决学习上的困惑	1	2	3	4	5
21.我能够很好地融入、适应现在的环境	1	2	3	4	5
22.我总是对自己要求严格	1	2	3	4	5
23.我常常积极参加或组织各种学生活动	1	2	3	4	5
24.我常会根据学习任务选择学习方法	1	2	3	4	5

可以通过对学生行为表现的分析判断学生的心理活动。心理健康教育课效果评价可采用常用的两种观察记录方式。一是逸事记录法，指教师把观察到的学生情况，以叙述性文字所做的一种简明的记录，包含学生的基本信息、观察时间、观察事实及其发生情境的描述、教师的解释与建议等。二是量表评价法，指根据量表上所列举的行为特征或方式，对学生的表现加以评量。

一般情况下，观察法包括三个步骤：第一，确定观察的内容；第二，根据观察的内容适当选取观察策略；第三，对所观察到的内容进行记录。表8-7为行为观察记录表示例。表中明确的观察主题是小学生情绪反应，观察的内容是事件、情绪反应和行为表现。

观察的测量采取时间取样法，即每周二上午。

表8-7　小学生情绪观察记录

观察对象		记录人		
时　间	地　点	事　件	情绪反应	行为表现
第1周周二上午				
第2周周二上午				
第3周周二上午				
第4周周二上午				

上述观察记录表是针对某一位学生特定行为进行的观察记录。在心理健康教育课中，也可以针对学生群体的多方面表现进行观察记录，即学生课堂行为记录表。学生课堂行为记录表包括一系列教师认为对评价课堂效果有重要意义的学生行为。记录时可以记录有/无，也可以记录次数。记录最好是包含学生人数和行为次数。比如，"打断他人发言行为"出现次数多，在一定程度上说明了课堂约定执行有问题；但如果在学生人数记录分析中发现，出现该行为的主要是特定的几位学生，那么就要对这几位特定学生进行引导和指导；如果该行为广泛分布在多名学生中，那么就要向全班同学强调课堂约定。

该表可以由授课教师自己填写，也可以由听课教师填写。具体如表8-8所示。

表8-8　学生课堂行为记录（教师用）

教学班级：	教学日期和时间：	教学主题：	
	行为表现	人　数	次　数
抗拒行为	1.缺课		
	2.迟到		
	3.沉默退缩		
	4.不参与小组讨论和活动		
违约行为	5.不保守秘密		
	6.故意吵闹，引发他人注意		
	7.取笑他人		
	8.打断他人发言		
	9.批评、言语攻击他人		
积极参与	10.因发言激动或感动而哭泣		
	11.自我开放		
	12.积极展示		

说明：（1）行为表现可以根据实际情况增减。（2）人数是指表现对应行为的学生数量；次数是指表现对应行为的所有学生的总行为次数。（3）计数可采取"正"字计数法。

（四）访谈法

访谈法是指通过教师和学生面对面的交谈来了解学生的心理和行为。它是心理学研究的基本方法。访谈法能够全面且深入地收集个体多方面的分析资料，因而深受研究者青睐。访谈法可分为结构型访谈和非结构型访谈。前者的特点是按定向的标准程序进行；后者的特点是没有定向标准化程序的自由交谈。访谈法还可以分为个体访谈和集体访谈。形式还可以分为面对面访谈、电话访谈、网上访谈等。

对于心理健康教育课的效果评估，教师无论采取哪种访谈形式，都要明确访谈的目的和内容，列出访谈提纲，即所要访谈的内容和提问的主要问题。在访谈时，表述上要求简单、清楚、明了、准确，并符合学生年龄特点，且及时、准确地做好访谈记录，有必要时在经得学生同意后进行录音或录像。下面列出了两个访谈提纲样例。

样例1 课堂效果评估访谈提纲

1.你对这节课中哪个活动印象最深刻？

2.你在这个活动中有什么收获？

3.你认为这次活动中具体是什么让你产生了收获？

4.你对活动的改进有何建议？

样例2 课程效果评估访谈提纲

1.这个学期上了心理健康教育课，你觉得它对你的学习带来了什么样的帮助？

2.这个学期上了心理健康教育课，你觉得它对你的人际关系带来了什么样的帮助？

3.这个学期上了心理健康教育课，你觉得它对你的生涯规划带来了什么样的帮助？

4.为什么心理健康教育课会给你的这些方面带来帮助？

5.未来的心理健康教育课该如何改进，才能发挥它更大的作用？

（五）其他方法

其他方法包括作品分析法和多渠道评估法。作品分析法是指借助学生的个人作品来获取资料的方法。更具体地说，通过分析学生的学习心得总结、绘画作品、心理日记、心理手抄报等创作作品，了解学生的心理活动和变化。多渠道评估法是指确定多个评价主体的方法，如选择家长、班主任和同伴，通过家长对子女的评价、班主任对学生的评价、同伴间的评价，收集多方面的信息和资料，以更全面地评定心理健康教育课效果。

三、研究设计

（一）实验设计方法

为了更好地说明学生的变化和成长由心理健康教育课而产生，教师需要进行科学的研究设计。在实际学校教育情境中，由于难以做到完全随机，因此往往进行的是准实验研究。教育工作者较常用的研究设计有单组后测设计、单组前后测设计。为了更严谨地说明效果，最好采取实验组—对照组前后测设计，其基本模式如图8-1所示。该设计能较好地控制时间和组别差异带来的误差。

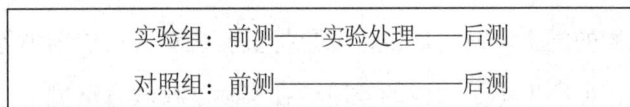

```
实验组：前测——实验处理——后测
对照组：前测——————————后测
```

图8-1　实验组—对照组前后测设计基本模式

在该设计基础上获得前后测数据，通过对前后测数据的分析，说明实验处理带来的效应。一般采取独立样本 t 检验分析两组前测的差异，如果两组没有存在显著差异，说明实验组和对照组等组。然后用重复测量方差分析测量时间和组别两个变量的效应，如果出现测量时间和组别两个变量的交互作用显著，再进一步进行简单效应分析；如果实验组的后测与前测有显著差异，而对照组的前后测没有显著差异，那么可以说明实验处理对学生的变化产生了显著影响。

比如，某教师设计了一套16课时的心理健康教育课程，他想说明其有效性，采取了实验组和对照组前后测设计。

第一，实验组和对照组为两个平行班。两个班在开学初进行了前测，采用心理健康水平测验，结果分析得到两个班没有显著差异。

第二，实验组和对照组均安排了每周一次的课堂，为期4个月。实验组采取心理健康教育课的形式进行教学，对照组采取专题讲座的形式进行教学。为了控制教师的差异，两个班由同一名教师授课。

第三，4个月后对两个班进行后测，采用与前测相同的量表进行测验，结果如表8-9所示。对结果进行统计分析，显示实验组的后测显著高于前测，而对照组前后测没有显著差异。这说明采取心理健康教育课形式的教学效果显著优于专题讲座形式的教学。

表8-9　实验结果

组　　别	前测（$M \pm SD$）	后测（$M \pm SD$）
实验组	55.30±12.10	65.76±11.21
对照组	55.26±12.31	58.27±12.28

（二）注意事项

为了更好地说明实验处理带来的效应，研究需要注意以下方面。

第一，在确定实验组和对照组时，需做到两组等组。如果不等组，那么即使在结果统计上产生效应，也难以说明实验处理有效应。比如，实验班为成绩优秀班级，对照班为成绩中等班级。如果出现实验班前后测差异显著，对照班前后测不显著，看似产生了显著的效应，但也不能完全说明效应就是由实验处理带来的，因为有可能这样的实验处理只适合于成绩优秀的学生。换句话说，如果把实验班也换成成绩中等班级，那么即使有实验处理的干预，也产生不了积极的效应。在实际学校教育情境中，教师可以选择两个平行班，一个为实验班，另一个为对照班；或者根据现实需求先确定实验班，再选择与实验班特征相似的班级作为对照班。

第二，要考虑对照组该如何处理。严谨且巧妙地设计对照组才能更好地说明实验处理带来的效应。有些人提出对实验组进行实验处理的干预，对对照组不进行任何处理，即所谓的空白组设计。这样即使得到两组存在差异，也难以说明这个效应就是由实验处理干预带来的。比如，实验班进行了以自我意识为专题的心理健康教育课系列教学，对照班采取自学的方式。两组出现的差异，有可能是自我意识主题带来的，也有可能是心理健康教育课本身带来的，甚至有可能是教师在场而带来的。因此，为了更好地说明是心理健康教育课带来的效应，对照组可以进行自我意识的专题讲座。

第三，要注意实验者效应和被试者效应。实验者效应是指主试在实验中可能以某种方式（如表情、手势、语气等）有意无意地影响被试，使他们的反应符合主试的期望。如实验组的授课教师为了提高实验者效应，有意无意地暗示学生要快速成长，甚至暗示学生测量时要往好的方向填写。被试者效应是指在研究过程中，研究对象意识到自己正在被研究，这影响了他们的行为和表现。这种影响可能是积极的，也可能是消极的，取决于研究的情境和研究对象的心理。比如，典型的霍桑效应，被试知道自己在实验组而努力上进地表现。在实际教学研究中，学生也可能会因为感知到自己处于实验组而更加积极地学习和表现。

第三节　教师教学工作评价

心理健康教育课的教学评价除了要评估学生的学习效果，还要评估教师的教学工作。学生学习效果的产生主要源自教学活动。对教师教学工作的评估既有助于分析学生学习效果产生的原因，也有助于教师更好地改进教学活动。本节围绕教师教学工作的评价展开介绍。

一、评价指标与标准

教师教学工作的评价一般包括教学目标、教学内容、教学方法、教学手段、教学效果等方面。不同研究者或教育工作者提出了既类似又有差异的评价指标体系和标准。

刘宣文（2002）从心理健康教育课的特殊性出发，结合心理健康教育课的基本流程，提出从辅导目标评价、辅导内容评价、视暖身活动、看所设计的活动与所创设的情境、辅导过程评价、视学生的反应、视教师的表现、看辅导作业、辅导方法与策略评价、辅导效果评价等10个方面来看待心理健康教育课的教学评价。刘宣文等（2020）又进一步概括为辅导目标、内容与方法的评价，辅导活动、过程与作业的评价，对教师表现和学生反应的评价，辅导效果评价等四大方面评价指标及其标准。这些指标主要涉及教师教学工作的评价。具体如下。

一、辅导目标、内容与方法的评价

心理健康教育课目标的评价应着重以"人格的健全发展"这个总目标为依据，并遵循以下原则：

（1）适应时代需要的原则。

（2）符合儿童心理发展规律的原则。

（3）心理成分整体协同发展的原则。

（4）可操作性原则。

辅导内容应依据辅导目标来确定。换句话说，什么因素对于受教育者的心理发展是最需要的，它就应当成为心理辅导活动课的主要内容。对辅导方法的评价要考虑其是否正确、适当，是否有一定的艺术性和创造性。

二、辅导活动、过程与作业的评价

对暖身活动的评价要看辅导教师能否根据本单元的主题，运用生活中的资源设计相应的活动，以激发学生兴趣与动机。另外，还要看暖身活动是否能创造安全、接纳、轻松的氛围，引导学生进入辅导活动之中。对活动设计的评价要考虑以下方面：

（1）必要性。活动应依据辅导目标来展开。

（2）适切性。活动设计应符合学生的经验与心理发展水平。

（3）参与性。活动设计应能最大限度地激发学生参与的积极性。

（4）次序性、延续性、累加性。活动设计要促成学生的持续发展。

对活动情境创设的评价应考虑情境是否来源于学生的生活实际，是否符合学生的心理发展水平和年龄特点。

对辅导过程的评价要考虑以下方面：

（1）辅导过程是否具有安全、接纳、温暖、尊重的团体气氛？

（2）团体中是否建立了民主、平等、合作的辅导关系？

（3）辅导中是否有广泛、良性的学生互动和师生互动？这是团体动力的一个重要指标。

辅导作业是课内辅导的延伸，它的内容应联系学生的生活实际，拓展、强化学生所获得的知识、态度和行为。

三、对教师表现和学生反应的评价

对教师表现的评价要考虑以下三个重要方面：

（1）辅导教师是否具备共情、真诚、无条件积极关注等良好的态度特质，并在辅导过程中进行了正确的表达？

（2）辅导教师在整个辅导过程中能否创设、确立并维持安全和温暖的环境、信赖和理解的和谐气氛，并鼓励学生相互分享，引导学生自我探索？

（3）教师的角色是否到位？心理健康教育课要求教师更多地扮演好朋友、小组成员、心理专家、团体领导者等角色。

对学生反应的评价要考虑以下三个重要方面：

（1）学生能否积极主动地参与辅导活动？

（2）活动中学生能否自然、投入地扮演所取得的角色？

（3）辅导中学生是否有自我体验、自我开放与自我探索？

四、辅导效果评价

心理健康教育课效果的评价应从集体和个人两方面来进行。

从集体角度看，辅导效果的评价标准如下：

（1）全校是否形成了重视心理辅导的氛围？

（2）学科教学是否借鉴了心理健康教育课的某些做法，将心理辅导渗透到学科教学中去？

（3）校风是否有积极的改观？

（4）班级团体的凝聚力是否增强？

（5）班级的满意度、荣誉感是否增强？

从个体角度看，辅导效果的评价标准如下：

（1）辅导目标的达成度。学生是否通过辅导达到了预期的具体辅导目标？这应结合起始评价来评估。起始评价所得的资料既可作为课程设计参考，又可作为评价课程辅导效果的依据。

（2）学生能否把知、情、行三个维度上所获取的辅导效果整合起来，并促成自我成长？

（3）学生对心理健康教育课有无形成积极的兴趣与态度？

（4）辅导教师是否具有进一步钻研相关理论的兴趣与行为？

（5）辅导教师是否在与学生建立的这种新型人际关系中体会到自我价值的实现，并在行为表现上以更积极饱满的情绪投入为学生服务之中？（刘宣文 等，2020）

钟志农（2007a）提出五个方面的教学评价指标及其标准，具体如下。

一、辅导理念基本正确

（1）要看教师在辅导理念上对核心概念的界定和把握是否准确。

（2）要看教师在实施过程中对辅导主题的理解有无片面性和绝对化。

（3）要看教师对学生在活动过程中偏离主题的发言能否给予及时的引导。

二、设计思路比较清晰

（1）活动设计有创意，不照搬照抄教学参考资料。

（2）活动形式生动活泼，具有较强的动感。

（3）活动线索清晰有序，每一步骤都紧紧围绕主题需要。

三、活动过程氛围和谐

（1）催化团体动力，气氛和谐活跃，学生参与积极性高。

（2）小组认真互动，全班分享有启发性，发言有真情实感。

（3）自觉遵守团体规范，现场活而不乱。

四、辅导技巧运用恰当

（1）高度尊重学生，语言和表情有亲和力。

（2）注意运用一些基本的辅导技巧。

（3）有临场应变能力，回应简洁而又比较到位。

五、辅导目标基本达成

（1）班级团体辅导健康发展一般会经过四个阶段，这四个阶段的辅导目标清晰度都是不一样的，教师应随机进行形成性的自我评价。

（2）不要用评价文化课教学目标达成与否的尺度去衡量班级团体辅导的成效。

（3）班级团体辅导的成效评价还涉及一个教师如何看待学生的学生观问题。（钟志农，2007a）

他还指出，除了上述五个重要的指标之外，一节心理健康教育课的效果还与许多因素有关，例如，准备工作是否充分，教具及多媒体设备的使用是否得当，热身活动是否生动有趣、能调动学生参与的积极性，等等。但是，如果在评价中对每一个方面的要求都"死看死守"，就会将心理健康教师的注意力引向细枝末节，而失去宏观的整体把握。

曹梅静等（2004）提出对教学活动的评价应以教师的教学指导思想和对心理健康教育课程的组织管理为主要对象，评价主体是学生或学校的管理者及其他教师，主要评价指标包括如下八点。

1. 教学指导思想与设计。正确掌握心理健康教育课程的类型和基本模式；贯穿课程的组织原则；坚持全面发展的素质教育；面向全体学生。

2. 教学目标的达成。根据心理健康教育课程的性质特点来确定教学目标；教学目标设定具体且有层次；学生对教学目标的理解及达到程度。

3. 教学内容的适切性。教学内容与课程目标具有一致性；教学内容具有科学性和教育性；教学内容适合学生年龄发展特点。

4. 教学方法的多样性。教学方法与课程目标的一致性；教学方法服从和服务于教学内容；教学方法灵活且有效应用；教学方法适合学生年龄发展特点；多媒体的恰当应用。

5. 教学组织的合理、顺畅和灵活性。教学组织符合心理健康教育课程的组织原则；课程结构和安排合理；教学环节连接自然、流畅；教学组织有序而灵活。

6. 教学准备。教师备课及教学材料准备充分；教学场地选择恰当；教学环境设置合理。

7. 教师的基本素质。教师对心理健康教育课程的特点、方法和要求的把握准确；教师对心理健康有关知识的理解和技能把握到位；仪表、教态、语言恰到好处；教师的修养与人格魅力强。

8. 学生的反应（满意度）。学生对教学活动的参与程度高；学生对有关知识技能的理解与掌握程度高；学生对教师的情感和态度积极。（曹梅静 等，2004）

二、教学评价表建构

在建立心理健康教育课教学评估指标体系和标准的基础上，研究者和教育工作者建构了评价表。比如，钟志农（2007a）对上述评价指标加以统整，得到一份比较简洁而又容易操作的心理健康教育课形成性评价表，如表8-10所示。表中有五项评价标准及14项具体要求。每项要求均有"5分"或"10分"的权重，共100分。"辅导理念基本正确"包括三项具体要求，占20%比重。"活动设计思路清晰"包括三项具体要求，占20%比重。"活动过程氛围和谐"包括三项具体要求，占25%比重。"辅导技巧运用得当"包括三项具体要求，占25%比重。"辅导效果明显"包括两项具体要求，占10%比重。每一项评价都采取ABCD四级计分，分别对应1.0、0.8、0.6、0.4等四个系数。

表8-10 心理健康教育课形成性评价（钟志农，2007a）

评价标准	具体要求	权重	评价			
			A（1.0）	B（0.8）	C（0.6）	D（0.4）
辅导理念基本正确	选题有针对性，符合学生年龄特征，并非盲目模仿	5				
	对辅导主题及核心概念理解正确，把握无重大偏误	10				
	能对学生偏离主题的发言进行妥善引导	5				
活动设计思路清晰	整体设计有创意，不照搬教学参考资料	5				
	活动形式活泼生动，具有较强的动感	10				
	活动线索清晰有序，每一步骤都紧紧围绕主题需要	5				

续 表

评价 标准	具体要求	权 重	评 价			
			A （1.0）	B （0.8）	C （0.6）	D （0.4）
活动过 程氛围 和谐	催化团体动力，气氛和谐活跃，学生参与 积极性高	10				
	小组认真互动，全班分享有启发性，发言 有真情实感	10				
	自觉遵守团体规范，现场活而不乱	5				
辅导技 巧运用 得当	辅导教师高度尊重学生，教态、语言有亲 和力	5				
	注重倾听、关注、同感、重述、具体化等 技巧的使用	10				
	注意适时引导，对学生发言的回应既简洁 又到位	10				
辅导效 果明显	学生在活动中有感悟、有体验，情感投入 度较高	5				
	能自主提出解决自身困惑问题的对策，促 进自我成长	5				

也有实践者（文国香 等，2023）提出心理健康教育课的"三动"设计与实施模式，即"意动—情动—行动"模式。第一，意动，即调动起学生对授课主题的兴趣和内在学习动机。第二，情动，即唤起学生的真实情绪与情感，帮助学生在探索过程中建立起新的体验与评价。第三，行动，即学生在情境中进行行为训练。基于该课堂教学模式，实践者建构了心理健康教育课评价表，具体如表8-11所示。

表8-11 "三动"教学模式的教学评价（文国香 等，2023）

评价维度	评价条目	分 值	得 分
"意动"达成	选题契合学生的年龄特点和心理发展需要	5	
	辅导理念准确，无偏差或概念错误	10	
	辅导目标设定契合学情，清晰、具体、可达成	5	
	导入方式能联系学生生活实际，充分调动学生探索的动机	10	
"情动"达成	情境设计体验性强，能激起学生的真情实感	10	
	环节设计符合逻辑，清晰有序，有创新之处	5	
	小组互动充分，有真实的探究过程；分享有内容、有启发	10	
	课堂上，学生全员参与，活动或思考氛围活跃	5	

续　表

评价维度	评价条目	分　值	得　分
"行动"达成	设置情境，引发学生对课堂所学的反思，探索解决对策，为成长指明方向	5	
	促进学生对相应主题的探索和认知；建立新的评价体系，或产生新的行为	10	
教师综合素养	教态自然，态度热情，亲和力、感染力强	5	
	教学实施灵活、自然，教学方式使用得当	5	
	能恰当运用倾听和引导等技巧	10	
	板书规范、端正，条理清楚，逻辑无误	5	
合　计		100	

　　表8-12为根据心理健康教育课设计和实施的全过程，即主题分析、对象分析、目标设计、方法选择、过程设计、教学实施、效果评价等七个方面，建构的心理健康教师教学评价表。七个项目，共21条评价要求。所有项目满分100分，各个项目的分数仅供参考，在实际实施过程中可以微调。

表8-12　综合教学评价

项　目	评价要求
1.主题分析（15分）	1.主题符合国家和社会对人的要求 2.对学生当下和未来发展有重要意义 3.具有明确且恰当的理论基础与依据
2.对象分析（15分）	1.对学生已有特点分析全面、充分 2.对学生发展需求分析清晰、明确
3.目标设计（15分）	1.目标具有层次性，包括认知、情感体验和行为技能 2.目标明确、具体 3.目标具有可行性和可实现性
4.方法选择（15分）	1.教学方法选择符合学生发展特点 2.教学方法具有活动性、体验性、操作性 3.教学方法具有新颖性
5.过程设计（15分）	1.辅导过程完整，包含暖身、活动、反思与升华 2.辅导各环节环环相扣，过渡自然流畅 3.辅导过程能有效促进目标达成 4.辅导过程时间分配合理，突出辅导重点
6.教学实施（15分）	1.建构安全、平等、民主的团体氛围 2.教师能恰当运用个别心理辅导技术促成良好的师生互动 3.教师能运用团体辅导技术促进学生间分享、互动 4.课件和板书设计良好
7.效果评价（10分）	1.教师有意识地选取恰当的方法评估辅导效果 2.学生的反应表明有显著效果

在使用教学评价表时，不宜过于强调总得分多少。正如钟志农（2007a）所说："这样一份形成性评价工具，注重的是从整体上对一次班级团体辅导的过程评价，它适用于班级辅导活动结束后的现场评价和各种意见的即时性交流。虽然它也有量化评价的权重设置和计分方法，但最后的结论却不一定就仅仅依据评价总分来得出，因为有时仅凭1分或半分之差就判定其为'优秀'或'良好'，甚至于'合格'与'不合格'，也未免失之于绝对化。量化的计分只是为了帮助评价者形象地把握某一评价向度的实施差异，以便辅导教师从中反思经验与教训，而不是为了设置一个'泾渭分明'的优劣界限。"

本章小结

1. 教学评价对心理健康教育课有着积极的意义，它是心理健康教育课设立及持续开展的保障，是心理健康教育课改进和完善的依据。

2. 心理健康教育课程教学评价应遵循客观性和实用性、发展性和开放性、形成性和主体性、特殊性和灵活性等原则。

3. 心理健康教育课程教学评价有多种形式，可分为总结性评价、形成性评价和诊断性评价，自评和他评，微观评价和宏观评价，系统测验评价和日常观察评价，静态评价和动态评价，量化评价和质性评价，常模参照评价和标准参照评价。

4. 心理健康教育课教学评价包括学生学习效果的评价和教师教学工作的评价两个核心环节。

5. 心理健康教育课的学生学习效果评价指标，按时间维度可分为活动效果、课堂效果、课程效果；按学生心理变化维度可分为总体主观感受和心理健康与素养。

6. 心理健康教育课的学生学习效果评价技术包括问卷调查法、心理测量法、行为观察法、访谈法、作品分析法和多渠道评估法等。

7. 评价心理健康教师教学工作一般包括教学目标、教学内容、教学方法、教学手段、教学效果等方面。

练习题

一、辨析题

1. 心理健康教育课程只要上好就行，不需要教学评价。 （　　　）

2.心理健康教育课程的教学评价主要是对教师进行评价。　　　　　（　　）

3.对教师的教学评价主要是关注其教态。　　　　　　　　　　　（　　）

二、简答题

1.简述心理健康教育课程的教学评价形式。

2.简述心理健康教育课的学生学习效果评价指标。

3.简述心理健康教育课的学生学习效果评价技术。

三、应用题

一所初中学校的校领导对专职心理健康教师说："现在已经是期末了，在过去的这个学期，我们已经给初一学生安排了心理健康教育课，并由你来授课。现在很多教师质疑心理健康教育课的开设是否有必要、有作用，如果没有作用，那还不如把这课腾出来安排其他学科课。下一个学期还是要安排心理健康教育课，但你必须在下一个学期末拿出证据来说明心理健康教育课的作用，否则再下一个学期就不一定能给你安排心理健康教育课了。"假设你是专职心理健康教师，请你设计心理健康教育课效果评估的方案。

参考答案

第九章

心理健康教育课程的教研

学习目标

- 理解反思和理论学习的重要性，学会用理论引领教学反思和行动研究。
- 掌握公开课授课、听课、说课、评课的技能。
- 掌握片段教学研讨、教学复盘、课例研究、撰写教学研究的技能。

本章导读

教师是一个需要不断成长、终身学习的职业。教师专业发展贯穿整个职业生涯，一般经历新手、熟手、专家三个阶段。心理健康教师也需要在专业训练中，促进自身专业成长。心理健康教育课程教学能力是心理健康教师专业能力的关键成分。心理健康教师须采取有效措施提升自身教学能力。另外，随着心理健康教育工作的推进，心理健康教育课程逐渐普及，全体教师的心理健康教育意识也逐渐提升，一些兼职心理健康教师也开始来上心理健康教育课。为了提高教师心理健康教育课程的教学能力，促进心理健康教育课程的规范化发展，提升心理健康教育课程在学生发展中的功能，心理健康教育课程的教研势在必行。教研工作的实质是围绕教学的反思和行动研究。无论何种形式的教研都离不开反思和行动研究。教研最常见的途径是公开课教研，此外还有许多其他形式，如片段教学研讨、教学复盘、课例研究、教学案例研究等。因此，本章将重点介绍教学反思与行动研究以及教研的途径。

本章共分三节。第一节为教学反思与行动研究，阐述理论学习的意义以及如何运用理论来引领反思和行动研究。第二节为公开课教研活动，阐述公开课授课、听课、说课、评课等环节的要领。第三节为其他形式的教研活动，阐述片段教学研讨、教学复盘、教学案例研究、课例研究等教研途径。

本章课件

第一节　教学反思与行动研究

教研的实质是围绕教学活动进行反思和行动研究。不管是何种形式，其核心要素是教师在教学实践的基础上进行反思，运用行动研究方法进行改进。本节将重点阐述理论引领教学反思和围绕教学实践的行动研究。

一、理论引领教学反思

（一）反思的概念和基本形式

反思可有效提高教师教学水平和促进教师专业发展。在诸多领域，"经验＋反思"或"经验×反思"被认为是专业发展的基本路径。研究者提出教师为了实现有效的教育、教学，在教师教学反思倾向的支持下，对已经发生或正在发生的教育、教学活动，以及这些活动背后的理论、假设，进行积极、持续、周密、深入、自我调节性的思考，而且在思考过程中，能够发现、清晰表征所遇到的教育、教学问题，并积极寻求多种方法来解决问题的过程（申继亮 等，2004）。

教师可以采取多种途径对自己的教学进行反思，常用的途径有反思日记、行动研究、观摩与研讨。第一，反思日记。教师在一天的教学工作结束后，记录和回忆自己的教学经历，然后进行自我反省和分析，或者与指导教师、同行共同分析。第二，行动研究。教师以自己实际教学中需要解决的问题或自身问题而开展有计划、有步骤、有反思的研究。第三，观摩与研讨。教师相互观摩彼此的教学，共同分析、讨论和评价所看到的教学过程。除此之外，教师通过片段教学、课例研究、教学案例撰写等，都可以进行教学反思。

（二）反思的水平

教学反思的途径或载体有很多，但更关键的是反思的水平。教学反思根据内容和深度，可分为三个水平（申继亮 等，2004）。

水平1：前反思水平。处于前反思水平的教师关注最多的是程序性、技术性的问题，即如何利用最好的教学方法和技巧，在最短时间内使教学获得最大的效果，以实现教学目标，也就是教师所关注的是"怎么教学"和"面临问题应该怎么处理"的问题。处于该水平的教师最关心的是达到目标的手段，重视手段的效果和效率，而将教育目的看作理所当然，没有对教育目的的分析、审视和检讨。事实上，这一水平不能称为反思水平。

水平2：准反思水平。处于该反思水平的教师能够透过教学行为层面来分析行为背后的原因，但这种分析往往根据个人的经验进行，其目的在于探讨或澄清个人对行为的理解，考虑行为背后的原因、意义。由于处于这一水平的教师主要是基于个人的经验来探究行为背后的原因，其对结果所做的解释是基于个人对环境的主观观点而不是对客观结果的描述，还达不到反思意义的水平。

水平3：反思水平。处于这一水平的教师在反思时能够考虑道德的、伦理的标准，并在广泛的社会、政治、经济的背景下审视这些问题，揭露潜藏于这些问题中的意识形态，以引导改革。在这一水平的教师关注知识的价值和对教师而言有利的社会环境，并且能够去除个人的偏见。进一步地，教师对于课堂和学校行为能够做出防御性而非盲目的（不是人云亦云）选择，以开放的眼光来看待问题，其中包括伦理、道德的思考。处于这一水平的教师，能够从更广阔的社会、文化、政治意义等方面来分析教学行为，这一水平才是真正的反思水平。

（三）理论引领反思

理论学习不仅有助于教师对心理健康教育课的理解和设计，而且对其开展公开课教研、教学案例和课例研究等方面都有重要作用。心理健康教师掌握扎实的理论基础也是教师专业发展水平的体现。本书第二章已经介绍了心理健康教育课的理论基础。然而，很多教师依然感觉到理论学习似乎很有用，但似乎又没什么用。在心理健康教育课的质量提升和教师专业发展上，理论学习有着怎样的意义？心理健康教师该怎么运用理论？

1. 理论学习的意义

理论学习对心理健康教育课教学和教师专业发展有着重要的意义。

第一，教学设计需要理论基础。心理健康教师在确定心理健康教育课的教学主题和教学内容、分析学生发展特点、选择教学方法、设计教学活动和教学过程等方面都需要理论基础。在决定教什么内容时，尤其需要理论分析，然而这点常常被教师忽略。比如，设计注意力训练的心理健康教育课，就需要了解注意力有哪些品质。如果不了解注意力的品质，在教学活动设计时就可能会出现"拼凑活动"的情况，而教师本人也不知道这些活动到底训练了学生什么。类似地，在一节关于学习方法与策略的心理健康教育课上，某教师未深入理解学习策略包括认知策略、元认知策略和组织管理策略，在活动设计时，就只能随意选几种学习方法进行训练。

第二，教学反思和评课需要理论基础。根据思考深度的不同，教学反思或评课可分为三个层次。第一层次是总结，即对自己或同伴的授课进行总结。第二层次是基于经验的评价，即根据自己的已有经验来评价自己或同伴的授课。第三层次是基于理论或原理的评价，即根据公共理论和原理来评价自己或同伴的授课。只有掌握了深层次的理论和原理，教学经验才能灵活迁移。如果仅仅学到了他人的一些经验，而不理解经验背后的原理，即"知其然，不知其所以然"，那么很有可能会刻板地迁移和错误地运用。

第三，教师教学风格的形成需要理论基础。心理健康教师教学风格的形成是一个教师在教学上趋于成熟的标志。教学风格是教师的教育思想、个性特点、教育技巧在教育过程中完整的结合以及独特且稳定的表现。教学风格的形成一般要经历"模仿—选择—定向—创新"的过程。心理健康教师形成成熟的教学风格必须以先进的心理学和教育学理论为指导，需要知道自己教学风格和教学特色背后的理论基础，有意识地将心理学和教育教学理论运用到心理健康教育课教学中。

2. 理论应用的困境

很多心理健康教师认为心理健康教育课的教学技能或经验比理论更重要，甚至产生理论没有用的观点。各类学科教师，甚至各个行业人员，也有类似的想法和感受。为何会产生这样的现象？

教师专业发展领域的研究者（Osterman et al.，1993）提出教师的理论知识分为两类：所倡导的理论（espoused theories）和所采用的理论（theories-in-use）。所倡导的理论一般来自对公共理论的学习，比如看了书之后知道体验性和互动性在心理健康教育课中很重要。所倡导的理论容易报告出来，也更容易受外界新信息的影响而产生变化，但它并不能对教学行为的产生直接影响。所采用的理论，往往不容易被意识到，不容易受新信息的影响而变化，而是更多地受文化和习惯的影响。所采用的理论对教学直接产生作用。所倡导的理论可以转化为所采用的理论而对教学活动产生影响。然而，事实上，对教师个体而言，其所倡导的理论和所采用的理论之间往往不一致，这导致教师掌握的所倡导理论难以对教学实践产生作用。

我们平常所强调的理论学习，往往就是指所倡导的理论。然而，这些理论难学易忘。理论是由现实推演出来的概念或原理，具有高度概括性和抽象性。这就让学习者感觉理论很深奥、很难理解。如果心理健康教师对心理学的理论理解不透彻，甚至就停留于记忆的层面，而没有经常运用理论，就很容易遗忘。另外，理论源自现实，但又高于现实，甚至远远高于现实。理论应用于实践中，要经过多层加工，比如对实践情境中各种条件的判断和分析。教师即使透彻地理解了理论，有时候也不一定能进行应用。最后，理论的应用属于自上而下的加工，往往需要认知资源。实际教学工作中的许多情境需要教师快速做出应对，此时教师往往采取自动化加工，根据惯常经验做出习惯性反应。因此，理论很难直接应用于实践。

3. 理论引领反思的操作

根据前文所述，反思的前提是有实践经验，没有实践经验的反思是"无的放矢"。反思的核心是理论引领。根据反思的三个水平，真正的反思与前反思水平、准反思水平相比，最主要的区别在于有理论参与。反思的目的是联通所倡导的理论和所使用的理论，形成能直接指导实践的实践性知识。因此，不管用何种形式进行反思，理论引领反思实践才是关键。理论引领反思实践也解决了前面所提的理论应用的困境，即理论难以直接指导实践，但理论可以用来分析实践。用理论反思和分析实践，能够实现理论和实践的联通，促使教师后续有意识地使用理论指导实践。

在反思日记中，教师不能简单地记录教学过程，而是要用理论分析教学过程。比如，某教师记录了两节相同的心理健康教育课在不同班级上却产生了不同的教学效果，他总结和分析的原因是学情不同，进一步分析得出是学生原有经验不同。其中一个班级与辅导主题相关的原有经验比另外一个班级更为丰富。那为何原有经验不同就会产生这么大的差异，其背后的理论依据是什么？该教师进一步寻找理论依据，发现奥苏伯尔有意义接受学习理论和建构主义学习理论能解释这一现象。明白了这个原理之后，该教师在后续教学中就有意识地关注不同班级学生原有经验的不同。

在行动研究中，教师不仅要展现行动研究的过程和效果，更要进行理论反思。尤其是在产生效果之后，教师要用理论来反思效果产生的原因。比如，某教师在心理健康教育课教学中发现，教师提问后，学生讨论不够深入，自我探索停留在表面。教师分析其原因，得出是缺乏故事或案例的引入。于是他改进教学策略，在提问和讨论前引入故事或案例。教师在分析案例之后，再引导学生讨论，进一步检验效果，发现案例的导入确实有助于学生后续的讨论与分享。该效果产生的原因是什么呢？该教师进行了反思，他反思到的理论基础是建构主义的支架式教学，前面呈现的案例对于学生后续的分享与讨论起到了支架的作用。领悟了这样一个原理以后，该教师在之后的教学活动中，都会有意识地去创设和使用支架来促进学生的学习。

在教学观摩与研讨过程中，教师或者同伴在总结和点评教学过程的同时，更要说明背后的理论依据是什么。比如，某教师在研讨的过程中，提出小组讨论环节之后请学生分享不是随机的。刚开始时，他是请表现较好的学生或准备较充分的小组来进行展示。该做法收获了较好的效果。前面分享的学生为后面分享的学生起到了示范的作用。这样带动了团体运作。为什么能产生这样的效果？该教师得出是榜样的带动作用。班杜拉的社会学习理论提到观察学习，观察学习的第一个环节就是注意，个体要注意到榜样的一些行为特征以及行为的结果是否受到强化。这样的理论分析促使该教师在后续的教学活动中，有意识地选取学生榜样，发挥榜样的作用。

二、围绕教学实践的行动研究

长期以来，教育领域理论与实践的关系一直难以协调一致。教育实践领域抱怨理论不能解决实践问题，教育理论界抱怨实践领域不重视理论学习和应用。行动研究为理论和实践搭建了一座桥梁，联结了理论和实践。心理健康教师学会行动研究，在实际的教学中开展行动研究，对提升心理健康教育课程和教师本人的专业发展都有实质性的作用。

（一）行动研究的概念和特点

行动研究是从实践者实际工作需要中寻找研究课题，对实际工作进行研究，并且在实际工作中进行研究，由实践者开展或者实践者与研究者共同参与，所获研究结果为实践者所理解、掌握和应用，从而达到解决实践问题的一种研究方法。在教育中，行动研究是一线教师在实践中通过将实践行动与研究相结合，创造性地运用相关理论解决教育实践情境中的具体问题，从而不断提高专业实践水平和教师专业发展。

行动研究和实验室科学研究都属于研究，它们有着共同之处，都是采用科学的研究方法解决问题，都采用"发现和分析问题—提出问题解决对策—实施问题解决方案—评估效果—反思和总结"的研究思维。但行动研究在以下两个方面更具有特点：第一，行动研究以解决实践问题为首要目的。科学研究的首要目的是发现真理，为人类科学创造新知识；而行动研究首要关注和解决的是实践者在实践活动中遇到的实际问题。心理健康教师开展行动研究所要解决的是自己在心理健康教育课程教学中的实际问题。第二，行动研究的实践者即研究者，实践对象即研究对象。在科学研究中，研究者往往是科学家，研究对象是研究领域中具有可研究问题的事物或人物；而行动研究的研究者即实践者本人，研究对象为实践对象。心理健康教师既是开展心理健康教育课程的实践者，也是对课程进行研究的研究者。学生既是教学的对象，也是行动研究的对象。

（二）行动研究的过程

行动研究是一个螺旋上升的过程，每一轮行动研究都包括确定问题、确定问题解决对策、实施行动方案、分析效果、总结和反思等五个步骤。每一轮行动研究的结束又是下一轮行动研究的开始。

1. 确定问题

问题是行动研究的核心，发现问题和确定问题是行动研究的起点。心理健康教师是心理健康教育课程教学的一线实践者，可以最直观地体会和感受到教学中存在的问题。比如，某教师在教学后感到有些心理健康教育课没有案例的导入就很难深化主题和推进团体动力，于是提出"哪些主题的心理健康教育课用案例会更好"的问题。后来又感受到案例呈现方式不同，学生反应也有较大差异，于是又提出"案例如何呈现更有助于学生体验"的问题。这些问题都是教师在实践中感兴趣的问题，问题的解决对教学质量的提高有直接作用。

在提出问题的过程中，或许教师能敏感地发现诸多问题而变得不知从何入手，甚至不敢直视问题。问题越聚焦、越明确，解决问题的动机可能就越强，有效性也可能越高。因此，教师需要选择一个问题，可以询问自己对哪个问题最感兴趣，也可以和同事交流哪个问题最迫切需要解决，进而确定要研究的问题。在明确问题后，分析该问题的解决会有哪些意义。

2. 确定问题解决对策

在明确问题之后就要寻找问题解决的对策。精准的原因分析是寻找和确定对策的依据。问题的原因分析可以查阅相关文献或询问有经验的同事，也可以依据自己的教学经验和凭借自己对教学对象的了解来进行，因为只有自己最熟悉自己的实践情境。一个问题可能会有多方面的原因，教师要尽量将问题的原因归结到可控的和内在的因素上。比如，心理健康教育课上学生常常不愿分享自己的经历和故事，如果归因为这个班级学生性格内向，那教师将束手无策，因为性格在短时间内难以改变；如果归因为教师自己没有采取合适的活动开启班集体的团体动力，那么相应的对策就变得直接、明确。

在原因分析的基础上，需要确定问题解决对策。教师可以自问有哪些有效的对策，也可以询问同事或有经验的教师，以及查阅文献资料以收集更多的对策。在收集到若干个问题解决对策的基础上，分析出其中哪些对策能较有效地解决自己当前的实践问题。最后再分析其中哪个对策对自己来说最具有可行性，从而确定问题解决对策。

3. 实施行动方案

在确定问题解决对策之后，要将对策具体化，形成可操作、可实施的行动方案。以"心理健康教育课后增加家庭作业"对策为例，要具体考虑对哪些学生实施以及谁来实施这个对策，实施多长时间，具体是什么作业，作业实施频率如何，如何监控学生完成作业的情况等问题。然后就要实施方案，开展行动。

行动研究强调做中学，即从经验中学习。在行动的过程中，要及时、客观地做好记录。记录行动研究的过程其实也是行动研究者记录自己的实践经验，以便后续反思和改进。为确保过程记录的真实性和客观性，可以采取现场记笔记、写日志、录音、录像、拍照等方式。记录要及时，最好是当天之内完成。如果等到若干天之后再回忆，那么一些内容可能会失真。

4. 分析效果

在实施行动方案之后，要分析对策的有效性，即结果分析。首先，要确定用哪些指标来反映效果，以及用什么测量工具收集资料和数据以说明效果。比如，行动研究的目的是提高心理健康教育课上学生的参与度，确定的指标为学生发言的数量、学生发言的质量、学生参与活动的时长、学生主观报告的感兴趣程度等四个指标，分别用观察表、发言质量评定、秒表计时、问卷等工具来测验这四个指标。其次，在采集资料和数据时还要考虑什么时候采集。需要确定对策实施后立即评估效果还是延迟评估，一次评估还是多次追踪评估。最后，进行结果分析和报告。分析时可以对数据进行量化分析，也可以对质性材料进行质性分析。对分析的结果，以统计表和统计图的形式报告。

5. 总结和反思

在评估效果是否有效之后，教师要进行总结和反思。首先，要基于结果推导这次对策实施是否有效解决了起初确定的问题。其次，对于有效或成功之处，要思考该对策为什么会有效；对于无效或失败之处，也要思考无效或失败的原因是什么。最后，思考本次行动研究对未来自己教学工作的改进有何启示，并思考在这轮行动研究中又发现了什么新的问题，为下一轮行动研究做准备。

为了更好地实施行动研究，下面设计了一份行动研究的操作单。

行动研究操作单

一、确定问题

1.列出我在自己教学实践中最想解决的三个困惑或问题。

2.从上述三个困惑或问题中选出当前我最迫切想解决或最感兴趣的一个，并以"故事"的形式具体描述它。

3.该问题解决后会产生什么样的意义？

二、确定问题解决对策

（一）原因分析

1.相关文献认为该问题的原因有哪些？

2.我认为该问题的原因有哪些？

（二）寻找对策

1.我认为可能的解决对策有哪些？

2.同事或有经验的老师认为可能的解决对策有哪些？

3.文献中提到可能的解决对策有哪些？

4.通过其他途径获得的可能的解决对策有哪些？

（三）确定对策

1.哪些对策能较有效地解决问题？

2.其中哪个对策对我来说是具有可行性的？

三、实施行动方案

1.对策实施的模型或流程图。

2.措施实施的具体过程。

四、分析效果

1.反映成效的具体指标有哪些？

2.用什么测评方法和工具测量结果？

3.结果怎么样？

五、总结和反思

1.该对策实施的成功之处是什么？为什么会有显著成效？

2.该对策实施的无效之处是什么？为什么会无效？

3.该对策对我今后的教学有何启发？

4.在这轮行动研究中我又发现了什么新问题？

第二节　公开课教研活动

　　教研活动有多种形式，其中最常见的为公开课教研活动。公开课教研是有组织、有计划、有目的地面向特定人群以公开课程讲授并进行研讨的一种教研形式。公开课除了学生参加听课外，还有同行、领导、专家等人参加，是教师展示教学水平、交流教学经验的平台。公开课可以是汇报课也可以是观摩课，不管何种形式，它都为教师的教学质量提高和专业成长提供了坚实的台阶。

　　心理健康教育公开课教研活动有着积极的价值。第一，促进教师专业发展。新手教师在公开课教研活动中可以学到心理健康教育课实施的有效经验。有经验教师听课后可以促进对自身教学经验的反思，促进自己从经验型教师向研究型教师转型。第二，促进教学质量的提高。对真实心理健康教育课堂的教研有助于心理健康教师发现真实的教学问题，促进共同研讨、反思和解决问题。第三，提高心理健康教师的归属感和专业认同感。公开课教研活动可以使不同学校心理健康教师聚在一起交流，这有助于形成区域心理健康教师团队的氛围，进而提高心理健康教师的团队归属感和专业认同感。

　　公开课教研活动一般包括授课、说课、听课、评课等环节，以下逐一介绍。

一、授　课

　　公开课作为教学的一种特殊形式，是供教师与有关人员观看、倾听并进行评析的教学活动。其目的是探讨教学规律，研究教学内容、形式、方法和评价，或推广教学经验，进行教学改革实验。公开课有多种形式，常见的有同行互助听课、示范课、同课异构和异课同构、推门听课、赛课和评优课、磨课和研课等。它们在开放的范围、活动的目的、参与主体的个人意愿和活动对主体的意义等方面有所不同。

　　在进行公开课时，教师要注意多方面细节。比如，在教态上，着装以偏休闲的正装为主。如果过于休闲，会让人感觉随意；如果过于正式，会让学生感到紧张。表情自然，面带微笑，站姿端正稳重、亲切自然，不做随意的肢体小动作。在语言表达上，为了让现场的学生和听课教师听清楚，声音不宜过大或过小，语速不宜过快，还要避免口头禅。在课件和板书设计上，内容清晰明确，形式简洁，逻辑清晰。

心理健康教育课的公开课与一般学科课相比，有其特殊性。因此，除了注意上述细节之外，还有一些事项要特别注意。

（一）安全氛围和保密原则

安全的氛围是学生进行自我探索和分享互动的根本前提。公开课可以是授课教师给自己的班级授课，也可以是借班授课。但不管是何种形式，学生都会发现现场有其他教师在听课，甚至有班主任或校领导，因而会担忧自己的发言是否安全，自己所讲述的内容能否得到现场所有人的保密。因此，在公开课开始前，有必要签署保密协议，即起草一份协议书，来听课的教师必须签名。在正式上课前，授课教师向学生展示听课教师签署的保密协议，并再次向学生及现场的听课教师强调保密的原则；另外，还要强调不能对学生进行拍照和录像。如果做不到签署协议，那也必须做到口头承诺。可以按照如下方式来说明。

同学们好，今天由我给大家上一节心理健康教育课。但今天的课有些特殊，大家看到了，在场的除了同学们和我，还来了一批"客人"。今天是一节公开课，来自其他学校的老师也来听我们这节心理健康教育课。首先，我要感谢同学们，感谢你们愿意来一起参与这节公开课。其次，我想要说明一下，在场听课老师的目的是来一起研究如何上好心理健康教育课，是来帮助我提高教学能力的。再次，这是最关键的一点，我要强调的是心理健康教育课的基本约定。大家还记得有哪些约定吗？……对，有保密、倾听、尊重等。这里我特别要强调保密，课前我已经和同学们做了保密的约定。现在现场还有其他老师在，现场的所有人都要做到保密。我们一起来询问现场的老师们，你们能遵循保密约定吗？如果可以做到，请举手。举手就代表了同意遵守我们的约定！最后，温馨提示：现场的老师们，如果要拍照，可以拍我的课件和板书，请不要拍学生以及学生发言的内容。另外，现场有录像。录像将用于老师本人课后研究，录像会绝对保密，不会对你们个人产生任何负面影响。大家都明白了吗？如果还有顾虑或疑问，现在都可以提出来，如果没有，那我们就开始正式上课。

（二）陌生的师生关系

借班授课是公开课的常见方式。在该情况下，教师和学生相互陌生。在正式授课前，教师有必要去了解该班学生的特点，包括他们的个性与能力发展特征、班级内人际关系、他们所感兴趣的话题。另外，教师也要提早到班级里和学生见面认识，介绍自己以及此次公开课的基本情况。在上课时，为了快速地建立师生关系，教师可以和学生做一些活跃的暖身游戏。有些教师为了拉近师生关系，一开始就自我暴露一些经验。但要注意在使用自我暴露技术时要慎重。过早的自我暴露有可能会引发学生对教师过往经验的关注和好奇，而忽略对自身问题的关注和探索。

（三）学生分享动机和真诚性

心理健康教育课需要学生分享自己的经历、想法和感受。一类学生会顾虑自己分享真实的内容被教师们取笑，也担心自己真诚分享的经历和想法被班主任等人听到之后改变对自己的态度。还有一类学生会比往常更积极地发言。他们有些人想在班主任等教师在场时积极表现自我，有些人想要积极地、刻意地配合授课教师。这两类学生，都会着重思考自己讲哪些话会得到教师们的好评。这一类学生的积极发言，表面上看似表现良好，事实上是"伪成长"。教师在公开课授课时，要注意更多地创设活动引导学生分享自己真实的经历，尽量减少观点的辩论。在进行效果评估时，也要注意识别学生的变化和成长是否真实。

二、说　课

一般情况下，在授课结束后，授课教师要进行说课。说课就是授课教师在备课和授课的基础上，面对同行具体讲述教学设计及其依据。说课是教师提高教学能力的一项重要教研活动。说课有助于促进授课教师深化对教学活动的理解，以及促进教师的自我反思，也有助于促进教师与教师之间的交流，促进教学思想的传播。与讲课不同，说课的对象是同行或专家。说课是向同行或专家表达和展示自己的教学思想的途径，因此除了概述授课的具体内容和过程，更要讲明教师教学设计背后的教育理念和理论依据。说课是教师与同行或专家研讨教学设计和实施以提高教学能力的过程，因此不宜照本宣科地去读事先写好的说课稿，要结合实际教学实施情况进行总结、反思和分享。

心理健康教育课与其他学科课有类似之处，但在教材、教法、教学过程、理论基础等方面都有差异。心理健康教育课说课的内容一般包括以下几个方面。

（一）说教学主题

对于一般的学科课，说课首先是说教材。但心理健康教育课的教材只是心理健康教师从事教学的参考，并不是授课的标准。因此，心理健康教育课说课可以说主题，可以不过于强调教材。说主题主要讲明主题来源和理论依据。首先，说明该主题主要来自哪里（比如教材），说明该主题在整个系列主题或教材当中的地位，说明该主题涉及内容与前后课程内容之间的联系，说明该主题的意义和作用。其次，说明所选主题的理论基础有哪些，以及基于该理论基础本课可以着重讲授哪些内容。

（二）说教学对象

说教学对象主要是指讲明学生的情况。说教学对象的框架和理论基础是维果斯基的最近发展区模型。该理论提出，发展有两种水平：一种是学生的现有水平，指学生独立活动时所能达到的解决问题的水平；另一种是学生可能的发展水平，也就是学生通过教学所获得的潜力。在说教学对象时，首先要说明学生的"已知"，即学生已经具备的与本节内容相关的经验和能力水平。学生的"已知"决定了教与学的起点。其次要说明学生的"未知"，即学生尚未具备但需要发展的素养。学生的"未知"决定了教学内容和目标。

（三）说教学目标

说教学目标主要是指讲明不同层次的目标，以及目标实现的路径。首先，讲明一节心理健康教育课的认知目标、情感与态度目标、行为与技能目标分别是什么，目标设计的依据是什么。其次，讲明为了实现教学目标须具备什么样的学习条件，完成什么样的教学任务，目标实现的难点是什么。一般的说课还包含说重点和难点，这部分可以纳入说目标之中。

（四）说教学方法

说教学方法主要是指讲明用什么方法教和为什么用这些方法教，即说教法。首先，讲明教师采取什么样的教学方法进行教学以达到教学目标，概述所用方法如何操作。其次，讲明所用方法对实现教学目标有何作用，与其他方法相比其优势是什么，是否符合学生发展特点，以及如何体现心理健康教育课的特点。一般的说课还包含说学法，即说明学生要怎么学的问题。

（五）说教学过程

说教学过程主要是指讲明教学由哪些环节构成和各教学环节的设计意图。首先，概述各教学环节的具体设计和操作，讲明各环节的设计意图和理论依据。其次，从整体上讲明教学过程设计的总思路，概述课堂教学的结构安排和优化过程，各教学环节衔接和转换的逻辑关系。

（六）说教学效果

说教学效果主要是指讲明如何评价教学效果和教学效果怎么样。首先，讲明该课用哪些指标反映学生的学习效果，具体采取什么方法来评估学习效果。其次，讲明学生经过本课学习有哪些收获和成长，讲明教学目标的达成度为多少，解释一些教学目标未达成的原因及下一步改进建议。

下面呈现一节心理健康教育课说课的简稿。

"和未来职业说你好"说课稿

大家好，今天我说课的题目是"和未来职业说你好"。

一、说教学主题

本课属于生涯规划辅导的主题，选自《中小学心理健康教育指导纲要（2012年修订）》。生涯规划辅导是指帮助学生选择职业、准备职业技能、进入某项职业，以及在某项职业上求发展的过程。同时，职业规划是未来职业发展不可或缺的一个元素。选择职业方向、确定未来的生活道路，是高中时期学生生活中的一个重要任务。

舒伯的生涯发展阶段理论认为高中生处于探索阶段，这个阶段的生涯发展任务是进一步发展能力和才干，选择学习计划，发展独立性，选择适合自己的专业，发展相关的工作技能。

二、说教学对象

本课的教学对象是高二学生。高中生自我意识成分分化为理想的自我和现实的自我，自我形象逐渐稳定，大部分高中生能进行适当的自我评价。并且大多数高中生都产生了独立自主的需求，其需求体现在职业选择及职业生涯规划上。但高中生较少接受职业生涯规划教育，很多学生在面临职业生涯重要选择的时候（比如高中文理分科、高考志愿填报等）认识不够，准备不足。

三、说教学目标

认知目标：认识生涯规划的作用，了解高中生生涯规划的难点。

情感与态度目标：体验生涯规划对自己的重要性，克服面对生涯规划的焦虑和困惑。

行为与技能目标：掌握职业生涯规划的方法，初步建立自己的职业生涯规划。

四、说教学方法

1. 讲授法：对教学中涉及的理论知识进行适当的讲解，使学生有针对性地进行学习，以达到解惑的目的。

2. 讨论法：使学生在教师的指导下，就职业生涯定位问题进行集体讨论，以求明确重点，解决疑难。

3. 游戏法：教师在课前给学生准备了一张白纸，设计了绘制人生起伏线、勇闯兴趣岛、撰写职业规划书的活动，最大限度地调动学生的学习主动性，使学生主动参与，真正做到以学生活动为主。

学生的学法包括自主学习法、探究学习法、小组学习法。

五、说教学过程

教学过程包括五个步骤。

1. 暖身活动。采用"你表演全班同学猜"的游戏，即请一位学生上来表演一种职业，全班同学来猜是什么职业。约5分钟。

设计意图是激发学生对职业主题的兴趣，引出生涯规划辅导的主题。

2. 案例引入。介绍"小张的故事"，即小张在生涯规划时遇到的问题和困难。请全班学生讨论案主的问题是什么，原因是什么。约8分钟。

设计意图是帮助学生认识到提早进行生涯规划的作用，了解生涯规划的难点。

3. 体验活动。开展"绘制人生起伏线"的活动，即按照奥苏伯尔理论的要求对自己的人生进行回顾和展望，绘制出生命线。约10分钟。

设计意图是促进学生体验生涯规划对自己的重要性，克服面对生涯规划的焦虑和困惑。

4. 问题解决。设计"职业规划，始于足下"的活动。先讲解"五个what归零思路"，再由学生自己动手制作生涯规划书（内容需回答四个问题：①我适合的职业有哪些？②我大学专业选什么？③我高中阶段应该做什么？④我这个学期应该做什么？）。然后请几位学生进行分享。约12分钟。

设计意图是促进学生学会为自己规划生涯。

5. 总结。教师总结生涯规划的作用和方法，并布置作业——"给自己未来的一封信"。约5分钟。

设计意图是为本课总结，并引导学生迁移应用。

六、说教学效果

本课有较好的教学效果。学生在暖身活动、讨论案例、绘制人生起伏线、制作生涯规划书等环节都有积极表现，课堂氛围活跃。学生在上述活动中，也有效完成了活动任务。另外，课后访谈学生时，多名学生表示深刻体会到了生涯规划的重要性，还有学生表示自己掌握生涯规划的方法后不再担忧和困惑了。

本次说课结束，感谢大家倾听。

三、听 课

听课的概念类似于课堂观察活动。课堂观察可用于教育科研、考核评估、促进教师专业发展，而听课则主要用于促进教师专业发展和教学质量提高。听课主要是指同事互助观课，是一种横向的互助指导，它不涉及考核成分。听课教师既是学习者，也是指导者。授课教师既是示范者，也是被指导者。授课教师和听课教师形成了学习共同体，他们相互切磋、共同研讨，一起成长。

听课的一种取向是关注教师，即从教师的教学思想和理念、教学对象分析、教学内容分析、教学方法、教学组织、教学过程、教学效果、教学评价、教师素养、教学特色等维度看待一节课；另一种取向是关注学生，即从学生的参与状态、互动状态、情绪状态、思维状态、生成状态等学习状态看待一节课。崔允漷（2012）综合了两种取向，提出课堂观察LICC范式。LICC即学生学习（learning）、教师教学（instruction）、课程性质（curriculum）和课堂文化（culture）。其中，课堂的核心要素是学生学习，教师教学、课程性质、课堂文化是影响学生学习的三个关键因素。在这四个要素中，每个要素可分为五个视角，每个视角可分解为3～5个可供选择的观察点，最终形成"四要素20视角68观察点"的课堂观察表，具体如表9-1所示。

表9-1 课堂的"四要素20视角68观察点"（崔允漷，2012）

要　素	视　角	观察点举例
学生学习（L）	（1）准备	以"达成"视角为例，有三个观察点： ·学生清楚这节课的学习目标吗？ ·预设的目标达成有什么证据（观点/作业/表情/板演/演示）？有多少人达成？ ·这堂课生成了什么目标？效果如何？
	（2）倾听	
	（3）互动	
	（4）自主	
	（5）达成	
教师教学（I）	（1）环节	以"环节"视角为例，有三个观察点： ·由哪些环节构成？是否围绕教学目标展开？ ·此环节是否面向全体学生？ ·不同环节/行为/内容的时间是怎么分配的？
	（2）呈示	
	（3）对话	
	（4）指导	
	（5）机制	
课程性质（C）	（1）目标	以"内容"视角为例，有四个观察点： ·教材是如何处理的（增/删/合/立/换）？是否合理？ ·课堂中生成了哪些内容？怎样处理？ ·是否凸显了本学科的特点、思想、核心技能和逻辑关系？ ·容量是否适合该班学生？如何满足不同学生的需求？
	（2）内容	
	（3）实施	
	（4）评价	
	（5）资源	
课堂文化（C）	（1）思考	以"民主"视角为例，有三个观察点： ·课堂话语（数量/时间/对象/措辞/插话）是怎么样的？ ·学生参与课堂教学活动的人数、时间怎样？课堂气氛怎样？ ·师生行为（情境设置/叫答机会/座位安排）如何？学生间的关系如何？
	（2）民主	
	（3）创新	
	（4）关爱	
	（5）特质	

　　该表对心理健康教育课的听课有着重要的参考价值。但是一堂心理健康教育课就短短的40或45分钟，要听和记的点很多，听课者事先要熟悉该表。另外，在公开课教研前，教研小组组长也可以事先组织听课者学习该表，并进行分工，比如，分为四个小组，分别对应四个方面。这样每位听课者都会更有目的和有针对性地听取相应内容。

　　另外，需要听课教师注意的是，虽然基于结构化、标准化的课堂观察表的听课可促进后续的评课更加细致、有据可依，避免了一些评课过于客套、随意和零散而无法直面核心问题，但是也有研究者认为课堂观察表过于细致，使听课者在具体操作时将注意力过多地集中在观察表的指标上而难以深入体会和感受课堂，甚至会误导教师授课或听课只注重外在的、表面化的标准，忽略内在的理念和思想。因此，教师听课除了注重课堂观察表的指标，还要注重授课教师课堂的亮点、优势、特色等，为促进教师特色化发展和教学风格形成提供方向。

四、评　课

评课是听课者依据一定的教学理念和评价标准对授课者课堂教学进行评价与研讨的过程。评课具有诊断、调控、激励和导向功能。评课不仅是促进授课者教师专业成长和提高其教学质量的重要手段，也是反映评课者自身专业性和促进评课者自身专业发展的路径。心理健康教育课评课的具体指标可参见心理健康教育课教学评价中的一些指标，或参考课堂观察表中的指标。下面将重点介绍评课者在评课时要注意的事项。

第一，注重发展性评课。公开课教研的评课旨在促进教师的专业成长和教学质量提高而非考核。因此，教师评课时要持开放、诚恳的态度面对授课者的授课，即不是评判某一位教师的教学行为，而是一起探求如何更好地教好学生和更好地上好一节课。面对授课中的困难，教研成员一起应对和商议如何解决。具体而言，可以先提出该课的优点，一般3～5条。然后提出可以改进的地方，一般2～4条。在提出改进之处时，还要提出该如何改进。

第二，挖掘理论依据。评课的目的是促进教师专业发展，促使教师成为懂理论且有意识地使用理论的专业型教师。评课教师在评课时，不仅要说出是什么，还要说明为什么。具体地说，如果是点评课的优点，那就要说出优点的依据和理论基础是什么。比如，有教师点评说某活动具有体验性，那就要说明为何该活动有体验性。如果是点评课的不足之处，那更需说明背后的依据和理论基础，以及改进对策的依据和理论基础是什么。

第三，注重鼓励和理解难处。教师能克服紧张心理，愿意展现自己的课堂，甚至是愿意暴露自己的问题，这本身就值得鼓励和肯定。另外，心理健康教育课的公开课有较多现实的困难，其教学效果受团体氛围影响较大。尤其一些学生往往会因为是公开课而不愿或不敢讲述自己的真实经历和真实想法。因此，公开课在教学效果上达不到理想效果，需要被理解。

例如，在一节"人际交往"主题的公开课上，听课教师点评如下。

　　首先，感谢张老师为大家展现了一节自我认识主题的公开课，也感谢初一（2）班学生的参与。

　　听了这节课，我觉得有四个优点之处很启发我。第一是选题。该课选题具有现实意义和前沿性。该课以同伴交往为题，这是非常经典和常见的话题，是学生当前和未来发展持续面临的成长话题。该课在教学内容上又结合了网络时代下当前学生社交的新形式，符合新形势下的新要求。第二是教学方法。该课创设了许多学生同伴交往的情境，运用了学生角色扮演法。根据格式塔学说，角色扮演可以使个体得到完整的体验，在角色扮演情境中个体可以获得顿悟。第三是教学过程。该课过程有暖身、案例、角色扮演、行为训练、结束，教学环节环环相扣，遵循了"从他人到自我，从过去到未来"的线索，符合"知—情—行"的过程规律。第四是教学效果。在第一次行为训练时，学生表现的人际沟通技能相对欠缺，在第二次行为训练时，学生已经掌握并展现出了较多沟通技能，这说明该课有着较好的教学效果。

　　此外，我觉得还有一些可以改进的地方，不一定合适，仅供参考。第一是暖身环节。暖身采取"你演我猜"的游戏很有意思。你选了两位学生来示范，全班其他学生观看。因为暖身游戏最好是全员参与，所以我认为可以请一位学生上来表演，让全班学生猜。第一个猜中的人再上台表演，让其他人猜。这样可以让全班学生活动和活跃起来。第二是案例环节，在案例之后呈现了三个问题，讨论花了较多时间。因为这节课的主要教学目标是行为与技能目标，所以，这里讨论一两个问题即可，更多的时间应留给后面的行为训练。第三是结束环节。该课结束环节采取教师总结的形式。为了促进教学效果评价，我觉得可以给学生布置作业——写以"我和我朋友的故事"为题的周记。这样可以更好地评估学生是否真正掌握了人际交往技能并运用到自己的生活中。

　　以上是我认为的四个优点和三点小建议。总体上来说，课上得很不错，很值得我们学习，再次感谢你奉献了一节优质课。

第三节　其他形式的教研活动

公开课教研活动要求有真实学生，在教室现场授课。如果做不到现场面向真实学生授课，那也可以采取其他形式的教研活动，包括片段教学研讨、教学复盘、教学案例研究、课例研究等。这些教研活动都强调"研"，体现了教师不仅是教学者也是教学实践的研究者。

一、片段教学研讨

（一）片段教学概述

片段教学是教师展现教学能力的途径，是教研的载体。所谓的片段教学是截取某节课某个环节，请教师进行教学，时间在10～20分钟。在该环节中教师展现出自己的教学思想和教学设计。片段教学不同于教学片段。片段教学是根据指定的片段进行模拟课堂教学，它有较强的独立性，而教学片段是从完整的一节课中截取某一部分。与公开课教研相比，片段教学的明显优势就是灵活。它受时间和场地的限制较少；它可以是模拟授课；它可以由团队一起观摩分析，也可以自己独立分析。一些教研活动或考核，会先要求教师对一节完整的课进行说课，然后选取一个环节进行片段教学（即模拟授课）。

（二）如何做好片段教学

1. 注重片段教学设计

片段教学尽管只有一个教学环节，也需要进行设计。要深入理解所选教学主题和教学内容，设计该环节的目标、方法和活动步骤，以及活动实施时的指导语、提问、板书和课件。

2. 善于虚拟教学情境

片段教学需要教师在虚拟教学情境中进行，即没有学生在场的情境中。教师要想象着有学生在场而进行模拟教学。虚拟教学情境可以通过教师的口头语言、肢体语言、间歇停顿等来建构，再现真切的教学情境。比如，在提问时，教师可以提出一个问题，然后停留片刻，假设有学生回答了问题，再评析学生的回答。要注意的是，片段教学是教学活动，教师所表达的语言是面向学生的，而不是同行或专家。比如，教师通过复述学生的回答来体现学生的存在，可以表现出在倾听学生回答，然后说："哦，你是说……"

3.体现教学理念和风格

在短短的片段教学里，授课者尽力体现心理健康教育的课程理念，尽可能展现作为心理健康教师对教学对象的全体性、教学形式的活动性、师生关系的平等性等方面的重视，展现自己教学的特色理念和个人风格。

4.做好课后分析和自我反思

片段教学可以不用在教室里进行，时间也较短，所以可以自选某一片段进行教学设计，选择方便的场地，进行模拟教学，同时进行录像。课后自己可以对录像进行分析，发现自己在教学实施中的一些问题，进而改进。

二、教学复盘

复盘是棋类比赛术语，本意是棋手下完一盘棋之后，将双方的下棋过程重新摆一遍。复盘迁移到教学活动就是教师在头脑中对过去自己的教学活动进行回顾、反思和探究。复盘不同于简单的总结，不同于对过去的复制再现，它的关键是推演，通过推演对各种可能性进行探讨。

心理健康教育课的复盘是教师对自身过去实际的心理健康教育课教学工作进行重新推演，从而有效总结经验、提升能力、发展专业的成长过程。心理健康教育课的复盘可分为回顾、反思、总结和迁移四个步骤（刘宣文 等，2020）。

（一）回　顾

心理健康教育课程结束后，教师要根据预期目标回顾授课过程。回顾时重点关注两点：第一是亮点，即下次教学活动还可以再次出现的做法；第二是改进点，即需要改进的不足和短板。具体考虑的问题有：

（1）最初设计心理健康教育课的目标是什么？目标达成后学生会产生哪些关键的结果？

（2）有哪些指标反映了目标的达成度？目标达成度如何？

（3）心理健康教育课的教学思路和方法是什么？这些思路和方法都按设计落实了

吗？哪些落实到位了，哪些没有落实到位？

（4）心理健康教育课的活动是如何开展的？在该过程中发生了哪些重要的事？

（5）基于目标与实际结果，哪些地方做得好？哪些地方有待改进？

（二）反　思

回顾心理健康教育课的实施过程后，教师要对教学行为背后的原因进行分析和反思，找出高效和低效教学行为的影响因素。具体考虑的问题有：

（1）课堂的亮点是什么？成功的促成因素是什么？其中，主观因素有哪些，客观因素有哪些？

（2）这些成功的促成因素在以后的课堂中是否可以再次使用？

（3）课程存在的不足或问题是什么？导致不足的因素是什么？其中，主观因素有哪些，客观因素有哪些？

（4）这些导致不足的因素在以后的课堂中如何避免？

（三）总　结

在回顾和反思的基础上，总结阶段要提炼知识。具体考虑的问题有：

（1）大家可以从这次课堂中学到什么知识？

（2）这些知识与经典教学理论有什么样的联系？

（3）这些知识中哪些是我需要重点去学习的？

（四）迁　移

通过复盘总结出的知识，只有迁移到新情境和新问题中，才真正成为属于教师的个人知识。这种迁移和转化能够使教师明确今后开始做什么、继续做什么、停止做什么。具体考虑的问题有：

（1）如果再开展类似课程，有哪些建议？

（2）接下来该做些什么？该补充的是什么？该停止的是什么？

（3）哪些课程经验可以直接转化为教学策略？

（4）哪些课程主题需要制订专项改进计划？

三、教学案例研究

（一）教学案例概述

教学案例是真实、典型且含有问题的教学事件。更具体地说，教学案例具有三个特征：第一，真实事件。教学案例是对教师教学过程中的实际情境或事件的真实描述。第二，有问题或疑问。不是所有的教学实践都可以成为教学案例，对教学事件平铺直叙的描述是难以成为教学案例的。教学案例必须含有问题或疑问情境的事件，含有问题解决方法的具体描述。第三，可推广。教学案例必须有典型意义，能广泛推广，能为大多数读者带来启发和借鉴。

案例与故事、论文、教案、教学实录等有所不同。一是案例与故事的区别。故事可以杜撰，但案例不能杜撰，不能抄袭，也不能从抽象的理论中演绎出虚构事件。案例是对自己真实发生的教学事件的描述，反映的是教师真实发生的事件，是教学事件的真实再现。二是案例与论文的区别。案例与论文一样都是一种写作形式。但论文主要是议论文，以说理为目的；而案例是记叙文，以叙事为主，兼有议论和说明。三是案例与教案和教学设计的区别。教案和教学设计是事先设想的教学思路，是对教学准备的描述；而案例是对已发生的教学事件过程的描述。前者是在教学之前，后者是在教学之后。四是案例与教学实录的区别。教学实录主要是对教学过程的完整记录，案例更强调对实录的分析和描述。

（二）如何撰写教学案例

教学案例的撰写一般包括以下几个要素。

1. 案例背景

案例背景的描述需要交代事件发生的社会背景和起因等。比如，"时间管理系列课程设计的教学案例"的背景是，"双减"政策实施后学生有更多自主时间，该如何合理地管理时间成为当前学生必须学会的技能。其起因是某学校的学生已经普遍出现将时间浪费在过度使用手机上。

2. 问　题

教学案例要考虑它想反映什么问题、解决什么问题。问题提出需要在文献审查和评估或者经验总结的基础上进行论证和论述。比如，已有诸多关于时间管理的教学设计会引导学生掌握"时间四象限法"，然而，教师普遍发现学生即使知道方法也往往不会在自己的实际学习和生活中使用。经过分析，得出原因可能是学生对任务的时间估计不准确。那么问题就是如何提高学生的时间估计能力。

3. 问题解决过程

在明确问题的基础上，接下来就是要具体描述如何解决问题。比如，进行了四次时间管理的心理健康教育课，其中前两次是关于学生的时间评估意识和评估能力，后两次是关于学生的时间管理方法和技能。教师具体描述每次课的授课过程，以及该过程中学生的反应变化，以说明问题解决的过程。

4. 结 果

教学案例不仅要说明教学过程，还要描述新的教学措施实施后的结果。对结果的分析可以采取量化分析，也可以采取质性分析。比如，在四次有关时间管理的心理健康教育课之后，采用相关量表对学生的时间评估能力进行量化分析，采用作品分析法进行质性分析。

5. 讨论与反思

对于教学案例所涉及的问题和问题解决方法，分析背后的理论基础，揭示成功的原因和科学规律，揭示事件的意义和价值。比如，讨论时间管理系列课程产生效果的原因有哪些，阐明该教学案例可以推广应用到哪些方面。

四、课例研究

（一）课例研究概述

课例为教师改进课堂教学质量、促进教师个人专业发展、增进教师间交流提供了范例。课例是关于一堂课教与学的案例。课例不仅仅是课堂教学实录，还要说明这样教学的理由。课例研究是以教师的教学实践为基础，对完整一节课进行描述，并对其进行研讨、反思和研究。

课例与教案、课堂实录、教学案例等有所不同。一是课例与教案的区别。教案是教师授课前设计的教学方案，而课例是实际发生的教学实例。二是课例与课堂实录的区别。课堂实录是对实际教学的逐字逐句的文字记录或录像，授课者在课堂实录中仅呈现这节课如何上；而课例不仅描述这节课怎么上，还会说明为什么这样上，讲述它原来是怎样上的，以及经过了什么样的修改。三是课例与教学案例的区别。从内容上看，课例聚焦的是课堂教学，而非一般性的教育问题，而案例范围更广，课例包含于教学案例当中。

（二）如何做好课例研究

1. 选取主题和问题

课例研究是围绕主题和问题而进行的。问题可以是指向一般性的问题，比如"如何提高学生的心理健康教育课参与度"，也可以是比较具体的问题，比如"如何促进学生掌握'时间四象限法'"。

2. 设计教案和进行教学

针对教学主题和问题，设计教案，并进行教学。教案设计可以由教师个人设计，也可以由教学团队共同研讨设计。教学实施最好由团队一起观课、评课、磨课。

3. 教学反思和研讨

授课教师可以根据自己的教学实践进行反思，提出教学设计的改进建议。教学团队成员在听课后也可以参与研讨，提出改进建议。团队共同研讨修订教案，形成新的教案。

4. 根据新教案再次实施教学和研讨

用新教案进行教学后，如果产生新的问题，那么继续改进，直到教案完善。这个过程也可以由不同教师来参与，即不同教师用同样的教案在不同班级授课，来检验教案的适用性。

5. 总结和撰写报告

总结教学设计的修订过程，形成报告，也可以出版，供其他教师或学校管理人员参考。

本章小结

1. 心理健康教育课程的教研是促进心理健康教师专业成长和提高心理健康教育课程教学质量的有效途径。教研的实质是围绕教学活动进行反思和行动研究。

2. 理论学习对心理健康教育课教学和教师专业发展有着重要的意义，教师要学会用理论引领教学反思。

3. 行动研究是一个螺旋上升的过程，每一轮行动研究都包括确定问题、确定问题解决对策、实施行动方案、分析效果、总结和反思等步骤。

4. 常见的教研途径有公开课教研、片段教学研讨、教学复盘、教学案例研究、课例研究等。

5. 公开课教研活动包括授课、说课、听课、评课等环节。

6. 心理健康教育课的公开课与一般学科课相比，有其特殊性，尤其要注意安全氛围和保密原则、陌生的师生关系、学生分享动机和真诚性。

7. 心理健康教育课的说课包括说教学主题、说教学对象、说教学目标、说教学方法、说教学过程、说教学效果等部分。

8. 心理健康教育课的听课可以借助结构化、标准化的课堂观察表。

9. 心理健康教育课的评课要注重发展性评课、挖掘理论依据、注重鼓励和理解难处。

10. 在进行心理健康教育课的片段教学时，要注重片段教学设计、善于虚拟教学情境、体现教学理念和风格、做好课后分析和自我反思。

11. 心理健康教育课的教学复盘包括回顾、反思、总结和迁移四个步骤。

12. 心理健康教育课教学案例的撰写一般包括案例背景、问题、问题解决过程、结果、讨论与反思等要素。

13. 做好心理健康教育课的课例研究要注意选取主题和问题、设计教案和进行教学、教学反思和研讨、根据新教案再次实施教学和研讨、总结和撰写报告。

练习题

一、辨析题

1.对心理健康教育课的反思重点在于回顾和总结授课过程。　　　　（　　）

2.心理健康教育课的公开课授课和其他学科课一样，不需要做一些特别工作。

（　　）

3.课例就是一节课的教学活动实录。　　　　　　　　　　　　（　　）

二、简答题

1.简述心理健康教育课程常见的教研途径。

2.简述心理健康教育课的说课内容。

3.简述心理健康教育课教学案例的撰写要素。

三、应用题

作为一名心理健康教育课的教学新手，如何尽快地提高教学能力？请运用本章所学内容为自己制订一份专业成长计划。

参考答案

第十章

心理健康教育课程的拓展与创新

学习目标

♡ 学会拓展与创新心理健康教育课的教学活动。

♡ 学会研发心理健康教育课程的校本教材。

♡ 学会拓展与创新心理健康教育课的课程形式。

本章导读

　　在信息大爆炸和技术大更新的时代，教育也发生着日新月异的变化。心理健康教育课程的教学也需要不断地拓展和创新。拓展和创新心理健康教育课程可以满足新时代和新社会的新要求，有利于激发学生的学习动机和教师的教学热情，为学生创新精神和创新能力的培养树立榜样，也为未来教育发展提供基石。拓展和创新不仅仅是形式，更是教师的精神，它贯穿于整个教师教和学生学的活动过程。心理健康教育课程可以在教学活动设计、教材研发、课程实施形式等方面进行拓展与创新。本章将围绕这些内容展开阐述。

　　本章共分三节。第一节为教学活动的拓展与创新，阐述教学活动创新的意义以及如何在教学活动设计和素材上创新。第二节为教材的拓展与创新，以校本教材研发为例阐述如何在教材上创新。第三节为课程形式的拓展和创新，以菜单式课程和网络课程的制作与实施为例阐述如何在课程形式上进行拓展。

本章课件

第一节　教学活动的拓展与创新

心理健康教育课程的教学活动是架在教师的教和学生的学之间的桥梁，是学生体验和成长的载体。心理健康教师需在教学活动上进行拓展与创新，以提高教学效果。本节阐述教学活动创新的意义，并介绍如何在教学活动设计和素材上进行创新。

一、教学活动创新的意义

教学活动的拓展与创新对心理健康教育课程有着积极的意义。

第一，有助于激发学生的学习兴趣和教师的教学乐趣。重复性的教学活动使学生和教师都可能产生倦怠。在新型的教学活动中，教师会对学生的活动表现产生新期盼，会提高开展活动的热情；学生也会对活动结果产生新预期，会愿意投入更多的注意资源关注活动、参与活动、思考活动。

第二，适应现代教育技术的发展和革新。新科技的发展，尤其是信息技术的发展，为课堂教学带来了新的挑战和变革机遇。计算机走进课堂辅助心理健康教育课能够产生新的教学活动和形式。比如，运用现代教育技术可以将文字、视频、音频、图形、图像、动画等各种教学信息交融在一起，引发创新火花。

第三，体现教师的创新素养，促进教师积累成果。只有具备创新精神和创新意识的新型教师，才能培养出具有创造力的学生。创新品质也成为教师专业发展的基本素养。心理健康教师通过创新教学活动，独创属于自己的教学活动设计，积累教学成果，进而形成自己独特的教学风格。

第四，为学生的创新培养树立了榜样。在新时代下，学生创新精神和创新能力的培养尤为重要。创新培养需要榜样的引领，而教师就是学生的首要榜样。心理健康教师在心理健康教育课程上对教学活动进行创新，使学生不仅体验到新活动的乐趣，也意识到创新的意义。

二、教学活动设计的创新

心理健康教育课的教学活动设计，可以从形式和内涵上进行创新。形式上的创新可以吸引学生注意和激发兴趣，内涵上的创新可以引发学生更多更深入的思考。

（一）形式创新

心理健康教育课教学活动具体表现为游戏、讨论、行为训练、角色扮演等常见活动。教师要对这些活动进行创新，首先可以在形式上做一些改变。以"你画我猜"为例，可以改变为"你表演我来猜""你描述我来猜"，"一个人画一个人猜"的做法也可以改成"一个人画一组人猜""一个人画全班猜""若干人共同画全班猜"等形式。也可以借助一些新形式，提高活动趣味性。比如，在讨论人际交往的技巧时，可以采用"打开密码箱"或"寻找宝藏"的活动形式，吸引学生的兴趣。

"小组作画全班猜"游戏

游戏目的：考验同伴之间的合作和默契程度。

游戏规则：首先，全班分好小组，每个小组六人。教师给每个小组分配作画任务，比如画"孙悟空三打白骨精"。小组内成员拿到作画任务后不得交流。然后，请小组成员按顺序每个人上来画一部分。即第一个人上来画一部分，第二个上来补，以此类推。最后请全班同学猜是什么画。

其次，可以增加活动复杂性，提高活动难度。尤其是随着教学对象年龄的增加，活动难度也需增加。比如，抓手指的小游戏，传统的做法是让学生在听到一些字词时，手掌抓食指。改进后，可以让学生听到一类词语时手掌抓食指，而听到另一类词语时，手掌要逃跑，手指追手掌。再比如，经典的"萝卜蹲"游戏，原本是每个人自取一个昵称，可以增加难度要求每个人有两个昵称，而且在呼叫别人蹲时不能连续叫同一个昵称。

"抓手指"升级版游戏

游戏目的：吸引学生注意力，引出人际交往的主题。

游戏规则：首先，全班分好小组，每个小组六人，围成一个圈。每个人的左手掌心向下，右手竖起食指。每个人的手掌放在左手边同学的食指上，每个人的食指放在右手边同学的掌心下。接下来，老师会讲一段话，当听到第一人称字词时，手掌抓手指；当听到第二人称字词时，手指追手掌。

（二）内涵创新

心理健康教育课的创新不仅需要形式上的改变，更需要教师发挥质疑精神和创新能力去改造一些经典的心理健康教育课活动。比如，在时间管理课上，最常用的是时间四象限法，它将活动按照重要性和紧急性两个维度，分为紧急重要、紧急不重要、不紧急重要、不紧急不重要等四个类型。但事实上，紧急性和重要性是量变的过程，是一个连续变量，很多任务不是简单地分为紧急和不紧急两个水平或重要和不重要两个水平。比如，学生面临的常见问题是有多个既紧急又重要的任务时不知道该如何决策。因此，需要采取多级计分的方式对任务的紧急性和重要性进行评分，最后求两者乘积获得分数作为时间管理决策依据。具体设计活动如下。

任务管理决策单

第一步，列出需要完成的任务（如表10-1所示）。

第二步，评估任务的重要性和紧急性。

第三步，计算乘积。

第四步，进行排序，得分高的排前面。

表10-1　任务管理决策

任　务	重要性（0～10分）	紧急性（0～10分）	乘积得分	排　序

另外，教师也可以引用一些心理学经典研究或最新研究。比如，有关网络成瘾，以往心理健康教育课较多地从如何抵制网络诱惑和如何提高自控力的角度切入。有关网络成瘾的新近研究表明，网络成瘾的产生原因是心理需求补偿机制（如图10-1所示）。根

据该理论，心理健康教育课的活动设计就要引导学生分析自己心理需求的成分和满足需求的途径。具体设计活动如下。

网络游戏的心理需求分析

第一步，列出自己玩哪些游戏。

第二步，通常是在什么时候玩游戏？那个时候通过玩游戏满足了自己的什么需求？

第三步，这些需求还可以通过什么活动得到满足？

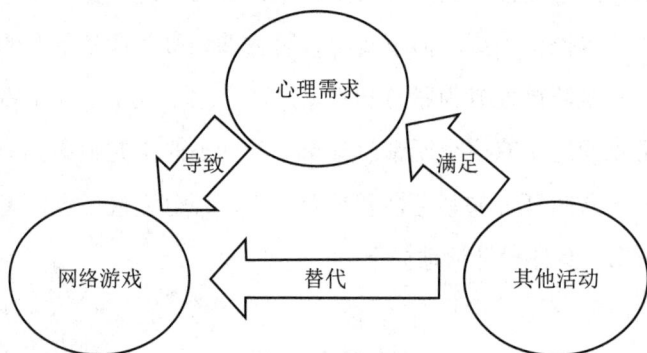

图10-1　网络成瘾产生原因

再比如，用经典的感觉剥夺实验说明人际交往重要性。具体设计如下。

上人际交往这个专题，我用了"人际隔绝"实验导入新课，学生表现出了极大兴趣。人际隔绝实验：假定让你自己待在一个房间里，这个房间没有窗户，但是有桌、有椅，以及基本生活所需要的设施。到吃饭的时候，食物会送到门口，但是你见不到人，没有人或电视与你做伴，没有电话，也没有书、杂志或报纸，当然也没有电脑、手机、收音机等。条件是每天给你400美元，你愿意进行这种实验吗？如果愿意，你能在这样的房间里待多久？学生看完内容后就迫不及待地举手了。我喊了部分学生回答。愿意的同学回答：我愿意，一天400美元，干吗不愿意，愿意待三天；愿意，愿意待一个星期；愿意，愿意待一辈子（一个平时调皮的孩子，大声说）。也有学生表示不愿意：我不愿意，在里面什么都不能干，我会疯的；不愿意，在里面太无聊了；不愿意，在里面很孤单。我听完他们的回答，接着说："其实心理学家沙赫特已经做了这个实验。五个男生自愿参与，结果是，他们中有一个只在房间里待了20分钟，就已经无法控制自己要离开的愿望。有三个人待了两天，其中一个事后说他已变得心神不宁，并且不愿意再次进行这种实验。第五个学生在隔离状态中待了八天，他出来时承认自己越来越心神不宁，越来越神经质……"课堂迅速安静下来，我接着提问道："这个实验说明了什么？""说明了人不能没有自由。"一个男生回答道。"如果是限制了自由，为什么监狱的人能待那么多天？"我反问道。"每个人都需要别人陪伴。"一个女生回答。我顺势说："大家看看是不是？"学生又认真地看了实验条件后表示认同。就这样，学生认识到与人交往和我们需要空气、食物、水一样重要，待我再讲解如何与人交往时他们就听得特别用心。（杨喜庆，2018）

三、教学活动道具的创作

心理健康教育课的核心特征是体验，体验需要活动，活动需要道具。活动道具和教具一样都是辅助教学的用具，但活动道具更加强调辅助学生的活动，而教具更加强调辅助教师的教学。创新的教学活动需要创造教学活动道具。创新的教学活动道具有助于提高学生参与活动的乐趣，也为学生深入体验和自我探索提供了支架。心理健康教师需要不断创作新的心理健康教育课的活动道具。

（一）活动道具创作的意义

心理健康教育课的活动道具不同于一般学科课的教具。一般学科课的教具目的是传播以间接经验为主的学科知识。例如，数学课的几何教学常常会用到量尺、立体模型等固定性较强的教具，无须教师费尽心思地去选择。心理健康教育课的活动道具的设计并不侧重于知识的传递，而是更强调学生的体验和探索。

心理健康教师具备创新活动道具的能力对于课堂效果的产生有很大的帮助。首先，创新活动道具能够充分调动学生的学习积极性。有趣、新颖的活动道具能增加学生对于活动的期待，使得学生在课程中更愿意投入教师所预设的教学环节中。其次，自制活动道具能够突破教学中的重难点。在实际教学过程中，很多心理健康知识凭借讲授法效果并不好，学生难以理解，不能实现自我体验与知识经验的统一；而直观的、生动的活动素材，便于促成学生的思考与体验。例如，在讲解情绪主题时，关于情绪的体验凭借文字和案例教学很难得到学生的共鸣，教师可以通过让学生一起动手制作"情绪面具"来帮助学生认识自身的情绪，学习情绪表达。最后，在教学目标实现的基础上，自制活动道具还可以培养学生的创造精神。在教学实践的过程中，教师经过深思熟虑，精心设计制作出的活动道具必然会有所创新，这个过程也无形中培养了学生的创造能力。

（二）活动道具创作的要点

在创作心理健康教育课所需要的道具时，教师需要注意以下几点。

第一，安全性。学生使用活动道具是否安全是教师在设计活动时的首要考虑问题。安全意味着在设计课程时，心理健康教师要为学生创设一个安全、平等、尊重的教学环境。在设计活动所需的道具时，要考虑到教学过程中学生能否安全使用。例如，教师在设计一些以坚硬物体为材料的道具时，应避免尖锐的棱角或边缘，所设计道具的材料应当健康、无害，保证学生在使用过程中的安全。

第二，体验性和趣味性。设计的道具和活动环节的趣味性是吸引学生积极参与活动的重要保障，学生具有参与感，教师所预设的教学效果就更容易达到。心理健康教育课以班级为单位，在活动道具的设计上要求满足全员参与，所有学生都能在心理健康教育课上参与体验。活动道具并不一定要求教师在课前制作完毕，在课堂上让学生一起参与制作活动道具也是达成教学目标的一种方法。例如，在上认识自己主题的课时，有教师让学生制作自己的"身份牌"。参与教具制作，既有趣味性又让学生在制作中加深了自我认识。

我的"身份牌"

游戏目的：帮助学生认识自己。

游戏规则：将全班同学分为四人一组的分享小组，并给每个学生分发四张精美的空卡片。第一步，引导学生用小组中的彩笔在第一张卡片上绘制"自画像"。第二步，在第二张卡片上写下我眼中的自己。第三步，进行小组讨论，相互分享并讨论对小组其他同学的评价，收集其他同学对自己的评价并写在第三张卡片上。第四步，自我归纳在小组讨论中发现的自己与他人的不同，写在第四张卡片上。最后，教师发放彩带将制作完毕的四张卡片穿在一起，制作成独一无二的"身份牌"。

第三，可操作性和实用性。心理健康教育课的活动道具需要在课堂中进行使用，故应简单易懂，容易操作，配合教师合理的指导，提升学生对于活动内容的理解。教师需要根据目前所处的教学环境和教学需要有针对性地设计活动道具。例如，在培养学生合作的"建塔"游戏中，满足所有学生参与需要数量巨大的一次性纸杯，在实际操作中可以发动学生采用身边容易收集的空易拉罐、纸板等，既经济实用地满足了教学需求，又培养了学生的环保意识。

第四，科学性。在为教学活动创作全新的素材时，要掌握科学的方法，收集学生情况进行对象分析，根据分析结合经验或文献资料，创作出符合学生发展规律、与时俱进的活动道具。例如，在筹备职业生涯规划主题的课时，教师根据加德纳多元智能理论结合心理卡牌技术设计了"多元智能卡牌"。在设计过程中，教师采用德菲尔法对题目进行筛选和评定，采用问卷法对加德纳多元智能理论中的八项智能所对应的卡牌颜色进行确定，设计出可应用于学生客观自我认识、发现特长、畅想未来等功能的活动素材。教师采用科学的方法将以往以文字为主的多元智能量表以更生动有趣的形式展示在学生面前。

"多棱镜"中的我

游戏目的：帮助学生认识自身优势。

游戏规则：首先，全班同学分为八人一组的分享小组。在教师的指导下请每位学生在64张卡片中挑选符合自己的卡牌。选择完毕后清点选择的各种颜色的卡牌数量。接着在被选择的卡牌中，找出自己选择数量最多的颜色。将自己选择最多的智能视为自己的优势智能。最后，绘制自己的能力"多棱镜"，并进行小组分享。（徐笑含，2023）

第五，完整性。活动道具的创作需要具备完整的流程，包括准备、发放、回收三个阶段。①准备阶段。认真细致的准备活动也能给学生带来影响。有教师在"学习好习惯"主题教学时，需要为每位学生准备红蓝两色各4张苹果卡片，全班共需要准备400张苹果卡片。教师在上课前抽出时间，用回形针将每个学生的道具准备好，这样分发道具既节约了时间，也增加了主题分享和升华的机会。②发放阶段。心理健康教育课的活动道具种类繁多，有的道具需要教师与学生在课上制作。因此，道具发放的时间、顺序和使用说明也是教师在准备时需要考虑到的。道具的发放要服务于课堂，尤其在小学阶段过早发放道具可能对课堂起到负面作用。③回收阶段。很多教师往往会忽略道具的回收工作，认为活动部分结束即可进入下一个部分。没有回收的道具会增加课堂管理的负担，有趣的活动道具在这个时候就成了教师进行下一步教学的阻碍。因此，活动道具在规定的教学环节使用完毕后，需要及时回收。活动道具的创作过程是一个完整的过程，充足精细的准备、高效率且及时的发放与回收、详尽的使用说明可以帮助教师在教学过程中做到事半功倍。

第二节 教材的拓展与创新

课程包括国家、地方、学校三级课程。国家课程是国家规定的课程，它根据不同教育阶段的性质与培养目标，制定了各个领域或学科的课程标准或教学大纲，编写了统一的教科书。地方课程是根据国家有关规定和本省（自治区、直辖市）实际，确定本省（自治区、直辖市）执行的课程计划和必修科目课程标准，其教材也由教育行政部门组织编写。校本课程是学校在实施好国家课程和地方课程的前提下，自己开发的适合本校实际的、具有学校自身特点的课程。从国家课程、地方课程和校本课程各自的含义和目的来看，当前我国基础教育应以国家课程为主，地方课程和校本课程为辅；随着年级的升高，在高中阶段应加大地方课程和校本课程的比例（许洁英，2005）。本节以校本教材研发为例，阐述心理健康教育课程如何拓展和创新教材。

一、校本教材研发的意义

校本教材是校本课程实施的基本条件。心理健康教育课程进行校本教材研发是十分必要的。

第一，确保我国教育新政策有效实施。校本教材的研发和校本课程的实施从过程上看是以校为本，但从其根本目的上说是为国家和社会培养符合新时代要求的人才，其根本要求是符合国家教育方针和教育政策所提出的人才培养目标。当前社会和科技的快速发展给人类的心理带来了重大影响。在新形势下，学生的心理问题表现出新特点，学生的心理发展也有新需求和新要求。针对新形势下的新特点，国家也陆续出台新的心理健康教育政策。然而，已有的一些中小学生心理健康教材不再能满足新形势、新政策的要求。因此，有必要根据新政策研发新校本教材，以及时落实教育新政策。

第二，确保学生个性化、多样化发展。国家课程和地方课程比校本课程更注重普适性，很难考虑学生的个别差异。而校本教材基于本校学生的特点而开发，能更好地兼顾学生的个性化特点，促进学生多样化发展。比如，同一个地区的不同高中学校，重点高中、普通高中和职高有较大差异，学生在入学时的学习成绩有差异，学生在高中时的学习任务不同、身边学习氛围不同，未来生涯规划与学习目标也不同。心理健康教育课的课程内容、目标和形式也必须考虑学校的差异和特点。另外，即使是同一所学校，随着社会和学校的发展，以及地区招生政策的调整，不同时期的学生也可能会存在较大差异。因此，有必要根据学生的新特点调整课程以满足学生的个性化发展需求。

二、校本教材的研发

（一）开展调研评估

全面深入地对学生、教师和学校进行调查评估是心理健康教育校本教材研发的首要环节。从内容上看，对学校的调查，须重点了解学校所处地区的特色文化、学校的历史底蕴和办学理念、学校的育人目标、学校的特色和发展目标、学校的基础条件等方面。了解学校方面的信息，为心理健康教育教材开发明确了定位和指明了方向。对学生的调查，须重点把握学生已有的成长经验、能力和个性特征，把握学生当前的心理健康状况、心理发展水平、心理发展需求，把握学生未来发展的目标。了解学生方面的信息，为心理健康教育教材开发确定目标和编制内容提供了依据。对教师的调查，须重点了解全校教师的心理健康教育知识和心理辅导技能掌握情况，掌握心理健康教育专兼职教师的心理健康教育课教学能力、课程开发能力、教材开发能力等。了解教师方面的信息，有助于明确心理健康教育教材开发的保障和计划。

从调查的形式和过程看，首先，学校有必要成立专门的教材开发工作小组，由校领导带领，由专家做指导，由专人负责具体工作。调研、数据分析、撰写报告等工作也要有专人负责。其次，调查形式可以采取心理测量法、问卷法、个别访谈和小组访谈法、田野调查法等。最后，对调查结果的分析可能会出现不同人员有不同建议的情况，比如学生提出的需求和校领导提出的要求可能不一致。为达成统一，需要多方人员召开集体审议论证的座谈会以商议确定结论。

（二）确定核心素养，设定具体目标

教育部制订的心理健康教育总目标是，提高全体学生的心理素质，充分开发他们的潜能，培养乐观、向上的心理品质，促进人格的健全发展。心理健康教育校本课程开发旨在培养学生的心理健康核心素养。学校要在总目标的基础上，结合前期调查结果，提炼出学生需要发展的心理健康核心素养，作为抓手和切入点。然后，结合前期的调研评估结果，按不同年级进行进一步细化，制订出各个年级的具体培养目标。

比如，某初中学校确定了心理健康教育课程的育人特色理念是自主与奉献，然后对心理健康校本课程培养的核心素养进行细化。自主素养细化为学会学习、自立自强、健康生活；奉献素养细化为国家意识、社会责任感、人际交往。接下来对三个年级学生的培养目标进行进一步细化，具体如表10-2所示。

表10-2　某初中心理健康教育课程核心素养体系

核心素养		初　一	初　二	初　三
自　主	学会学习	1.适应新的学习 2.形成合适的学习动机	1.掌握学习策略 2.明确学习目标和计划	1.学会应对考试 2.克服学习中的挫折
	自立自强	1.正确认识自己 2.悦纳自我	1.提升自信 2.克服自卑	1.学会自主决策 2.学会自我提升
	健康生活	1.学会调节情绪 2.抵制诱惑与克服冲动	1.合理使用网络 2.养成健康行为习惯	1.学会管理时间 2.热爱生活
奉　献	国家意识	1.认同国民身份 2.捍卫国家主权	1.树立文化自信 2.热爱国家	1.维护国家安全 2.为国奉献
	社会责任感	1.提升道德感 2.明辨是非	1.学会助人 2.维护公平正义	1.提升规则意识 2.敬业与奉献
	人际交往	1.促进同伴交往 2.学会拒绝	1.促进师生交往 2.学会理解他人	1.促进亲子沟通 2.学会感恩

（三）组织教材内容体系

课程组织是指将学习经验组织成单元、学程和教学计划，从而使教学经验产生积累效应的过程。任何一门课程，都有丰富的课程主题和内容。一门课程的内容是一个有机的整体，而不是各个部分的机械相加。对内容组织的方式不同，就会呈现出不一样的形态，课程所实现的育人功能也会有所差异。课程组织就是将课程内容紧密联系起来，形成系统，发挥课程的整体作用。

根据内容间的逻辑关系，教材组织方式有分割式、分层式、单线式、螺旋式等，其中最常用的是分层式。比如，在初一年级的心理健康教育校本教材中设计分层式框架，教材共18课，分为2个篇章，每个篇章分3个单元，每个单元2～4节课，具体如表10-3所示。

表10-3　初一心理健康教育校本教材内容体系

目　录	目　标
第一篇　自　主	
第一单元　学会学习 第1课　适应新的初中学习 第2课　学习动机有个"度" 第3课　我为什么而学习 第4课　被"内卷"了该怎么办	1.适应新的学习 2.形成合适的学习动机
第二单元　自立自强 第5课　我的"窗口" 第6课　我的个性特征 第7课　我的能力擅长 第8课　悦纳自己	1.正确认识自己 2.悦纳自我
第三单元　健康生活 第9课　体验和觉察情绪 第10课　调节情绪有妙招 第11课　远离身边的诱惑 第12课　控制冲动	1.学会调节情绪 2.抵制诱惑与克服冲动
第二篇　奉　献	
第四单元　国家意识 第13课　我们都有共同的身份 第14课　捍卫我们共同的家	1.认同国民身份 2.捍卫国家主权
第五单元　社会责任感 第15课　道德与自律 第16课　是是非非会明辨	1.提升道德感 2.明辨是非
第六单元　人际交往 第17课　同伴交往的奥秘 第18课　学会拒绝	1.促进同伴交往 2.学会拒绝

（四）编制每课内容模块

对于每课的内容撰写，需要有统一的体系和要求。一般每课会包含标题、导入、体验活动、拓展和作业等。标题一般要具有吸引力。导入部分，可以通过经典案例、故事和新闻或者心理学研究引出主题，展开该课要探讨的问题，启发学生思考，激发学生兴趣。体验活动部分，可以设计可操作的体验和训练活动，通过体验式活动促使学生实际参与，通过操作性训练促使学生掌握技能。拓展和作业部分，可以提供一些拓展性的心理学科学知识，设计相关的家庭作业，回顾复习或深化拓展能力和技能训练，促使学生学会将所学运用到实际生活中。

比如，要求每课5页。第1页含标题、导语和学习目标、案例故事，具体要求为：标题新颖有吸引力，最好是4～8个字；导语和学习目标3行字；案例故事针对主题，描述清晰，案例故事后应提出2～3个问题供学生思考和讨论。第2页和第3页分别为体验活动一和体验活动二，具体要求为：活动具有体验性和可操作性，要具体写出活动的操作流程和操作要求，描述时避免有争议和歧义。第4页含自我反思、同伴分享、总结，具体要求为：留一定的空间给学生撰写自我反思和记录同伴分享。第5页含拓展阅读、课后作业，具体要求为：拓展阅读为科学的知识，课后作业要有可操作性。

📖 知识扩展

以申继亮等编写的"小学生成长导航"系列教材（北京教育出版社出版）为例。该系列教材共12册，小学每个年级分上下册。教材中每一课都包括四个部分。

第一部分，有一个小精灵会呈现他在成长过程中所做的积极行为，然后有一个小糊涂会报告他在成长中的一些糊涂行为。

第二部分是学生或读者对照两个主人公想想自己和同学的行为，从而帮助学生更好地了解自己和别人。

第三部分是通过各种趣味活动帮助学生学习有效地解决问题的方法和技能。

第四部分是再把学到的方法运用到日常生活中，这是一个学以致用的过程。

样课

（五）排版与印刷

校本教材撰写完成后，需要进行专门的排版。排版形式要有利于学生的阅读和学习，总体上符合心理学、教育学和美学的要求。文字表述要精准、简练、流畅，段落层次分明，篇幅得当。符号、表格、插图等使用要规范、清晰和美观。在完成排版后就可以印刷了，在经过多次试用后，效果良好的话可以联系出版社正式出版。

三、校本教材研发注意事项

心理健康教育校本教材研发需要注意以下事项。

第一，案例的引用。在引用案例时，最好是挖掘和引用当地的经典人物例子，或体现当地文化的传统故事。这样的话，学生会更加熟悉，对其也更有情感。另外，有些人比较喜欢引用明星的例子，尤其是娱乐界明星或体育运动明星。在引用他们做例子时一定要谨慎，因为虽然他们在当前有影响力，但有可能在未来一段时间就过时，甚至有可能会出一些问题。

第二，配套的教师教学用书。校本教材的使用对象是学生。教师的教学设计需要基于教材而进行，因此需要编写有关如何使用该教材的教师教学用书。教师教学用书也是课程资源的重要组成部分，教材编写者需组织力量专门编写教师教学用书。教师教学用书可以是教材配套教学设计或教案，也可以是给教师的教材使用指导手册。总体上说，它由课程理念、学科素养、课堂教学建议、教学参考资料等内容构成。

第三，修订与更新。校本教材的撰写不是一蹴而就的。它需要经历多轮试验、修订、再检验、再修订的过程。在首次试用校本教材时，教师要有意识地了解学生使用教材后的收获和感受，有目的地向多方人员收集教材修订的改进建议。另外，校本教材也需要根据国家社会发展、学校变化、学生发展等新形势，及时更新内容。

第三节　课程形式的拓展与创新

课程的形式有很多，根据课程内容的固有属性可分为学科课程与活动课程，根据课程内容的组织方式可分为分科课程与综合课程，按照课程计划对课程实施的要求可分为必修课程和选修课程，根据课程的任务可分为基础型课程、拓展型课程和研究型课程，按照是否基于网络可分为线上课程和线下课程。本节以菜单式课程和网络课程为例，阐述心理健康教育课程形式如何拓展与创新。

一、菜单式课程

（一）菜单式课程的概述

菜单式课程属于选修课程的一种形式。"菜单"的本义是供顾客点菜用的单子，顾客可根据自己的需要想点什么就点什么。"菜单式课程"是指学校结合学校特色、教师特长及学生需求，制作一系列课程，然后将课程目录以菜单的形式公布给学生，学生根据个人需求，自主选择课程。菜单式课程的开设有助于学生的个性化学习和发展，提高教师的课程开发能力，促进学校挖掘校本课程资源进而形成特色。

心理健康教育课程也可以采用菜单式课程。一方面，心理健康教育课程内容较广。广义的心理健康教育涉及和涵盖德育和公民教育、生命教育、生活教育、生涯规划指导、青春期教育等。它可以拆分成若干个微课程。另一方面，学生在心理健康教育方面的需求差异较大。由于每位学生的成长背景和成才经历不同、个性和能力特征有差异、生涯规划和发展目标不同，不同学生也会有不同的心理健康教育需求，因此需要提供可选择的课程，供学生选修。

（二）菜单式课程的研发

菜单式课程的研发一般经历以下过程。

1. 教学对象的需求调研

教学对象的需求调研是课程设计和实施的前提。只有了解到教学对象对哪些心理健康教育主题有需求，学校才能有针对性地开设心理健康教育课程。教师可以设计含有课程各个主题的问卷调查表，然后组织一次全校性的问卷调查。对调查的数据，一方面分析各个主题的需求程度，另一方面分析主题之间的关联程度。

2. 课程菜单和课程套餐的确定

调查分析得到的各个主题的需求程度，是确定主题的依据。教师可以选择高需求率的主题，形成课程列表，即形成"菜单"中的"菜品"。教师还可以根据主题之间的关联程度组合形成"套餐式课程"，套餐的数量根据学校具体的教学条件来确定。比如，套餐一为"人际+生涯+生活"，套餐二为"情绪+人际+学习"，套餐三为"情绪+生涯+生活"。

3. 教学方案设计

在确定课程菜单的基础上，要设计具体的教学方案。教学方案的设计可以采取教师团队合作与分工的形式。每个主题（即每个"菜品"）由专人负责。所有主题的课都设计好之后，再根据课程套餐进行组合，形成课程套餐的教学实施方案。教学实施方案的设计包括教学目标、教学内容、教学计划和课时、教学评价方式、授课教师等。

（三）菜单式课程的实施

1. 学生选课

学校将课程菜单或课程套餐公布给学生，由学生在规定时间范围内进行选课。如果完全由学生根据课程菜单选课，学校在教学组织和具体操作上会遇到较大困难。考虑到这一点，学校最好采取课程套餐的形式，即根据教学条件和资源确定若干个套餐，每个套餐对应一个或若干个教学班，供学生选择。

2. 开展教学

开展课堂教学可以灵活安排。关于时间，根据课时和学生需求，可分上半学期和下半学期分别开课。关于教师，可以由一位教师负责一个课程套餐，也可以由一位教师负责一个主题，一个教学套餐的教学班由多名教师共同授课。学生要进行走班。

例如，某学校共有12个班级要上心理健康教育课，根据前期学生调查情况和师资队伍情况，学校确定在每周三下午第3节课由学生走班同时上课。每个套餐课程8课时，分8周授课，每学期分上半学期和下半学期授课，授课教师6位，具体如表10-4所示。

表10-4　某学校心理健康教育课程套餐

套餐类别	2～9周	10～17周
套餐A	2个教学班	2个教学班
套餐B	1个教学班	1个教学班
套餐C	1个教学班	2个教学班
套餐D	2个教学班	1个教学班

3. 健全保障体系

菜单式课程实施涉及全校的教学安排。学校层面需要健全保障体系，比如：制定学生选课制度，以保障学生有课可选，有序选课，必有课上；制定学生学习考核和学分认定的制度，以保障认真完成学习任务的学生得到学分；制定课程动态调整制度，以保障课程持续改进，满足学生不同的需求；制定教师激励机制，以保障教师积极投入教学。

二、网络课程

（一）概 述

网络课程是信息时代条件下课程的新形式，它是通过网络来表现某门课程教学内容及实施教学活动。和线下课堂教学不同的是，网络课程需要网络教学支撑环境，即支持网络教学的软件工具、网络教学平台。网络教学的实施可以分为两种：一种是网络点播教学，即教师事先录制好视频课，并上传到网络平台，学生可随时随地登录网络平台点播观看视频课。这种情况可以用于学生课余时间或节假日自学。另一种是在线直播教学，即教师和学生在规定时间内在线进行教学，时间结束，则教学结束。这种形式主要用于学生无法到教室学习的特殊情况。

1. 网络课程的优势

心理健康教育开展网络课程有其优势。

第一，受众面广。线下的心理健康教育课，一名教师一节课只能满足几十名学生的心理辅导需求；而网络课程的承载能力大，允许大范围学生参与。此外，学科教师、班主任、家长也可以来听网络课程，提高参与心理健康教育意识。

第二，打破时空限制。线下的心理健康教育课只能在某个固定时间进行，学生错过了时间就错过了课堂，而网络课程打破了时空的限制。对于在线直播教学，即使有学生因故错过，其也可以观看回放。对于网络点播教学，学生可以依自己的空余时间随时听课，而且还可以反复听课。

第三，促进学生发言。在线下的心理健康教育课堂中，学生之间相互认识，一些学生不愿意面对面坦诚表达。在网络课程中，可以做到匿名，学生可以以昵称的形式进入，这让学生感觉发言更有安全性，更愿意自我表露。另外，在线下的心理健康教育课堂中，学生只能轮流发言，因为时间限制，只有部分学生有发言机会。在网络教学中，网络平台上的所有学生都可以同时发言，学生之间可以看到彼此的发言。

2. 网络课程的劣势

心理健康教育开展网络课程也有其劣势。

第一，自我探索难以深入。网络课程受众面广，但也正因为此，教师难以把握全体学生的心理状态和特征，教师和学生之间也难以充分且深入地互动。学生可能会花更多的时间观看教学内容和同伴发言，自我探索反而减弱。

第二，活动体验较弱。活动体验是心理健康教育课的核心要素。网络课程在知识的传输上有优势，但难以开展体验性和可操作性的活动。即使是通过网络指导学生线下进行活动，这样的活动也实现不了学生之间的互动性，而且教师也无法把握学生是否已按照要求进行活动。

第三，依赖于学生的自觉性。网络课程发挥作用的前提是学生能自觉地全身心投入教学活动中。在线下课堂教学中，若学生未认真参与，教师可以及时地发现并提醒；但在网络课程中，教师难以实时监控学生的状况，学习效果主要依赖于学生的自觉参与。

（二）网络课程的设计与实施

和线下课程一样，网络课程的设计和实施也需要考虑教学对象、教学目标、教学内容、教学方法、教学计划、教学评价等。网络点播教学和在线直播教学尤其需要注意以下方面。

1. 网络点播教学

首先，网络点播课程不是单纯地讲解理论知识和常识的讲座录像。教师在录像课中可以讲授一些问题解决的方法，也可以示范一些行为技能。比如，关于呼吸放松法，教师在讲解如何操作之后，进行示范。另外，教师也可以提供一些可操作的练习题，引导学生进行练习。

其次，建构丰富的拓展资源。网络平台可以承载大容量的教学资源。在网络课程的拓展资源部分，可以放入大量的心理健康资源供学生参考和自学，比如国内外先进和前沿的心理健康教育理念和方法，有意思的讲座、案例、经典故事、电影，学校文化活动宣传、美文欣赏，与儿童、青少年相关的法律法规，心理健康自测量表等。

2. 在线直播教学

首先，做好充分的教学准备。在教学前，学生需提早注册账号，登录网络平台熟悉其操作。教师需要提早说明前置性条件、学习目标、学习任务、考核要求等。教师也可以事先发布一些与该课主题有关的心理健康常识，让学生提早学习和熟悉，或者提早布置一些课前作业，让学生先操作和体验。

其次，用好多种在线小程序。网络课程中可以加载多种小程序。比如，教师在课堂中提出的讨论问题，可以采取投票小程序、问卷调查小程序等，现场收集学生的回答，并立即统计和反馈结果。这样一方面有助于学生了解全班同学对某问题的反应；另一方面有助于教师了解学生的心理状态，据此调整教学。

最后，在线直播教学和网络点播教学一样也要建构丰富的拓展资源。

（三）网络课程的拓展

1. 线上教学和线下教学相结合

鉴于网络教学的明显优势以及在应用中的劣势，可以考虑线上线下相结合的混合课程模式。网络点播教学和在线直播教学的心理健康教育课可以采取线上线下相结合的模式。

网络点播教学可以采取"线上知识学习+线下体验互动"的模式。心理健康教育课中包含一些常识性的心理健康知识。对于这些内容，教师可以拍摄成视频课，学生可以事先线上学习这些视频。待完成后，教师开展线下教学。线下教学主要是教师引导学生开展活动、体验活动和互动分享。比如，关于同伴交往的心理健康教育课，教师录制了一段关于人际交往常识和案例分析的视频，并要求学生线下教学上课前先在线学习教师录制的视频。线下教学中教师主要组织学生角色扮演以训练同伴交往技能。

在线直播教学可以采取"线下体验活动+线上互动分享"的模式。心理健康教育课的一些活动必须在线下进行。教师可以事先布置体验活动给学生，要求其在课前线下完成。如有需要还可要求拍成视频并提早上传到网上，教师可以课前观看学生开展体验活动的情况。线上课程着重让学生交流讨论活动操作的完成情况和收获反思。比如，在一节同伴交往主题的心理健康教育课上，教师要求学生录制一段与要好同学沟通的视频。在进行网络教学时，教师让学生播放视频，然后带领全班学生讨论这个沟通视频。

2. 菜单式网络课程

心理健康教育采取菜单式课程有助于满足学生多元化和个性化发展需求。然而，事实上，菜单式课程的实施尤其困难，它在时间、地点上有限制，这会影响全校其他课程的安排，对心理健康教师的需求也大，因此给学校教学安排增加了很大的难度。而网络点播教学可以打破时空的局限，也不受心理健康教师时间安排的影响。因此，两者可以结合形成菜单式网络课程。

菜单式网络课程的录制可以由教师团队合作分工进行。在确定了心理健康教育课程框架和课程菜单之后，心理健康教育课程团队的每位教师根据自己的优势分工负责若干个课程主题，每个主题分别制作成视频课。然后，所有视频课汇总形成课程集，放到课程的网络平台中。

学生可以在节假日和课余时间随时点播其想要学习主题的视频课。学完后，平台自动记录所学内容和时长。在完成所规定的内容和时长后，学生可以申请考核。通过考核的学生自动认定学分。

本章小结

1.心理健康教育课程教学活动创新，有助于激发学生的学习兴趣和教师的教学乐趣，适应现代教育技术的发展和革新，体现教师的创新素养和促进教师成果积累，为学生的创新培养树立了榜样。

2.可以从形式和内涵两个角度对心理健康教育课的教学活动设计进行创新。

3.心理健康教师具备创新活动道具的能力对于课堂效果的产生有很大的帮助。

4.心理健康教育课活动道具创作要注意安全性、体验性和趣味性、可操作性和实用性、科学性、完整性。

5.心理健康教育校本教材的研发有助于确保我国教育新政策的有效实施，确保学生个性化、多样化发展。

6.校本教材的研发包括开展调研评估、确定核心素养和设定具体目标、组织教材内容体系、编制每课内容模块、排版与印刷等过程。

7.菜单式课程的研发包括教学对象的需求调研、课程菜单和课程套餐的确定、教学方案设计。

8.心理健康教育网络课程具有受众面广、打破时空限制、促进学生发言等优势，但也有自我探索难以深入、活动体验较弱、依赖学生自觉性等不足。

9.心理健康教育网络课程可以采取网络点播教学和在线直播教学，也可进一步拓展为线上教学和线下教学相结合、菜单式网络课程。

练习题

一、辨析题

1.心理健康教育课教学活动不需要创新。   （   ）

2.心理健康教育课教学仅用国家通用教材就行。   （   ）

3.心理健康教育的网络课程就是拍成视频课上线然后由学生点播观看。 （   ）

二、简答题

1.简述心理健康教育课活动道具创作的注意事项。

2.简述如何制作菜单式课程。

3.简述心理健康教育开发成网络课程的优势和不足。

三、设计题

结合例子阐述如何研发心理健康教育课程的校本教材。

参考答案

参考文献

曹梅静，王玲，2004.中小学心理健康教育课程设计[M].广州：广东高等教育出版社.

陈海德，2009.心理辅导课的"三阶五步"辅导过程设计[J].中小学心理健康教育（20）：23-24.

陈明姣，2023."实话"巧说——小学生人际交往心理辅导课设计[J].中小学心理健康教育（16）：31-33.

陈仪，苏怡怡，2023.玩手机的小老鼠蜕变记——初中生手机使用心理课设计[J].中小学心理健康教育（9）：28-30.

陈英和，2015.发展心理学[M].北京：北京师范大学出版社.

陈佑清，陶涛，2016."以学评教"的课堂教学评价指标设计[J].课程·教材·教法，36（1）：45-52.

崔允漷，2012.论课堂观察LICC范式：一种专业的听评课[J].教育研究，33（5）：79-83.

窦伟伟，黎佩珊，2023.现实的温暖——初中生人际心理辅导活动课[J].中小学心理健康教育（23）：33-35.

杜威，2001.民主主义与教育[M].王承绪，译.北京：人民教育出版社.

顾婷婷，2022.提升分组讨论在中职心理课堂中的实效性[J].中小学心理健康教育（5）：25-27.

侯玉波，2018.社会心理学[M].4版.北京：北京大学出版社.

胡姝婧，江光荣，2008.心理咨询过程——效果研究现状及展望[J].心理科学进展（4）：567-575.

胡天强，张大均，程刚，2017.中学生心理素质问卷（简化版）的修编及信效度检验[J].西南大学学报（社会科学版），43（2）：120-126.

黄文靖，蒋蔼瑜，林燕玲，2023.做自己的预言家——初中生积极心理品质培养活动课设计[J].中小学心理健康教育（21）：43-45.

李繁玲，2023. 与未来的不确定性共舞——高中生涯探索心理辅导活动课设计[J]. 中小学心理健康教育（6）：34-37.

李美华，2023. 让友谊之花盛开——高中生人际交往心理辅导活动课设计[J]. 中小学心理健康教育（10）：41-45.

李伟健，2006. 学校心理学[M]. 天津：南开大学出版社.

李义双，2023. 心理健康教育活动课上对学生违纪行为的处理[J]. 中小学心理健康教育（11）：20-21.

林崇德，2000. 关于心理健康的标准[J]. 思想政治课教学（3）：36-37，57.

林崇德，2011. 心理和谐发展 健康幸福成长[J]. 基础教育参考（1）：1.

林崇德，2017. 构建中国化的学生发展核心素养[J]. 北京师范大学学报（社会科学版）（1）：66-73.

林崇德，2018. 发展心理学[M]. 3版. 北京：人民教育出版社.

林崇德，李虹，冯瑞琴，2003. 科学地理解心理健康与心理健康教育[J]. 陕西师范大学学报（哲学社会科学版）（5）：110-116.

刘华山，2001. 学校心理辅导[M]. 合肥：安徽人民大学出版社.

刘宣文，2002. 心理辅导活动课的设计与评价[J]. 教育研究（5）：58-64.

刘宣文，赵晶，2020. 学校心理健康教育课程设计与教法[M]. 北京：中国人民大学出版社.

吕庆燕，严凤平，2023. 提高注意力有妙招——初一学生注意力训练心理活动课[J]. 中小学心理健康教育（20）：27-30.

罗杰斯，2004. 当事人中心治疗：实践、运用和理论[M]. 李迎潮，李孟潮，译. 北京：中国人民大学出版社.

聂衍刚，2012. 学校心理辅导[M]. 广州：广东高等教育出版社.

邵燕楠，黄燕宁，2013. 学情分析：教学研究的重要生长点[J]. 中国教育学刊（2）：60-63.

申继亮，刘加霞，2004. 论教师的教学反思[J]. 华东师范大学学报（教育科学版）（3）：44-49.

石婧，2022. 价值观澄清之旅——高中生价值观拍卖活动课例分享及课后反思[J]. 中小学心理健康教育（29）：33-36.

施良方，2020. 课程理论：课程的基础、原理与问题[M]. 2版. 北京：教育科学出版社.

施平蓉，2023. 拖延王国探险记——高年级小学生克服拖延心理课设计[J]. 中小学心理健康教育（22）：43-46.

宋金枝，2023.种下幸福与快乐的种子——高中生情绪管理心理辅导课设计[J].中小学心理健康教育（11）：32-35.

苏怡怡，杨启仁，2023.练就同理心，少年不可欺——教育戏剧在反校园欺凌主题活动课中的应用[J].中小学心理健康教育（19）：39-42.

王静，2023.保护阳光行动 向校园欺凌说"不"[J].中小学心理健康教育（21）：32-35.

王美娟，2023.闪闪发光的"泥"——表达性艺术在心理课堂的应用实践[J].中小学心理健康教育（16）：37-40.

王润，殷振洋，2023.我的幸福罗盘——小学高年级幸福体验心理活动课设计[J].中小学心理健康教育（20）：23-26.

王翔雁，2023.我是高中生啦——高中生适应心理活动课设计[J].中小学心理健康教育（12）：33-37.

文国香，唐添翼，肖波，2023.心理课"三动"设计与实施模式探索[J].中小学心理健康教育（21）：24-26.

吴增强，1998.现代学校心理辅导[M].上海：上海科学技术文献出版社.

武丽丽，张大均，张雪琪，等，2017.中学生心理素质量表全国常模的制定[J].西南大学学报（社会科学版），43（6）：98-105，195.

谢福泉，肖含悦，2023.情绪直播间——初中生情绪调控主题课[J].中小学心理健康教育（19）：32-35.

徐佳琳，2018.我的职业性格探索之路[J].中小学心理健康教育（30）：36-40.

徐笑含，2023.多元智能卡牌的开发与应用——中职生"心理健康与职业生涯"课程配套教具开发[J].科技风（15）：46-48.

许洁英，2005.国家课程、地方课程和校本课程的含义、目的及地位[J].教育研究(8)：32-35，57.

许婷婷，2023.克服分心有妙招——小学生注意力训练活动设计[J].中小学心理健康教育（13）：50-53.

杨迪，2022.做时间的主人——高中生时间管理团体活动课[J].中小学心理健康教育（S1）：27-29.

杨磊，朱德全，2019.核心素养课程开发评价：以泰勒模式为参照[J].教学与管理（33）：71-74.

杨喜庆，2018.重视初中心理活动课的第一亮相——导入[J].中小学心理健康教育（25）：

34–36.

姚志艳，徐晗，2023. 小耳朵王国历险记——小学低年级人际关系辅导活动设计[J]. 中小学心理健康教育（18）: 37–40.

叶一舵，2008. 我国大陆学校心理健康教育二十年[J]. 福建师范大学学报（哲学社会科学版）（6）: 148–155.

叶一舵，2015. 中小学心理健康教育教程[M]. 福州：福建教育出版社.

印建霞，2023. 克服害羞，我有妙方——小学生情绪辅导活动课设计[J]. 中小学心理健康教育（22）: 39–42.

余迟，2019. 初中心理活动课"五梯进阶教学法"实践探索[J]. 中小学心理健康教育（36）: 33–35.

俞国良，林崇德，王燕，1999. 学生心理健康量表的编制研究[J]. 心理发展与教育（3）: 49–53.

俞国良，2013. 心理健康[M]. 2版. 北京：高等教育出版社.

喻子窈，2023. 我已经足够好了——高中生关爱自我主题心理辅导活动课[J]. 中小学心理健康教育（17）: 30–32.

张伯源，陈仲庚，1986. 变态心理学[M]. 北京：北京科学技术出版社.

张文新，陈光辉，2009. 发展情境论——一种新的发展系统理论[J]. 心理科学进展（4）: 736–744.

赵婷婷，2023. 爱情宝典——高中生异性交往团体辅导[J]. 中小学心理健康教育（19）: 36–38.

郑希付，罗品超，2016. 学校心理健康教育[M]. 北京：中国人民大学出版社.

钟志农，2007a. 班级团体辅导活动的形成性评价[J]. 思想理论教育（2）: 79–83.

钟志农，2007b. 心理辅导活动课操作实务[M]. 宁波：宁波出版社.

AJZEN I, 1991. The theory of planned behavior [J]. Organizational Behavior & Human Decision Processes, 50(2): 179–211.

CHEN H, FANG X, LIU C et al., 2014. Associations among the number of mental health problems, stigma, and seeking help from psychological services: A path analysis model among Chinese adolescents [J]. Children and Youth Services Review, 44: 356–362.

CIALDINI R B, 2012. The focus theory of normative conduct [G] // VAN LANGE P A M, KRUGLANSKI A W, HIGGINS E T. Handbook of Theories of Social Psychology. Thousand

Oaks, C A: Sage.

FULLER F F, 1969. Concerns of teachers: A developmental conceptualization [J]. American Educational Research Journal, 6(2): 207-226.

GYSBERS N C, 2001. School guidance and counseling in the 21st century: Remember the past into the future [J]. Professional School Counseling, 5(2): 96-105.

HILL C E, O'BRIEN K M, 1999. Helping Skills: Facilitating Exploration, Insight, and Action [M]. Washington, D C: American Psychological Association.

JACOBSON R P, Mortensen C R, Cialdini R B, 2011. Bodies obliged and unbound: Differentiated response tendencies for injunctive and descriptive social norms [J]. Journal of Personality & Social Psychology, 100(3): 433-448.

LERNER R M, 2002. Concepts and Theories of Human Development [M]. 3rd ed. London: Lawrence Erlbaum Associates.

OSTERMAN K F, KOTTKAMP R B, 1993. Reflective Practice for Educator: Improving Schooling through Professional Development [M]. Thousand Oaks, C A: Corwin.

SCHWARTZ S H, 1973. Normative explanations of helping behavior: A critique, proposal, and empirical test [J]. Journal of Experimental Social Psychology, 9(4): 349-364.

TUCKMAN B W, 1965. Developmental sequence in small groups [J]. Psychological Bulletin, 63(6): 384-399.

WHISTON S C, TAI W L, RAHARDJA D et al., 2011. School counseling outcome: A meta-analytic examination of interventions [J]. Journal of Counseling & Development, 89(1): 37-55.